总编 李 辉　主编 张争鸣

# 今日体育档案

## 2月
### JAN

## 编委会

**主　任**　李　辉
**副主任**　黄秋源　胡敏华　翁伟明　张争鸣
**委　员**　张　迅　王　俊　于巍隽　崔　东　叶　岚
　　　　　王静怡　袁念琪　周　力

**撰稿者**
李　辉　张争鸣　崔　东　叶　岚　王静怡　袁念琪　周　力　徐　欢
吴玉雯　文　劼　肖朝华　曹　亮　董　奕　陈圣音　陈甜甜　赵　翌
王　薇　杨晓晖　王　琼　吴　薇　李海婴　邱　韶　陆家兴　顾海宇
武懿波　王　薇　常　莹　陈　曦　谢祖涛　陆家兴　顾海宇　高　频
沈元源　朱来强　李元蒸　于　骏　刘家瑞　钱　斌　张　远

《今日体育档案》荣获 2013 两岸四地最具原创活力电视社教栏目十强

# 序言

《今日体育档案》丛书是五星体育传媒制作的同名电视节目的大型配套图书,制作这样的节目,出版这样的丛书,无论在电视领域还是体育领域,乃至在体育类图书出版方面都是具有首创意义的。

档案是一种历史的记录。收入《今日体育档案》的,有人物、有事件,上至国际、国内体坛发生的大事、要事,下至与体育相关的奇闻趣事。全年365天一一盘点,对世界体育历史进行了一次全方位的梳理和多方面的检阅,展示了国际、国内体坛波澜壮阔、纷繁多姿的生动画面,体现了体育世界的无比精彩和无穷魅力,呈现了现代体育发展的多元脉络。

这套《今日体育档案》丛书每月1卷,全年共12卷;洋洋四百二十多万字,并配有近八千幅珍贵的图片。与已经播出的同名电视节目相比,图书的内容更丰富、更全面、更详实、更完整,从而也更具有史料价值和权威性,也更显得弥足珍贵。

记录是担当责任的,尤其是当这些记录被写入档案之时。人们常说以史为鉴,由此我们感到肩上是沉甸甸的。不管是制作电视还是出版图书,我们以价值为准绳,以客观为砝码,对历史负责,对观众和读者负责,它要经得起实践的检验。

无疑,《今日体育档案》节目和图书的制作是一项宏大而繁复的工程。从现代体育发展三百多年那浩瀚的史料里,作一番去粗取精、去伪存真,由此及彼、由表及里的梳理工作,看上去是简单操作,技术含量不算高,但其工作量是巨大的,整理过程是细致和烦琐的,甚至是枯燥的。人说"神仙本是凡人做,只是凡人志不坚",这个工程没有一点毅力和精神,是不能做到,也不能做好的。

打开那一卷卷档案,其间有史学家们感兴趣的历史拐点,以及事件发展的规律;有哲学家们关注的现象背后的本质、事物间的联系和有关人性、人道主义的思考;有令文学家们灵感突发、血脉贲张的创作素材……而对于体育爱好者、体育工作者、体育新闻工作者、体育院校学生、体育研究与教学专业人员,以及普通读者,这套丛书则是十分具有可读性和十分实用的。

在 21 世纪第二个十年开始之际,深化改革的上海广播电视业,进行了制播分离和转企改制,五星体育传媒实现了公司化,又一次完成了华丽的转身。体制的变革,为我们进一步做大做强开辟了一个更为广阔的新天地。今天,五星体育已成为中国最具活力的顶级专业体育传媒之一,正朝着全媒体的目标迈进。

做大做强都是需要产品的,特别是需要像《今日体育档案》这样具有创新、创优元素的产品,这样才有竞争力和生命力。

今日即将进入历史、载入档案。展望明天,任重道远。让我们努力奋斗,再上一层楼!

五星体育传媒有限公司总经理<br>
2013 年 5 月

# 2/1 Feb

## 1878年
### 第一位奥运会游泳冠军阿尔弗雷德·哈约什出生

1878年2月1日，阿尔弗雷德·哈约什（Alfréd Hajós）出生于匈牙利布达佩斯。17岁那年，他在维也纳举行的欧洲锦标赛上获得100米自由泳冠军。

1986年，他参加了在希腊举行的第一届现代奥运，当时的比赛在海湾中举行，水温异常低。回忆往事，他说："海水太冷了，为了防止抽筋，我必须拼命地游。我对生命的渴望超过了我对胜利的追求。"阿尔弗雷德·哈约什在第一天举行的100米和1200米自由泳比赛中都获得金牌。由此成为历史上首位奥运游泳冠军。

## 1915年
### 英格兰足坛泰斗马修斯爵士出生

1915年2月1日，英格兰足球名宿斯坦利·马修斯（Stanley Matthews）出生于斯托克城。14岁那年，他进入斯托克青年队效力，16岁登上甲级联赛的赛场。

1956年，马修斯荣获"欧洲足球先生"。到1963年，48岁的他依然在赛场上拼杀，还被评为"英格兰足球先生"。两年后，50岁零55天的马修斯宣布退役。在职业生涯中，他共出场698次，为国家出战54次，射入11球。为表彰他的成就，英国女王伊丽莎白二世在白金汉宫授予他"大英帝国爵士"称号。

2000年2月23日，马修斯走完了自己精彩的一生，享年85岁。

## 1920年
### 法国最伟大的马术场地障碍赛骑手德奥瑞奥拉出生

出生于1920年2月1日的法国马术选手皮埃尔·让奎雷斯·德奥瑞奥拉（Pierre Jonquères d'Oriola）曾经统治世界马术场地障碍赛多年。

他的运动生涯从1952年一直延续到1971年，期间，多次获得世界锦标赛和大奖赛冠军。在奥林匹克运动会

赛场上，德奥瑞奥拉的表现同样出色。在1952年赫尔辛基奥运会上，他如愿获得自己的首枚奥运金牌。此后，他又在1964年的东京奥运会上拔得头筹，当仁不让地成为法国最伟大的马术选手。

2011年7月19日，德奥瑞奥拉去世，享年81岁。

## 1967年

### 美国篮球联盟ABA诞生

在美国篮球界，除了国家篮球协会（NBA，National Basketball Association）之外，还有三个发展联盟，它们是美国篮球协会（ABA，American Basketball Association）、大陆篮球协会（CBA，Continental Basketball Association）和NBA发展联盟（NBAL，NBA Development League），其中，ABA创建于1967年2月1日。

ABA与人们熟悉的NBA联盟有着诸多不同，其中有30秒的进攻时间（NBA为24秒）和三分圈的使用。此外，ABA联盟还采用蓝色和白色组成的彩色篮球，而不是NBA使用的传统褐色皮质篮球。因缺乏电视转播合同，ABA始终无法成为一个独立自我运转的篮球联盟。1976年，ABA联盟被NBA协议兼并，还有四支ABA球队被吸纳参加NBA联盟，包括新泽西网队（旧称纽约网队）、丹佛掘金队、印第安纳步行者队和圣安东尼奥马刺队。

## 1969年

### 阿根廷著名足球运动员加布里埃尔·奥马尔·巴蒂斯图塔出生

1969年2月1日，加布里埃尔·巴蒂斯图塔（Gabriel Omar Batistuta）出生于阿根廷圣菲省的雷孔基斯塔市。他19岁就开始征战阿根廷甲级联赛赛场，先后效力于纽维尔老伙计、河床、博卡青年、佛罗伦萨、罗马、国际米兰和卡塔尔的阿拉比足球队。

1991年，22岁的他披上了国家队战袍。当年的美洲杯赛，他以6粒进球帮助阿根廷队问鼎冠军，并荣膺"最佳射手"称号。此外，他还获得1994—1995赛季意大利甲级联赛最佳射手（26球）、

1995年美洲杯最佳射手（4球）、1998年法国世界杯银靴奖（5球）、1998年阿根廷足球先生、1998—1999赛季意甲联赛最佳射手（21球）、1999年世界足球先生第三名以及2010年职业球员典范奖等荣誉。球迷们亲切地称他为"巴蒂"、"战神"、"蝙蝠侠"和"狮子王"等。

2005年3月，"巴蒂"宣布退役，为自己17年的足球生涯画上了圆满的句号。

## 1983年
### 奥运冠军、中国女子柔道队运动员佟文出生

1983年2月1日，中国女子柔道队运动员佟文出生于天津。1996年，极富运动天赋的她被选入了天津女子柔道队，4年后入选国家队。

从2005到2011年，佟文实现了世锦赛女子78公斤以上级的五连冠。并在北京奥运会夺魁，毫无疑问地成为世界女子柔道高级别第一人。

佟文的运动生涯在极尽荣耀的同时也充满波折。2010年5月8日，由于在2009年柔道世锦赛后的兴奋剂药检呈阳性，她被处以两年禁赛。在2011年的3月8日，国际柔道联合会又因"检测流程不合规定"取消了对她的禁赛。

## 1987年
### 奥运冠军、中国女子跆拳道运动员吴静钰出生

1987年2月1日，中国跆拳道名将吴静钰出生于江西省景德镇市。2004年，入选国家跆拳道一队，同年，她先后在全国锦标赛及世界青年锦标赛47公斤级项目中夺冠。

在2006年多哈亚运会上，吴静钰一鸣惊人。她在跆拳道女子47公斤级决赛中，以2∶1战胜中华台北名将杨淑君，实现了自己第一个国际比赛冠军。2007年，又在世锦赛上夺魁。从此，她在全世界便再无敌手。在2008年北京奥运会和2012年伦敦奥运会上，吴静钰轻松蝉联49公斤以下级冠军，为中国跆拳道小级别项目赢得突破。

## 1994年
### 中国女子田径运动员王军霞获杰西·欧文斯奖

1994年2月1日，第十四届杰西·欧文斯国际奖颁奖仪式在美国纽约举行，中国女子田径运动员王军霞成为亚洲和中国第一个夺得该项荣誉的人。

作为我国史上最出色的田径选手，王军霞在其运动生涯里获奖无数。1993年，在第七届全运会上，夺得女子3000米冠军，并先后在预赛和决赛中，分别以8分12秒11和8分06秒11两次打破3000米世界纪录。此后，又以29分31秒78打破女子10000米世界纪录，成为世界上第一位突破女子10000米跑"30分钟大关"的运动员。杰西·欧文斯国际奖是对她这一年的最好总结。

夺取杰西欧文斯奖后，王军霞并没有停止前进的步伐。在 1996 年亚特兰大奥运会上，首次参加奥运会的她，以 14 分 59 秒 88 获得女子 5000 米金牌。接着，又在女子 10000 米比赛中摘得银牌。王军霞冲过终点后身披国旗的画面，被定格为中国体育史上的一个经典，"东方神鹿"的美名也由此传开。

# 2000年
## 北京正式确定 2008 年申奥标志和口号

2000 年 2 月 1 日，北京 2008 年奥林匹克运动会申办委员会举行第二次全体委员会，通过表决确定了 2008 年申奥标志和申奥口号。

申奥标志由奥运五环颜色组成的五角星。它不仅是中国传统民间艺术品"中国结"的象形，又是一个打太极拳的人形；在象征着世界五大洲团结发展的同时，又散发浓浓的中国传统文化色彩。

申奥口号为：新北京、新奥运（New Beijing, Great Olympics）。寓意着拥有三千年文明的北京城，将热情欢迎全世界的体育健儿和各界朋友，同时，进入新世纪的奥林匹克运动也将以全新面貌向世界人民展示其特有魅力。

# 2001年
## 撑杆跳之王布勃卡宣布参加完最后一场比赛后退役

2001 年 2 月 1 日，乌克兰撑杆跳名将布勃卡在国际田径联合会网站宣布：他计划参加完在家乡乌克兰顿涅茨克举行的一场比赛后正式退役。在 18 年的运动生涯中，他连续赢得六次国际田径联合会世界冠军、一次奥运冠军并打破男子撑竿跳世界纪录 35 次（17 次为室外纪录、18 次为室内纪录）。他是第一位撑竿跳高度达到 6 米的运动员，也是唯一跳过 6 米 10 的运动员。布勃卡目前保持的男子撑竿跳室外纪录为 6 米 14 米，室内纪录是 6 米 15。

# 2002年
## 李昌镐赢得职业围棋第 1000 场胜利

2002 年 2 月 1 日，农心杯世界围棋团体锦标赛决出最后冠军，中国队主将周鹤洋九段中盘败给世界围棋第一人、外号"石佛"的韩国棋手李昌镐九段。至此，李昌镐九段赢得其加入职业围棋后的第 1000 场胜利。这个成绩，韩国国内此前只有一人达到过。

更令人感到不可思议的是，李昌镐是有史以来达到千胜时间最短的棋手。他从入段到千胜，仅仅耗时 15 年 8 个月。此外，李昌镐千胜的胜率高达惊人的 79.6%（1000 胜 256 负）。更值得一提的是，李昌镐跨入"千胜俱乐部"时的年龄只有26岁。

## 2002年
**武术成为国际奥委会正式承认项目**

2002年2月1日，国际奥林匹克委员会执委会在美国盐湖城决定：将武术列为国际奥委会正式承认的运动项目。由于国际奥委会主席罗格曾在2001年提出"奥运瘦身计划"，因而武术最终没有成为奥运会的正式比赛项目。在北京奥运会上，武术项目共设15枚金牌，其中套路10枚金牌，散打5枚金牌，成绩不计入最终的奖牌榜。

在2012年的伦敦奥运会上，武术没再出现在表演项目的舞台上。时至今日，中国仍在继续推动"武术入奥"的进程。

## 2004年
**哥伦比亚"金毛狮王"巴尔德拉马告别足坛**

2004年2月1日，绰号"金毛狮王"的哥伦比亚球星巴尔德拉马在巴兰基利亚大都会足球场完成了他的告别赛，与自己长达22年的绿茵生涯挥别。

卡洛斯·巴尔德拉马（Carlos Alberto Valderrama Palacio）1961年9月2日出生于圣玛尔塔。1985年10月，他首次代表国家队参赛，从此名震天下。被认为是90年代南美第一流的中场球员，曾夺得过两届"南美足球先生"。曾以队长身份带领国家队出战1990、1994及1998年世界杯，共为国家队上阵110场，射入10球。

## 2004年
### 费德勒首次荣登ATP世界第一

2004年2月1日，瑞士选手费德勒在澳大利亚网球公开赛决赛中击败萨芬，首次获得澳网男单冠军。这场胜利让他在第二天公布的ATP（Association of Tennis Federation，国际网球联合会）最新一期世界排名中超过美国人罗迪克，首次荣登世界排名第一，成为ATP历史上第二十三位世界第一。

时年23岁的费德勒刚在2003年度过一个完美的赛季，他以11项冠军头衔（包括三项大满贯、三项大师系列赛和大师杯的桂冠）在男子职业网坛中傲视群雄。在登上头把交椅后，他创造了史上单打世界排名第一连续周数最长的纪录（237周，2004—2008年间）。

## 2010年
### 李娜首次跻身世界前十

2010年初，中国球员李娜在澳大利亚网球公开赛上连续击败了艾拉科维奇、扎维、汉图楚娃和沃兹尼亚奇，闯进女单四强。

2月1日，WTA（Women's Tennis Association，国际女子网球协会）官网公布澳网后最新一期世界排名，李娜凭借刚拿到的900分，连跳7位，以3500分的总分位列第10位。成为继日本名将伊达公子和杉山爱后，第三位进入世界前十行列的亚洲运动员。她在闯进世界前十名后再接再厉，最高曾到过世界排名第四的位置。

## 2012年
### 埃及发生严重球迷骚乱事件

2012年2月1日，在埃及塞得港举行的一场足球赛爆发严重球迷骚乱，造成至少74人死亡，并有上千人受伤。

这一系列悲剧也给埃及社会带来动荡。众多开罗民众走上街头示威游行，抗议社会安全形势日益恶劣。事态的进一步扩大也引起了国际社会的重视，联合国秘书长潘基文通过发言人发表声明：对球迷骚乱导致至少74人死亡感到难过，并表示相信埃及政府能够妥善处理这起悲剧事件。国际足联主席布拉特也发表声明，表达了他的震惊和悲伤。

# 2012年
## 拳王阿里的教练安吉洛·邓迪90岁离世

2012年2月1日，就在拳王阿里70岁寿辰过去半个月之际，他的教练，也是他一生的朋友安吉洛·邓迪（Angelo Dundee）与世长辞，享年90岁。

邓迪教练将阿里从一个默默无闻的小将打造成称霸世界的王者。1964年，在他的激励下，阿里战胜了索尼·利斯顿，首夺世界重量级拳击冠军。阿里先后三次登上世界之巅，都离不开邓迪的指导。此后，又是他陪伴阿里在扎伊尔与福尔曼进行了那场著名的"丛林之战"，策划了阿里与乔·弗雷泽的传奇对决。可以说，阿里的辉煌背后有邓迪的身影。他还拥有出众的人格魅力，一生帮助过数百名拳击手走上职业道路，是拳击界公认的"传奇教练"，并于1994年入选国际拳击名人堂。

吉洛·邓迪与阿里

## 2月1日备忘录

| | |
|---|---|
| 1913年2月1日 | 第一届远东运动会在菲律宾首都马尼拉举行。远东运动会也是亚运会的前身。 |
| 1956年2月1日 | 北京体育学院举行新中国成立后的第一次体育科学讨论会。会议报告和讨论了体育理论、生理卫生和田径等方面的论文，于2月7日闭幕。 |
| 1980年2月1日 | 我外交部发言人公开指出，在苏联入侵阿富汗的情况下，举行莫斯科奥运会是不适宜的。中国奥委会于1980年4月24日在京举行全体会议决定：只要前苏联当局不从阿富汗全面撤军，中国奥委会将不派运动员参加在莫斯科举行的奥运会。 |
| 1981年2月1日 | 乌拉圭民族队1：0胜诺丁汉森林队，夺得首届丰田杯。洲际杯从此称为丰田杯，在东京一场定胜负。 |
| 1988年2月1日 | 全国体总常委、中国奥委会执委联席会议在北京召开。会上听取了袁伟民、何振梁关于参加第二十四届奥运会筹备工作情况的报告，并进行了讨论。 |
| 1998年2月1日 | 国际奥委会决定授予李铁映、徐寅生银质"奥林匹克勋章"。至此，中国共有19人获"奥林匹克勋章"。 |

## 2/1

| | |
|---|---|
| 2000年2月1日 | 北京奥申委主席刘淇提出北京申办奥运会的六大理由。 |
| 2001年2月1日 | 效力沙尔克04队的丹麦籍前锋埃贝·桑德（丹麦语：Ebbe Sand, 1972.7.19— ）被评为"2000年度德国最佳球员"。 |
| 2002年2月1日 | 第二十九届奥运会监督委员会组建完成。中共中央纪委副书记、监察部副部长李至伦任监督委员会主任。 |
| 2002年2月1日 | 农心杯世界围棋团体锦标赛在上海虹桥宾馆决出冠军，被人们寄予厚望的中国国家队主将，号称"李昌镐克星"的周鹤洋九段在大好形势下出昏招，最终中盘败给世界围棋第一人、"石佛"李昌镐九段。韩国围棋再一次获得了冠军，囊括了全部的农心杯世界围棋团体锦标赛冠军。 |
| 2003年2月1日 | 第五届亚洲冬运会在日本青森开幕。来自亚洲29个国家和地区的七百多名冰雪健儿在这里续写友谊。 |
| 2004年2月1日 | 斐济名将维杰·辛格（Vijay Singh）在FBR公开赛第四轮比赛中，挥出低于标准杆五杆的66杆好成绩，获得第三，这也是他连续第十一次在美巡赛中跻身前10名。 |
| 2004年2月1日 | 在美国休斯敦举行的第三十八届橄榄球超级杯赛上，美国的穆赫辛·穆罕默德代表卡罗莱纳黑豹队出场，创造了橄榄球超级杯历史上触地得分85码的最远距离。 |
| 2005年2月1日 | 欧巡赛宣布，爱尔兰球员克里斯蒂·奥康纳（Christy O'Connor）成为欧巡赛终生会员。他一生共赢得24个欧巡赛冠军，在莱德杯上10次代表英国及爱尔兰参赛。1958年，他在墨西哥城为爱尔兰赢得世界杯。 |
| 2006年2月1日 | 英格兰球迷通过英足总官方网站选出英格兰2005年最佳球员，切尔西中场兰帕德击败杰拉德和鲁尼顺利当选，这也是兰帕德连续第二年获此殊荣。 |
| 2006年2月1日 | 五次夺得奥运金牌的罗马尼亚女子划船运动员伊·莉珀成为罗马尼亚邮票公司发行的"冬季奥运会"邮票上的人物。 |
| 2007年2月1日 | 奥运工程农民工夜校正式开课，再一次充分体现政府对农民工的关怀，具有里程碑式的意义。 |
| 2007年2月1日 | 根据国际奥委会发自瑞士洛桑的文传，鉴于国际奥林匹克委员会（IOC）为环境保护事业所做出的贡献，联合国环境规划署将授予国际奥委会及其主席罗格2007年度"地球卫士奖"。 |
| 2008年2月1日 | 日本著名后卫、前日本国家队主力球员名良桥晃（Akira Narahashi, 1971.11.26— ）宣布退役。这名日本铁卫，共代表国家队出场38次，还代表日本国家队参加1998年的法国世界杯。 |
| 2010年2月1日 | 欧洲转会窗口截止的最后一天。德甲豪门沙尔克04俱乐部官网宣布了球队与中国中场球员蒿俊闵正式签约一年半的消息。这也是沙尔克04队105年队史中的首位中国球员。 |

# 2/2 Feb

## 1918年
### 拳击正规化后第一位世界重量级拳王沙利文逝世

1918年2月2日，拳击正规化后第一位世界重量级拳王约翰·L·沙利文（John L. Sullivan，别名波士顿强壮小子）逝世，享年59岁。他是19世纪美国体育界最伟大的英雄人物之一。

沙利文1858年10月15日出生于美国马萨诸塞州罗克斯伯里，以波士顿为中心开始拳击生涯，以超人的气势和压倒一切的力量使他在拳坛崭露头角。1878至1892年9月7日（参加表演比赛至1905年3月1日），职业战绩是38胜1负2平，其中33场将对手击倒，实际上的比赛场次要多于两倍。

1882年2月7日，他打败帕迪·赖恩获得世界重量级冠军，成为现代拳击进入正规化以来的第一位世界重量级拳王；得到了一条由拳迷捐款制作的、镶有397颗钻石的冠军金腰带。1892年9月7日，他与詹姆斯·J·科贝特进行拳击史上第一场戴手套的世界重量级拳王争霸战，却输给对手，爆出冷门。

## 1925年
### 马术奥运会冠军、意大利运动员莱蒙多·丁佐出生

1925年2月2日，马术奥运会冠军、意大利运动员莱蒙多·丁佐（Raimondo d'Inzeo）出生于意大利多特蒙德。

莱蒙多·丁佐和他的兄弟皮尔洛是奥运史上参加次数最多的运动员，从1948到1976年，他们代表意大利参加了八届奥运会的马术比赛。尽管两兄弟都获得了6枚奥运会奖牌，但莱蒙多的战绩更加辉煌：总共获得金牌1枚、银牌2枚和铜牌3枚，皮尔洛获得2枚银牌、4枚铜牌。

## 1960年
### 马德里竞技著名门将阿贝尔·雷西诺出生

1960年2月2日，阿贝尔·雷西诺（Abel Resino）出生在西班牙。1991年3月9日，

作为马德里竞技队的门将,在本队3:0战胜奥萨苏纳队的比赛中,将自己连续不失球的时间延长到1230分钟,创造了新的世界纪录。

他的神奇没有结束。在1990—1991赛季继续创造纪录:由他把守的大门,在联赛的1275分钟内没被攻破(1991年3月19日告破)的成绩,打破了原意大利传奇门将佐夫保持的1142分钟——将近13场比赛球门不失的纪录。

## 1968年
### 威尔特·张伯伦创下NBA历史上唯一的单场三"20+"

1968年2月2日,美国职业篮球史上最伟大的球员之一、被称为"篮球皇帝"的威尔特·张伯伦(Wilton Norman Chamberlain)以22分、25个篮板和22次助攻的成绩创下了NBA历史上唯一的一个单场三"20+"。当时,张伯伦效力费城76人队,对手是底特律活塞。在很多人看来,"20+20+20"放在今天无法做到。在过去的25年中,单场比赛能贡献"15+15+15"数据的,只有4名球员。

张伯伦身高2米16,体重113.9公斤。他在1959至1973年间,先后为费城勇士(现金州勇士)、费城76人及洛杉矶湖人效力。1967和1972年,两次率队夺得NBA总冠军,7次成为NBA得分王,11次成为篮板王。

## 1968年
### NBA第一个肾移植后重返赛场的球员肖恩·埃利奥特出生

1968年2月2日,前NBA马刺球员肖恩·迈克尔·埃利奥特(Sean Michael Elliott)出生于亚利桑那州的图森。身高2米03、体重93公斤的他是NBA第一个接受肾移植手术后又重返赛场的球员。

在马刺夺冠的1998—1999赛季,他作为先发球员打满全部的50场比赛,并在其中的32场比赛中得分超过两位数。在1999年8月接受肾移植手术后,他缺席了马刺在1999—2000赛季的前63场比赛。2000年3月13日,他从伤病名单中被激活。在肾移植后,又征战了两个赛季,顽强的精神令人敬佩。

## 1987年
**有史以来第 32 位大满贯足球运动员杰拉德·皮克出生**

1987 年 2 月 2 日，杰拉德·皮克·伯纳乌（Gerard Pique）出生于西班牙巴塞罗那。他是巴萨青训系统培养出的尖子球员，1997 年加入巴萨青训，开始足球之路。2004 年加盟曼联，2008 年重回巴塞罗那，转会巴萨。

2009 年 2 月 11 日，在西班牙对阵英格兰的友谊赛中，刚过 22 岁生日的皮克首次代表西班牙国家队出场并打满全场，帮助球队 2∶0 取胜。

2010 年，他随西班牙国家队获得世界杯冠军。2012 年，随西班牙国家队荣获欧锦赛冠军。至此，年仅 25 岁的他获得 21 项大赛冠军，其中囊括了作为职业球员所能获得的全部荣誉，成为有史以来第三十二位大满贯足球运动员。

## 1999年
**法国中场球星齐达内当选 1998 年度"世界足球先生"**

1999 年 2 月 2 日，国际足球联合会在西班牙巴塞罗那公布了"世界足球先生"评选结果；来自世界各地的 132 名教练参加了评选活动。法国球星齐达内以 518 分击败巴西名将罗纳尔多获此殊荣，成为第一位获得"世界足球先生"的法国人。

在此前的 1998 年法国世界杯上，齐达内率领东道主队在决赛中以 3∶0 击败了罗纳尔多所在的巴西队。不仅帮助法国队首次问鼎世界冠军，还让"外星人"罗纳尔多错失夺取世界足球先生"三连冠"的机会。2006 年德国世界杯后，齐达内宣布退役。

## 2002年
**奥运四枚金牌获得者前苏体操名将科布特商店行窃被抓**

曾四次夺得奥运体操冠军的前苏联选手奥尔加·科布特（Olga Korbut），在 2002 年 2 月 2 日被指控在美国一家杂货店行窃。

科布特在 1972 年慕尼黑奥运会上一举夺得自由操、平衡木和女子团体 3 枚金牌。又在四年后的蒙特利尔奥运会，再夺一枚女子团体的金牌。退役后，在美国的一些体操俱乐部担任教练工作。

2002 年，46 岁的科布特在一家杂货店偷了茶叶、无花果和奶酪等，价值约 19 美元。最终，科布特在交了 600 美元后被放了出来。

## 2004年
### 丁俊晖打进温布利斯诺克大师赛正赛创历史

2004年2月2日，年仅16岁的中国台球新秀丁俊晖再创历史，成为第一位参加温布利斯诺克大师赛的中国选手，同时也是这项已有29年历史的赛事中最年轻的参赛者。

2003年9月，丁俊晖开始进军职业巡回赛，并开始在英国俱乐部训练和比赛。由于他屡次突出的表现，获得了参加当届温布利大师赛的外卡。

他在首轮比赛中，以6∶3淘汰排名世界第十六的乔·贝里，晋级十六强；第二轮，在5∶2领先的情况下被斯蒂芬·李逆转。尽管如此，他的出色表现令英国媒体惊呼其为"东方之星"和"未来的世界冠军"。

## 2005年
### 德国拳坛传奇人物马克斯·史迈林逝世

2005年2月2日，德国拳坛传奇人物马克斯·史迈林（Max Schmeling）逝世，享年99岁。

史迈林出生在德国勃兰登堡州一个小镇的贫民家庭。童年时代，他因看了一部电影而深深爱上了拳击。1930年6月12日是他人生的一个转折点，他在纽约击败了杰克·夏基，成为德国及整个欧洲历史上第一位重量级拳击冠军。

在整个拳击生涯的70场职业拳击比赛中，他56胜10负4平，其中37次击倒对手。此外，他还是一个十足的反纳粹斗士，不仅为自己聘请了犹太籍防护员，而且拒绝了希特勒邀其加入纳粹阵营的邀请，甚至拒绝与这位纳粹元首拥抱。

## 2007年
### 我国运动员史册首次获得"世界聋人最佳女运动员"称号

2007年2月2日，在美国盐湖城召开的第四十届国际聋人体育联合会代表大上，中国聋人乒乓球运动员史册被授予"2005年度最佳女运动员"奖。这是我国聋人运动员首次获得这一奖项。

2005年1月，在澳大利亚墨尔本举行的第二十届聋奥会上，首次参加国际比赛、年仅19岁的黑龙江女运动员史册克服肌肉拉伤的疼痛，一举夺得乒乓球女单、女双和混双三枚金牌，成为该届聋奥会中国选手中的头号金牌得主。这也让史册高票当选为国际聋人体育联合会的"2005年度最佳女运动员"。

## 2009年

### 法国国脚萨尼奥尔正式宣布因伤退役

2009年2月2日，31岁的法国球星威利·萨尼奥尔（Willy Sagnol，1977.3.18— ）正式宣布退役。他最早效力于法甲老牌劲旅圣埃蒂安队。随后转战摩纳哥。在2000年帮助球队捧得法甲冠军后，加盟拜仁慕尼黑。在德国的9年里，共为拜仁出战184场，进球7个、助攻34次；随队获得5次德甲冠军，并在2001年夺得欧洲冠军杯。

在国家队方面，他总共代表法国队出战58场，最好成绩是2006年世界杯亚军。2008年欧锦赛，法国1∶4惨败荷兰的比赛是他最后一次出现在正式比赛中。在那场谢幕战中，他助攻亨利打入法国队的唯一进球。

尽管31岁并非职业生涯的暮年，但由于萨尼奥尔的跟腱伤病迟迟无法康复，他不得不早早宣布退役。

## 2011年

### 曼联官方宣布传奇后卫加里·内维尔退役

2011年2月2日，曼联俱乐部官方宣布，加里·内维尔（Gary Alexander Neville，1975.2.18— ）正式退役。

他1991年7月签约曼联，在18年左右的红魔生涯中，总共出场602次，攻入7球。赢得过1次欧冠、8次英超、3次足总杯、2次联赛杯和世俱杯等多个冠军。2005年底，当选为曼联队队长，代表曼联出场超过600场。

在英格兰队的生涯中，内维尔在1995至2007年间参加过两届世界杯（1998、2006）、三次欧洲杯（1996、2000、2004），共出场85次。一度是英超和英格兰无可争议的第一右后卫。

正式退役后，他在2012年5月14日成为英格兰队的助理教练。

## 2012年

### 澳大利亚145人共同滑水破世界纪录

2012年2月2日，在澳大利亚的塔斯马尼亚出现了145人同时滑水的壮观场面，创造了新的吉尼斯世界纪录。

由于人数众多，每个人距离很近，难度也大增。原本有154人挑战，但有9人提前落水，最后只有145人顺利滑行了1.85公里。原本的世界纪录是由来自相同团队的114人在同一片场地创造的。

## 2月2日备忘录

| | |
|---|---|
| 1924年2月2日 | 国际滑雪联合会（International Ski Federation，英文缩写：ISF）成立，总部设在瑞士伯尔尼。 |
| 1926年2月2日 | 前国际网球联合会主席菲利普·夏蒂埃（Philippe Chatrier）出生。法网1号中心球场即以他的名字命名。他还创办了《法国网球》周刊，2000年6月22日逝世，享年74岁。 |
| 1964年2月2日 | 中华全国体育总会第四届委员会第一次常务委员会批准马约翰为中国田径协会主席。 |
| 1977年2月2日 | 中国体操运动员昵称"吊环王"董震出生。18岁那年，董震勇夺八运会吊环冠军，"吊环王"美名由此诞生。1999年天津体操世锦赛，他问鼎世界冠军并和队友一起加冕男团冠军。 |
| 1991年2月2日 | 中华人民共和国第七届全国冬季运动会在哈尔滨开幕。本届运动会共有35个代表团参加，其中广东省中山市代表团是中国第一支参加全国冬运会的南方代表队。 |
| 1991年2月2日 | 美国人乔纳森·苏特尔在美国加利福尼亚州长滩创造了12小时公路轮滑285.86公里的纪录。 |
| 1997年2月2日 | 在德国斯图加特，摩洛哥的希沙姆·埃尔·奎罗伊创造了男子室内1500米3分31秒18的世界纪录。 |
| 1999年2月2日 | 具有划时代意义的世界反兴奋剂大会在瑞士洛桑开幕。本次大会建立了独立的反兴奋剂组织，共同讨论和确定兴奋剂的明确定义，并号召各体育组织和机构在反兴奋剂问题上达成共同立场。 |
| 2000年2月2日 | 国际奥委会在洛桑宣布有10个城市提出申办2008年夏季奥运会。这10个城市是：中国北京、泰国曼谷、土耳其伊斯坦布尔、马来西亚吉隆坡、古马哈瓦那、埃及开罗、日本大阪、法国巴黎、西班牙塞维利亚和加拿大多伦多。 |
| 2001年2月2日 | 权威机构调查显示：94.9%的北京市民支持北京申奥，94%的北京市民希望成为奥运志愿者。 |

| | |
|---|---|
| 2001年2月2日 | 英超阿森纳队法国籍主教练阿尔森·温格成功使英足总收回对他禁赛12场的严厉处罚。本赛季早些时候被扣发4周工资的处罚也被取消。不过，他仍因"粗暴和危险性的动作"遭到英足总申斥，并罚款10000英镑。 |
| 2001年2月2日 | 瑞典人安得列亚斯·伦德奎斯特用标准自由式BMX自行车前轮平衡，在一分钟内连续旋转34圈。 |
| 2002年2月2日 | 在奥地利的瓦格赖恩，奥地利人弗朗茨·弗兰克进行了一次最长时间的滑雪活动，全程用时150小时12分44秒，距离为1659.7千米，海拔总高度为401737米。 |
| 2002年2月2日 | 在加拿大渥太华举办的挪威巨人滑雪比赛中，80人用一副76米长的滑雪板滑行了120米。参赛者由加拿大总督阿德立安·克拉克森和挪威驻加大使英瓦尔·哈夫恩带领。 |
| 2003年2月2日 | 在美国波士顿，美国人丽吉娜·雅各布斯创造了女子室内1500米3分59秒98的世界纪录。 |
| 2004年2月2日 | 国际奥运会主席罗格与国际足联主席布拉特在洛桑会晤，会议讨论了多个议题，首要议题是双方在反兴奋剂上的合作。 |
| 2004年2月2日 | 希腊政府宣布，将把驻守雅典保卫奥运安全的军队从8000增至1万人，另有4万名机动官兵随时待命，以确保奥运期间不受到恐怖分子袭击。 |
| 2005年2月2日 | 一项令人惊讶的远投纪录在美国大学篮球联赛中诞生。当天古尔福德大学队与兰多夫·梅肯大学队距离加时赛结束还有0.6秒，古尔福德大学队21号乔丹·斯耐普斯（Jordan Snipes）抢下篮板后，将球扔向另一端的对方篮圈，球空心入篮。创造了新的远投纪录，27.43米。这记超级远投也帮助古尔福德大学队以91：89奇迹般地拿下了胜利。 |
| 2005年2月2日 | 北京奥组委与北京2008年合作伙伴和国际奥委会合作伙伴俱乐部成立。北京市市长、北京奥组委执行主席王岐山向北京2008年奥运会合作伙伴企业颁发了纪念牌和俱乐部会员证。 |
| 2006年2月2日 | 姚明以2342738票入围西部先发阵容。尽管未能超越去年自己2558278票的历史纪录，却也确保他连续两年蝉联"票王"的头衔。不过，其中庞大数量的中国网民对姚明的支持无疑起到了决定性作用。 |
| 2006年2月2日 | 申办2014年第二十二届冬季奥运会的7个城市全部按时递交方案。俄罗斯的索契、奥地利的萨尔茨堡、西班牙的哈卡、哈萨克斯坦的阿拉木图、韩国的平昌、格鲁吉亚的博尔若米和保加利亚首都索非亚的奥申委，全部在规定期限——2月1日午夜前向国际奥委会总部递交了申奥方案。 |
| 2007年2月2日 | 意甲第二十二轮的一场比赛发生骚乱。骚乱导致一位名叫菲利普·拉奇蒂的38岁警察遇难。受此影响，意大利足协决定取消该周末的所有联赛。 |
| 2007年2月2日 | 国际足联奥运会比赛组织委员会正式宣布2008年北京奥运会足球比赛日程，同时也确定了各大洲预选赛赛日期。 |
| 2008年2月2日 | 效力于西甲塞维利亚队的马里前锋卡努特当选为2007"非洲足球先生"。他是该奖项创立37年来第二位获此殊荣的马里人。2007年，他带领马 |

| | |
|---|---|
| | 里国家队成功晋级2008年非洲杯决赛圈。 |
| 2009年2月2日 | 前亚足联裁判部主任默德·纳兹里·宾·阿卜杜拉病逝。这位前亚足联裁判部主任、亚足联与国际足联裁判员讲师和裁判员监督,因心脏病在西班牙拉斯帕拉玛斯去世,享年54岁。 |
| 2010年2月2日 | 牡丹江奇人陈可财冰中站立112分钟,创全国耐寒纪录。据他自己介绍,1989年就开始进行耐寒锻炼。在牡丹江进行冬泳训练的人一提到陈可财,都称他为"冰人"。 |
| 2011年2月2日 | "澳洲鱼雷"索普宣布重返泳坛。他于1998年成为世界上最年轻的男子400米自由泳世界冠军。在奥运会历史上,他获得5枚金牌、3枚银牌及1枚铜牌。在世锦赛上获11次冠军。因其姓(Thorpe)与鱼雷(Torpedo)在词形上有相似之处,并且速度堪称泳池内的鱼雷,所以在澳大利亚享有"飞鱼索普"以及"鱼雷"之称。 |

## 1908年
### 挪威传奇冰雪运动员奥·哈根出生

1908年2月3日，在越野滑雪和北欧两项这两个项目上都获得过奥运奖牌的奥·哈根（Odd Bjorn Hagen）出生于挪威。

哈根的活跃年代在20世纪30年代，1934和1935年，他两获世锦赛北欧两项的冠军，这个成绩直到1966年才有人复制。

1936年德国加米施·帕滕基兴冬奥会，哈根四天内独得三枚奖牌。2月10日，他代表挪威队参加4×10公里接力赛，以20米的差距不敌芬兰队屈居亚军。两天后，他又参加18公里越野赛获银牌，这也是北欧两项的第一个比赛项目。他带着两分钟的优势进入随后的跳台滑雪赛，一举夺

得北欧两项的金牌。在这届冬奥会上，哈根同时在越野滑雪和北欧两项中获得奖牌，殊为不易。

一代冬季项目传奇人物哈根于1982年7月26日去世，享年70岁。

## 1949年
### 荷兰自行车名将亨涅·克伊佩尔出生

1949年2月3日，自行车名将亨涅·克伊佩尔（Hennie Kuiper）在荷兰出生。

"亨涅"看上去像个女性的名字，但亨涅·克伊佩尔却是一位男子汉。他14岁开始练习自行车运动，在夺得一些小型赛事的冠军后，他参加了1972年慕尼黑奥运会，并获得260公里赛的金牌。那场比赛堪称经典，他在最后40公里后来居上，获得冠军。后来又转战职业赛，并4次赢得冠军。

克伊佩尔12次参加环法大赛，最好成绩是两次获得第二名。虽然成绩不算突出，但因其参赛风格独树一帜，仍被看作自行车历史上的标志性人物；很多人认为他酷肖法国自行车传奇埃迪·梅克斯。

## 1960年
### 西班牙皇家马德里队夺得首届洲际杯

每年一度的洲际杯足球赛（Intercontinental Cup）全名为欧洲/南美洲杯（European/South American Cup），在欧洲冠军杯冠军和南美解放者杯冠军之间展开，是代表全球俱乐部最高水准的足球赛。1960年2月3日，欧洲冠军西班牙皇家马德里队主场5∶1战胜南美冠军乌拉圭佩纳罗尔队，以一胜一平的成绩夺得首届洲际杯。

1968年前，洲际杯赛制是主客场制，根据积分决定胜负，如积分相同，还要举行附加赛。1968年起取消附加赛，如积分相同，按净胜球决定胜负。1980年，比赛更名为"丰田杯"（Toyota Cup）；2005年，洲际杯被国际足联世界俱乐部冠军杯（FIFA Club World Championship）替代。

## 1960年
### 德国国家足球队主教练尤阿希姆·勒夫出生

1960年2月3日，德国国家足球队主教练尤阿希姆·勒夫（Joachim Loew）出生于黑森林舍瑙镇一个锅炉安装工家庭。1978年，18岁的他在弗赖堡开始职业球员生涯，先后效力过斯图加特、法兰克福和卡尔斯鲁厄等队，但大多数时间参加乙级联赛，在德甲仅上场52次，进7球。由于伤病原因，勒夫很早退役并当上了教练。执教过德国斯图加特、土耳其费内巴切、奥地利因斯布鲁克蒂罗尔和奥地利维也纳等队。

2006年世界杯后，时任助教的勒夫开始担任德国国家队主教练。他继承了克林斯曼的攻势足球，为当时沉闷的德国足坛注入了清新之风，发掘培养了一批新星。带队参加两届欧锦赛和一届世界杯，但只在2008年获得欧锦赛亚军，普遍认为在成绩上尚未取得突破。

## 1965年
### 越野滑雪奥运冠军马里奥·马蒂凯宁出生

1965年2月3日，越野滑雪奥运冠军马蒂凯宁（Marjo Matikainen）出生于芬兰洛赫亚。

在1984年南斯拉夫萨拉热窝冬季奥运会上，19岁的马蒂凯宁在4×5公里接力赛中获铜牌。4年后，在加拿大卡尔加里冬奥会10公里滑雪赛中再获铜牌。在5公里滑雪赛中，她用尽最后一点力气，领先第二名1.3秒时间冲过终点线，获得冠军，冲过终点线后，她体力不支，倒地不起。

马蒂凯宁 23 岁宣布退役，进入学校读书。1999—2004 年，任欧洲议会议员，之后一直在芬兰议会工作。同时，她也是一名禁烟运动支持者。

# 1969年
## 当今"高坛五杰"之一雷铁夫·古森出生

1969 年 2 月 3 日，当今世界高尔夫球坛"五杰"之一、外号"大鹅"的雷铁夫·古森（Retief Goosen）出生于南非的南彼得斯堡。

古森和米克尔森、维杰·辛格、厄尼·埃尔斯及泰格·伍兹被称为"高坛五杰"。古森 11 岁开始打球，被认为是高尔夫球界难得一见的天才。他少年时代曾遭受过雷击，但克服重重困难，凭着坚强毅力赢得南非业余锦标赛冠军。1990 年开始参加职业巡回赛，第一年就当选"南非最佳新人"。2001 年，古森在美国公开赛通过延长赛获胜后就一炮而红，此后一直活跃于世界高尔夫球坛。在他的职业生涯中，10 次参加美国公开赛，两次打入前十，均夺得冠军。

除了高尔夫球，他还热爱划水和其他体育运动项目。

# 1974年
## 法国自行车名将弗洛里安·鲁索出生

1974 年 2 月 3 日，法国自行车名将弗洛里安·鲁索（Florian Rousseau）出生于圣女贞德的家乡奥尔良。他的职业生涯极为辉煌，最耀眼的非 3 枚奥运金牌莫属。他参加了 1996 年和 2000 年两届奥运会，始终保持对自行车场地赛的统治地位。此外，他还十获世锦赛冠军。

1997 年到 2000 年是鲁索的巅峰时期，他几乎每赛必胜。当人们期待鲁索取得更多佳绩时，他却在 2000 年，年仅 26 岁就选择退役。此后曾经短暂复出，但并不成功。此后，他在巴黎郊外文森尼斯训练中心担任法国国家自行车队教练，带队参加了伦敦奥运会并获男子场地自行车团体赛银牌。

# 1998年
## 格林成为首位男子室内 60 米赛跑进 6 秒 40 的选手

1998 年 2 月 3 日，美国运动员莫里斯·格林（Maurice Greene）在西班牙马德里创造了男子室内 60 米短跑 6 秒 39 的世界纪录，成为史上首位在 60 米赛中跑进 6 秒 40 的选手。同时成为第一位同时拥有 50 米、60 米和 100 米世界纪录的选手。

1999 年,格林创造 9 秒 79 的男子 100 米世界纪录,将加拿大选手贝利创造的 9 秒 84 的纪录提高了百分之五秒。这也是自 20 世纪 60 年代引入电子记时后,百米成绩提高幅度最大的一次。

1999 年塞维利亚田径世锦赛,格林完成了史无前例的成就,在以 9 秒 80 卫冕 100 米冠军后,又以 19 秒 90 夺 200 米金牌,成为在世锦赛上囊括 100 米和 200 米冠军的第一人。之后,他代表美国队获得 4×100 米接力金牌。2001 年,在世锦赛上完成 100 米三连冠,并荣膺当年杰西·欧文斯奖。

## 2002 年
### 美国男子足球队 11 年来首次夺冠

2002 年 2 月 3 日,东道主美国队 2∶0 击败哥斯达黎加队,夺得北中美和加勒比地区金杯赛冠军。这是美国队近 11 年来首次夺得大赛冠军。

足球并非美国的传统项目,但他们参与足球的历史却相当悠久。美国男足成立于 1913 年,次年加入国际足联,是国际足联最早的会员之一,并参加了 1930 年第一届世界杯。

从上世纪 70 年代起,足球在美国逐渐得到推广,自 1994 年举办世界杯后,美国队成绩斐然,连续参加了六届世界杯,并在 2002 年打进 8 强。美国队在国际足坛以顽强的战斗力著称,每次大赛均能超水平发挥。以 2009 年联合会杯为例,该队在半决赛中出人意料地淘汰欧洲冠军西班牙。2010 年南非世界杯中,美国队以小组第一进入了 16 强,但在 1/8 决赛中被加纳队淘汰。

美国队不乏国际知名球星,效力洛杉矶银河队的多诺万、以及在英超效力的邓普西、霍华德等都是美国队的当家球星。

## 2003 年
### 欧足联 2002 最佳阵容揭晓

2003 年 2 月 3 日,欧洲足球联合会网站公布了欧洲 2003 年度最佳阵容。超过 90 万人在其官网投票,评选出该阵容。皇家马德里和土耳其国家队成为最大赢家。

球队阵容如下:

守门员鲁斯图(土耳其、土耳其费内巴切队);后卫普约尔(西班牙、西班牙巴塞罗那队)、内斯塔(意大利、意大

1. 罗纳尔多 2. 鲁斯图 3. 普约尔 4. 齐沃 5. 内斯塔
6. 罗伯特·卡洛斯 7. 西多夫 8. 巴拉克 9. 齐达内 10. 达夫

利 AC 米兰队）、齐沃（罗马尼亚、荷兰阿贾克斯队）、罗伯特·卡洛斯（巴西、西班牙皇家马德里队）；中场西多夫（荷兰、意大利 AC 米兰队）、巴拉克（德国、德国拜仁慕尼黑队）、齐达内（法国、西班牙皇家马德里队）、达夫（爱尔兰、英格兰布莱克本队）；前锋亨利（法国、英格兰阿森纳队）、罗纳尔多（巴西、西班牙皇家马德里队）；主教练居内什（土耳其国家队）。

## 2009年
### 科比·布莱恩特创麦迪逊广场花园单场得分纪录

2009 年 2 月 3 日，洛杉矶湖人队的科比·布莱恩特（Kobe Bryant）砍下赛季最高分 61 分，创下在麦迪逊广场花园的个人得分纪录，帮助湖人队以 126∶117 击败纽约尼克斯队。科比全场 31 投 19 中，20 次罚球无一失手。

麦迪逊广场花园球馆是纽约著名体育地标，一直被认为是篮球圣地。61 分的得分，创造了该球馆历史最高个人得分；此前的纪录是伯纳德·金在 1984 年得到的 60 分。1995 年，迈克尔·乔丹首次退役后复出在这里砍下过 55 分。在乔丹之后，"面具猴"理查德·汉密尔顿曾在这里得到过 51 分，"小皇帝"詹姆斯也在这拿到过 50 分。

科比本场比赛上场 37 分钟就创造 61 分的佳绩，实属难得。此外，他在本场获得职业生涯第五次单场得分 60+，超越了乔丹的 4 次，独居联盟历史第二位，又有一项数据实现了对乔丹的超越。在篮球历史上，科比和乔丹的地位究竟如何自有公论，但如要在麦迪逊广场花园树立一座丰碑的话，它将无疑只属于一个人——科比·布莱恩特。

## 2010年
### 约什·史密斯成为 NBA 最年轻的"1000 盖帽先生"

2010 年 2 月 3 日，NBA 亚特兰大老鹰队的约什·史密斯（Josh Smith）在客场迎战俄克拉荷马雷霆队的比赛中打破了一项 NBA 纪录，成为 NBA 历史上最年轻的、送出 1000 次盖帽的球员。

在比赛第一节还剩 8 分 29 秒时，他将雷霆队科斯蒂奇的投篮盖掉，完成了本人职业生涯第 1000 次盖帽。当天，他仅 24 岁零 59 天。此前拥有该纪录的是贝诺伊特·本杰明，他在 1990 年效力洛杉矶快船时创下 25 岁零 128 天的纪录，在史密斯前，这纪录尘封了 20 年。

约什·史密斯外号"飞鹰"，身高 2 米 04，原地摸高 2 米 71，最大垂直起跳达 100 厘米，在 NBA 中，以弹跳能力出众著称，除创造盖帽纪录，还曾获 2005 年 NBA 扣篮大赛冠军。

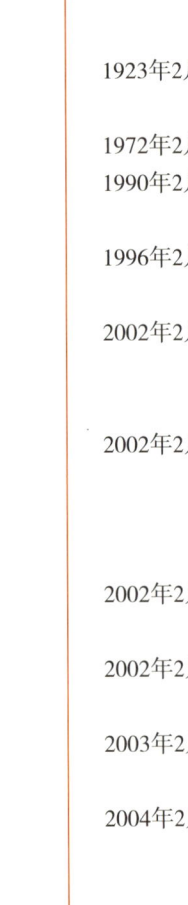

## 2月3日备忘录

| | |
|---|---|
| 1923年2月3日 | 在英国大伦敦郡的默顿举行的女子曲棍球国际大赛中,创造了最高的悬殊比分。英格兰队以23∶0击败法国队。 |
| 1972年2月3日 | 第十一届冬奥会在日本札幌开幕。这是亚洲第一次举办冬奥会。 |
| 1990年2月3日 | 1小时下蹲伸腿2150次纪录诞生,这是帕迪·多伊尔在英国伯明翰的帕特·罗亚什健康中心创造的。 |
| 1996年2月3日 | 南非足球队在本土夺得非洲国家杯。当日,南非足球队在本土举行的第十二届非洲国家杯决赛中,以2∶0战胜突尼斯队,首夺该赛事的冠军。 |
| 2002年2月3日 | 头号种子欣吉斯在泛太平洋日本女子网球赛决赛中,经过三盘苦战,以2∶1战胜三号种子、美国老将塞莱斯,最后夺得冠军并获18.2万美元的奖金。这也是她第四次夺取该项赛事的冠军。 |
| 2002年2月3日 | 在美国新奥尔良市路易斯安那体育场举办的第三十六届橄榄球超级杯赛,是有史以来保护措施最好的一届橄榄球超级杯赛。新英格兰爱国者队以20∶17击败圣·路易斯公羊队一赛,经批准,防护措施达到了"特别事件国家安全"级别。 |
| 2002年2月3日 | 中国短道速滑头号女选手杨扬在加拿大卡尔加里进行的国际短道速滑赛中,改写了她自己保持的女子1000米世界纪录,成绩为1分31秒191。 |
| 2002年2月3日 | 上海东方男篮主场以112∶96大胜吉林吉粮男篮,将自己在CBA新赛季中的连胜纪录扩大至16场。 |
| 2003年2月3日 | 张成烨勇夺铜牌,为中国男子越野滑雪取得历史性突破,这是中国选手在亚冬会男子越野滑雪个人项目中的首枚奖牌。 |
| 2004年2月3日 | 苏红文骑摩托独轮行驶创吉尼斯世界纪录。当日,职业车手苏红文驾驶国产摩托车在山西临汾市独轮行驶5.9公里,创造了一项吉尼斯世界纪录,同时还创造了站立在摩托车上吹唢呐行驶7.9公里的纪录。 |
| 2005年2月3日 | 59岁的2005年世界游泳锦标赛组委会主席伊冯·德罗什(Yvon Desrochers)自杀身亡。此前,加拿大蒙特利尔因缺乏资金而被国际泳联剥夺了游泳世锦赛主办权,身为组委会主席,德罗什受到广泛批评。 |
| 2006年2月3日 | 北京奥运会第一组贵金属纪念币在德国发布。国际奥委会主席罗格发来贺信,信中表示:奥运会纪念币的发行为弘扬奥林匹克精神,宣传主办国传统文化,促进大众了解奥运、参与奥运、支持奥运做出了积极的贡献。 |

2/4 Feb

## 1899年
**德国云达不来梅足球俱乐部成立**

名闻遐迩的云达不来梅队（Sportverein Werder Bremen，简称 SV Werder Bremen）成立于1899年2月4日。俱乐部位于德国不来梅，除足球外，还包括手球、田径、乒乓球、体操和国际象棋等部门。俱乐部的 LOOG 色为绿与白。

俱乐部的成立相当偶然。当时，不来梅的几名中学生在一次体育比赛中赢得了一个奖品——足球。当时，足球还是稀罕物，他们就在不来梅市维希河畔的一片沙洲上踢起了足球，并成立了云达不莱梅俱乐部。"云达"（Werder）的德语意思就是"踢球的沙洲"。

云达不来梅队获得过4次德甲联赛冠军，是德国足坛一支劲旅。球队主场维泽体育场（Weserstadion）建于1909年，可容纳42800名观众。

## 1902年
**第一个不间断飞越大西洋的飞行员林白出生**

1902年2月4日，第一个不间断飞越大西洋的美国飞行员查尔斯·林白（Charles Augustus Lindbergh）在底特律出生。

1927年5月20日，他单人驾驶一架仅有一般飞行仪表的"圣路易斯精神"号单翼飞机，从纽约罗斯福机场起飞，21日在巴黎布尔歇机场降落，不着陆飞越大西洋成功。飞行时间33小时30分，航程5810公里，实际飞行大西洋水面时间为28小时，是有史以来首位不间断飞越大西洋的飞行员。单独驾驶单引擎飞机不间断飞越大西洋极富挑战性，至今完成这项壮举的飞行员不过十数名，其中包括查尔斯·林白的孙子埃里克。

林白性格孤傲，他的墓碑上铭文简单："我随晨曦之羽翼，直飞至海角天涯"。

## 1924年
### 首届奥林匹克冬季运动会在法国夏蒙尼闭幕

1924年2月4日，第一届奥林匹克冬季运动会在法国夏蒙尼闭幕。在1922年举办的国际奥委会巴黎会议上，决定于1924年夏季奥运会前先举行冬季项目的比赛，称为"第八届国际冬季体育周"，委托法国承办。

1924年1月25日至2月4日，来自16个国家的293名运动员参加了滑雪、滑冰、冰球和有舵雪橇四个大项的比赛。国际奥委会1925年决定，此后与夏季奥运会同年举办冬季奥运会，届次按实际召开次数计算，并将"第八届国际冬季体育周"正式命名为"第一届冬季奥运会"。

第一个冬季奥运会冠军是美国男子速滑运动员查尔斯·朱特劳。芬兰运动员克拉斯·顿贝格一人独得1500米、5000米和全能3枚金牌及10000米1枚银牌，是本届冬奥会表现最出色的运动员。

## 1932年
### 第三届冬季奥林匹克运动会在美国普莱西德湖开幕

第三届冬奥会于1932年2月4日开幕，纽约州州长罗斯福（后任美国总统）携夫人出席和主持了开幕式。他通过无线电发表了热情洋溢的讲话，强调了体育运动对促进人类相互了解的作用。美国著名两极飞行员伯格代表运动员宣读誓词。

第三届冬奥会申办城市有7个，除普莱西德湖外，还有德国贝尔堡、加拿大蒙特利尔、美国丹佛、德卢恩、明尼阿波利斯和约塞米特谷。国际奥委会最后选在普莱西德湖。

由于经济危机和旅费问题，只有17个国家的运动员参赛，美国和加拿大运动员数目最多，几乎占参赛选手总数的一半，而欧洲一些冰雪发达国家，只派少数运动员参加，中国第一次派队参加。无论从参加国家还是运动员的数目看，本届规模都要比上届小。

## 1960年
### "全能滑雪冠军"皮尔明·楚尔布里根出生

1960年2月4日，"全能滑雪冠军"皮尔明·楚尔布里根（Pirmin Zurbriggen）出生于瑞士萨斯雅尔曼格。

在瑞士阿尔卑斯山区长大的皮尔明·楚尔布里根是个性格丰富的运动员，生活中，他是个比较矜持的人，但在运动场上，他对胜利充满了渴望。他参加1984年南斯拉夫萨拉热窝冬季奥运会和1988年加拿大卡尔加里冬季奥运会两届奥运会，共获金牌1枚和铜牌1枚。另外，还参加了三届世界锦标赛，共获得金牌4枚（1985、1987年），银牌4枚（1985、1987、1989年）和铜牌1枚（1989年）。

## 1963年
### 20世纪80年代最杰出的花样游泳选手特拉西耶·鲁伊兹·坎弗托出生

鲁伊兹·坎弗托（左）

1963年2月4日出生于夏威夷的特拉西耶·鲁伊兹-坎弗托（Tracie Ruiz-Conforto），无论在单人或是双人项目上都堪称最佳，她是20世纪80年代最杰出的花样游泳选手之一。

在运动生涯中，总共赢得了二十多个国际赛冠军，其中包括3次泛美运动会冠军。1984年洛杉矶奥运会后，她曾短暂退役，但在88年奥运会前复出。她还是迄今为止唯一赢得过6次花样游泳个人赛全美冠军的运动员。

## 1966年
### 公路自行车传奇人物叶基莫夫出生

1966年2月4日，分别代表苏联和俄罗斯夺得奥运会公路自行车赛金牌的传奇人物维亚切斯拉夫·叶基莫夫（Viatcheslav Ekimov）出生于圣彼得堡附近的维堡。

他12岁开始从事自行车运动。1988年，代表苏联赢得首枚奥运会金牌。12年后，又在悉尼拿到了自己的第二枚奥运会金牌。2011年，叶基莫夫被评选为俄罗斯"世纪最佳自行车运动员"。

## 1976年
### 第十二届冬季奥林匹克运动会在因斯布鲁克开幕

1976年2月4日，第十二届冬季奥林匹克运动会在奥地利因斯布鲁克开幕。本届赛事的主体育场设有两个火焰塔，一个是12年前的旧塔，另一个是新建的，这代表因斯布鲁克曾先后两次主办冬奥会。开幕式上，首先点燃的是新塔上的火焰，然后再点旧的，两个焰塔同时日夜燃烧。

## 1979年
### 北京奥运会男子体操团体金牌获得者黄旭出生

1979年2月4日，中国体操名将黄旭出生于江苏省南通市。他5岁进入南通市业余体校，1989年进入江苏省队，1993年入选国家队。

1997年洛桑世界锦标赛，他首次参加世界大赛就与队友合作勇夺男团冠军。从1997到2008年的11年里，先后获得4次世锦赛男团冠军和一次奥运会男团金牌。

2008年8月12日的北京奥运会体操男团决赛中，29岁的黄旭在双杠项目中表现完美，取得令人惊叹的16.475分高分，代表中国体操男队勇夺团体冠军。

## 1997年
### 前美式橄榄球明星辛普森被判有罪

1997年2月4日，美国加利福尼亚州圣莫尼卡地方法院陪审团裁决：1995年10月被刑事案陪审团判定无罪释放的前美式橄榄球明星辛普森，对其前妻尼科尔和她的男友戈德曼的被杀负有责任，并判他向受害者家属支付850万美元的补偿性赔偿费。10日，该陪审团又认定辛普森谋杀其前妻和她的男友，要他支付2500万美元的惩罚性赔偿费。根据法院判决，辛普森共须赔偿3350万美元。如此巨额赔偿费，创下美国民事诉讼史的最高纪录。

辛普森（O·J·Simpson）是美式橄榄球著名球星。1994年，他涉嫌谋杀前妻一案成为当时美国最为轰动的事件。辛普森案的审理在美轰动一时，被称为"世纪审判"。当时，辛普森被判无罪，引起极大争议。

## 2001年
### 撑杆跳"沙皇"布勃卡宣布正式退出比赛

2001年2月4日，世界撑杆跳"沙皇"——乌克兰名将布勃卡，（Sergey Bubka，1963.12.4—

在参加由他本人组织的第十二届世界撑杆跳高明星赛后，宣布退出正式比赛。

自从练习撑杆跳高来，这位身高1米83、体重82公斤的"乌克兰宠儿"，先后夺得汉城奥运会冠军、10次世界锦标赛冠军、2次欧洲冠军，并是35次世界纪录的创造者。在世界撑杆跳领域连续称霸15年。他还多次被评为世界、欧洲、苏联和乌克兰的十佳运动员。他的室外最好成绩是1994年在意大利征服的6.14米，室内最好成绩是1993年在家乡顿涅茨克越过的6.15米，至今仍无人望其项背。

## 2006年
### 菲律宾体育场发生踩踏事件，死88人、伤280人

2006年2月4日，菲律宾首都马尼拉市郊一家体育馆外发生踩踏事件，造成至少88人死亡，280人受伤。踩踏事件发生时，约有三万人正等待进入体育馆观看比赛。

## 2008年
### 前男子百米飞人格林在北京宣布退役

2008年2月4日，正在北京参加访问交流的前奥运会和世锦赛男子百米冠军、美国短跑名将莫里斯·格林（Maurice Greene，1974.7.23—）正式宣布退役。他在退役声明中说："我感觉现在已经无力再与伤病做痛苦的斗争了，现在是其他选手闪光的时刻了。"

时年33岁的格林与卡尔·刘易斯、泰森·盖伊是仅有的三位在一届世锦赛上获得三枚金牌的选手。他还是历史上第一个在60米跑中跑进6秒40的选手，一度同时拥有50米、60米和100米世界纪录。2000年，格林获得悉尼奥运会男子百米金牌。2004年，获雅典奥运会男子百米铜牌。

## 2009年
### 爱尔兰男子5天7大洲跑7场马拉松，创世界纪录

为给慈善机构筹款，爱尔兰42岁的理查德·多诺万一周内在世界7个大洲中跑完7次马拉松。2009年2月4日，他在炎热的澳大利亚完成了这一宏伟目标，打破英国探险家费恩斯爵士在2003年创造的7天跑完7大洲7场马拉松的壮举。

他的冒险于2009年1月31日开始，分别在南极、南非开普敦、阿联酋迪拜、英国伦敦、加拿大多伦多、智利圣地

亚哥和澳大利亚的悉尼跑了7次马拉松，全程耗时5天9小时8分钟。在这7场马拉松赛中，他总共跑了约183英里。而他乘飞机在7大洲间频繁飞行的距离，则达到了43000公里以上。

## 2009年

### 勒布朗·詹姆斯成为NBA史上最年轻的"12000分先生"

2009年2月4日，时年24岁又35天的美国篮球明星勒布朗·詹姆斯在对多伦多猛龙队的比赛中，个人独得33分，成为NBA史上最年轻的"12000分先生"。此前保持最年轻拿到12000分纪录的是洛杉矶湖人队的科比·布莱恩特，他创纪录时的年龄是25岁又220天。

勒布朗·詹姆斯在NBA中创造了一系列的纪录：他是最年轻达到11000分的，也是克利夫兰骑士队历史第一位得分王，是NBA最年轻的单场得到50分的球员，保持了骑士队抢断、得分的历史纪录，他还是NBA历史最年轻的获得"三双"的运动员。

1984年出生的勒布朗·詹姆斯，2012年代表迈阿密热火队夺得NBA总冠军。

## 2011年

### 曼城队历史上最伟大的射手尼尔·扬病逝

2011年2月4日，英格兰曼城队历史上最伟大射手尼尔·扬（Neil Young）病逝。20世纪60年代，扬代表曼城队夺取一次联赛冠军、一次足总杯冠军及一次欧洲优胜者杯冠军。

从1961到1972年，尼尔·扬在为曼城效力的334场比赛中打入86球。这位土生土长的曼城斯特球员最大的遗憾，是从未入选过英格兰代表队。他职业生涯中最辉煌的一场比赛是1969年的足总杯决赛，在对莱斯特队的比赛中，开场第24分钟便攻入全场唯一进球，帮助球队获得阔别13年的冠军。曼城直到42年后的2011年，才再获足总杯冠军。

## 2012年

### 诺丁汉森林队老板多蒂英年早逝

2012年2月4日，英格兰诺丁汉森林俱乐部主席尼格尔·多蒂（Nigel Doughty，1957.6.10—2012.2.4）被发现死于他位于林肯郡斯基林顿家中的健身房里，享年54岁。

多蒂是诺丁汉森林队的一位老球迷。他在1999年花费1100万英镑买下危机中的诺丁汉森林俱乐部，将其从行政托管中拯救出来，并用个人财产投入俱乐部约1亿英镑。

诺丁汉森林俱乐部（Nottingham Forest Football Club）20世纪七八十年代在欧洲足坛辉煌一时，曾两夺欧洲冠军杯，是欧冠历史上唯一夺冠次数超过联赛冠军次数的球队。由于经营不善，该队一度降入第三级联赛，直到2007—2008年赛季才升回到英格兰足球冠军联赛。

## 2月4日备忘录

| | |
|---|---|
| 1984年2月4日 | 国际奥委会决定授予中国奥委会主席钟师统银质"奥林匹克勋章"。 |
| 1984年2月4日 | 国际奥委会第八十七届全会在萨拉热窝召开，74名委员出席。会议决定冬奥会会期从下届起由12天延为16天。 |
| 1984年2月4日 | 加利福尼亚州拉普拉恩特德弗兰克·阿奎利拉在内华达州的拉斯维加斯创下掷飞盘167.9米的最远距离纪录。 |
| 1988年2月4日 | 奥运冠军、前美国女子体操运动员卡莉·帕特森（Carly Patterson）出生于美国路易斯安那州巴吞鲁日。她在2004年雅典奥运会获女子个人全能金牌。退役后她成为一名歌手。 |
| 1992年2月4日 | 国际奥委会在阿尔贝维尔召开第九十八届全会，86名委员出席。 |
| 1994年2月4日 | 国家体委下发《社会体育指导员技术等级制度》。 |
| 1996年2月4日 | 第三届亚洲冬季运动会在哈尔滨冰球馆开幕。这是中国第一次举办洲际冬季综合运动会，共有17个国家和地区的453名运动员参加。 |
| 1996年2月4日 | 江泽民在接见第三届亚冬会组委会领导成员时发表谈话，指出体育工作很重要的问题就是要增强人民体质，这是一个国家富强、文明的标志。 |
| 1999年2月4日 | 世界反兴奋剂大会决定正式成立一个独立的反兴奋剂机构，并通过著名的《洛桑宣言》。 |
| 2001年2月4日 | 正在达喀尔参加国际奥委会执委会会议的国际奥委会副主席、美国国际奥委会委员安妮塔·德弗朗茨宣布，她将竞选国际奥委会主席一职。她是参加奥委会主席竞选的第一位女性，也是第一位黑人。 |
| 2001年2月4日 | 马来西亚《星洲日报》26岁女记者邓丽萍从1524米的高空跳下，在降落伞无法完全打开下竟死里逃生，上演生命奇迹。 |
| 2001年2月4日 | 在加拿大渥太华举办的挪威巨人滑雪比赛中，同时用一副滑雪板滑雪的最多人数为64人。该滑雪板长64米。 |
| 2002年2月4日 | 国务院颁布《奥林匹克标志保护条例》 |
| 2002年2月4日 | 北京奥组委主席刘淇在美国盐湖城国际奥委会113次全会上，第一次代表北京奥组委陈述北京奥运会筹办工作进展情况。 |
| 2002年2月4日 | 52岁的中国农民史国利通过二百多天的孤身徒步，走完了红军长征之路， |

| | |
|---|---|
| | 到达陕西吴起镇。。 |
| 2004年2月4日 | 国际足联副秘书长热罗姆·项帕涅在伦敦举行的新闻发布会上正式宣布，足球最早起源于中国的临淄。《国际足联规则章程》注明：足球起源于中国。中国古代的"足球"叫"蹴鞠"或"蹋鞠"，"蹴"和"蹋"就是"踢"的意思，"鞠"是"球"的原称，用熟皮革制成，里面填满毛发等有弹性的物质。 |
| 2005年2月4日 | 中国奥委会召开全体会议。会议选举国家体育总局局长刘鹏为中国奥委会主席，原中国奥委会主席袁伟民当选为名誉主席。会上，中国奥委会领导向在雅典获得奖牌的运动员代表郭晶晶、冯坤、张宁等颁发了国际奥委会授予的奥林匹克纪念章。 |
| 2005年2月4日 | 在全国体育局长会议上，国家体育总局向15位体育科研工作者颁发"第二十八届奥运会科技突出贡献奖"。 |
| 2007年2月4日 | 第六届亚洲冬季运动会在长春闭幕。第六届亚冬会是亚洲冬季运动史上规模最大的冰雪赛事，是亚洲奥林匹克大家庭全部45个成员在亚洲冬季运动会上的首次大团圆。 |
| 2008年2月4日 | 象征意甲最佳主教练的"金座椅奖"揭晓。佛罗伦萨主教练切萨雷·普兰德利（Cesare Prandelli, 1957.8.19— ）获此殊荣。 |
| 2010年2月4日 | 在印度尼西亚查亚峰遇险的7名中国业余登山队员安全到达山下的帝米加镇，成功脱险。 |

## 2/5 Feb

### 1932年
**意大利足球名宿老马尔蒂尼出生**

1932年2月5日，切萨雷·马尔蒂尼（Cesare Maldini）生于意大利的里雅斯特（Trieste）。

他的儿子保罗·马尔蒂尼也是意大利国脚，因此他被称为"老马尔蒂尼"。他是一位球风优雅的后卫。1962—1963赛季欧洲冠军杯决赛，他作为队长率领AC米兰战胜葡萄牙本菲卡队，成为第一支夺得冠军杯的意大利俱乐部。

退役后，他开始执教生涯。1982年，作为意大利队助理教练随队夺得世界杯；1998年，作为主教练率意大利队参加世界杯，被冠军法国队点球淘汰；2001年，他短暂执教过巴拉圭国家队。

除了儿子保罗·马尔蒂尼，孙子克里斯蒂安也和AC米兰签约。马尔蒂尼家族老中青三代都和AC米兰结下不解之缘，他的家族自然深受米兰球迷的爱戴和尊敬。

### 1934年
**曾创造755支本垒打纪录的棒球明星汉克·艾伦出生**

1934年2月5日，汉克·艾伦（Hank Aaron，原名Henry Louis Aaron）出生在美国亚拉马莫比尔。他是美国著名职业棒球运动员。

他的击球纪录包括755个本垒打、1477个多垒安全打和2297个归功于击球员击球的跑垒得分。他运动生涯中的其他统计数字为：2174个次得分跑（仅次于科布），参加3298场比赛（仅次于罗斯），上场击球12364次。他的安全大数3771，仅被利布和罗斯超过，艾伦一生的安打率为0.305。

1976赛季后，他加入亚特兰大勇士队任副主席，负责物色和培养球员的工作。1982年1月13日，入选棒球名人堂。

## 1948年
### 瑞典著名足球教练埃里克森出生

1948年2月5日，著名足球教练斯文·约兰·埃里克森（Sven Goran Eriksson）出生在瑞典托斯比。

1976年，在瑞典丙级联赛开始教练生涯。1982年，开始执教葡萄牙劲旅本菲卡队，率队夺得两届联赛冠军后登陆意大利，先后执教罗马队和佛罗伦萨队、桑普多利亚队和拉齐奥队。带领拉齐奥队夺得欧洲优胜者杯和欧洲超级杯，并在1999—2000赛季奇迹般地反超尤文图斯夺得意甲冠军。

## 1954年
### 首位奥运体操个人全能卫冕冠军布拉利亚逝世

1954年2月5日，奥运会史上首位体操男子个人全能卫冕者阿尔贝托·布拉利亚（Alberto Braglia）逝世，享年71岁。

意大利人布拉利亚外号"人类鱼雷"，他参加了1908年英国伦敦和1912年斯德哥尔摩两届奥运会，获得3枚奥运金牌，是奥运会史上第一个个人全能卫冕冠军。1908年在伦敦季奥运会体操比赛中获得金牌后，他依然无法靠体育为生，不得不依靠体操基础进行一些特技表演养家糊口，为此他的肩部和肋骨都曾骨折，4岁的儿子也因贫穷而夭折。因为参加公开演出，他被意大利国家体操队开除，但他保留了业余运动员身份，参加了1912年斯德哥尔摩奥运会并卫冕成功。1932年，作为意大利体操队教练参加洛杉矶奥运会。

## 1956年
### 第七届冬季奥运会在意大利科蒂纳丹佩佐闭幕

1956年第七届冬季奥运会2月5日在意大利科蒂纳丹佩佐闭幕。本届参赛的有33个国家和地区（代表队32个），项目总数为四大项二十四小项。

本届大会办得十分成功。苏联的崛起打破了过去挪威、芬兰、美国和加拿大等国垄断冬奥会的局面，促进了冬奥会的发展。本届冬奥会第一次进行电视转播，同时，冬奥会花样滑冰比赛也是最后一次在室外进行。

## 1960年
### 比尔·拉塞尔创NBA历史上最高的个人和单场篮板纪录

1960年2月5日,波士顿凯尔特人以124∶100轻松战胜锡拉库兹民族队,凯尔特人中锋比尔·拉塞尔(Bill Russell,1934.2.12— )全场抢下51个篮板,这不但是他职业生涯中最高的篮板纪录,同时也是当时NBA历史上最高的个人和单场篮板纪录。

比尔·拉塞尔是20世纪60年代波士顿凯尔特人王朝的基石,是给NBA防守概念带来革命性突破的盖帽专家。NBA年度最佳防守球员的奖杯,采用的就是以他的防守动作为原型的雕塑。

## 1977年
### 英国著名帆板运动员本·艾恩斯利出生

1977年2月5日,英国著名帆板运动员本·艾恩斯利(Ben Ainslie)出生。他多次被评为世界最佳帆板运动员,还三次获得奥运金牌。

他从4岁开始学习帆板,18岁在百慕大获世界青年帆船锦标赛冠军。1996年亚特兰大奥运会上,获激光级银牌。4年后又在悉尼夺金。2004年雅典奥运会,转战芬兰人级又获得金牌。2008年,获激光级金牌。

在1995、1999、2000和2002年,共4次被评为世界最佳帆板运动员。

## 1977年
### 第一届世界冬季特殊奥林匹克运动会开幕

1977年2月5日,第一届世界冬季特殊奥林匹克运动会在美国科罗拉多州斯廷博特斯普林斯开幕,五百多名运动员参加了滑雪和花样滑冰赛事的角逐。世界特奥会由此发展成为冬、夏两大盛会。

特殊奥林匹克运动(简称特奥运动)是基于奥林匹克精神,专门针对智障人士开展的国际性运动训练和比赛。特奥运动项目非常丰富,从最基本的机能活动到最高级的竞赛，适合所有年龄和能力。世界特奥会每两年举办一届，夏季和冬季交替举行。

## 1984年
### 阿根廷球星"野兽"特维斯出生

1984年2月5日，阿根廷著名球星卡洛斯·阿尔贝托·特维斯（Carlos Alberto Tévez）出生于布宜诺斯艾利斯一个贫民区。作为博卡青年青训营的产品，年少成名的特维斯曾效力过南美、欧洲等多家俱乐部。作为阿根廷国家队的主力，特维斯参加了2006、2010年两届世界杯和2004、2007、2011年三届美洲杯，此外还代表阿根廷国奥队参加2004年雅典奥运会，帮助球队夺冠并以8个进球荣获那届比赛的最佳射手。

## 1985年
### 葡萄牙球星克里斯蒂亚诺·罗纳尔多出生

1985年2月5日，克里斯蒂亚诺·罗纳尔多（Cristiano Ronaldo，简称C罗）出生。

C罗现效力于西甲皇家马德里队，也是葡萄牙国家队的队长。C罗在葡萄牙里斯本竞技队出道，18岁加入曼联队。在2007—2008赛季，个人攻入42球，帮助曼联获得欧冠和英超双料冠军；是首位在英超诞生的世界足球先生。2009年6月，以9600万欧元身价转会皇家马德里，成为当时世界身价第一的球员。2011—2012赛季，他成为唯一在单赛季联赛中攻破西甲全部19支其他球队球门的球员，创造了世界足球历史的传奇。

主要奖项有：2008国际足联世界足球先生、2008年欧洲金球奖、2008年欧洲冠军联赛最佳射手、2008、2011年欧洲金靴奖。

## 1992年
### 巴西足球新星内马尔·达·席尔瓦出生

1992年2月5日，巴西足球新星内马尔·达·席尔瓦（Neymar da Silva Santos Júnior）出生于巴西圣保罗州。

内马尔是自贝利、罗比尼奥后，桑托斯队出产的又一名天才球员，尚未代表一线队比赛已是各界关注焦点，他的球风与师兄罗比尼奥相似，突破非

常犀利且能将花哨动作熟练运用于实战,传球和射门都有相当准度。目前是欧洲各大豪门争抢的对象。

对内马尔的价值,媒体和球迷有一定的争议。他代表巴西国家队和国奥队参加一系列赛事表现并不理想,而且他个人的体重和力量有待大幅度提高。

# 1995年
## 全国男篮甲A联赛正式开始

1995年2月5日,全国男篮甲A联赛正式开始,这是我国篮球史上首次实行主客场赛制。中国篮球史上第一个有商业赞助、面向市场、具有商业性和职业性的联赛由此诞生。8支队伍进行了14轮56场比赛,八一队获冠军。

在这次事关中国篮球命运的里程碑式的会议上,提出了"以竞赛改革为突破口,以市场化、职业化为动力,挽救中国篮球,提高CBA水平"的口号。

# 2005年
## 野口水木荣膺马拉松金鞋奖

2005年2月5日,雅典奥运会女子马拉松冠军、日本运动员野口水木被国际马拉松和公路赛协会评选为年度最佳女子马拉松选手,这是日本选手第二次获此殊荣。此前,高桥尚子在2000年夺得悉尼奥运会冠军后,也被授予了金鞋奖。

野口水木2002年3月首次参加全程马拉松即获得冠军。2004年雅典奥运会,获女子马拉松赛冠军。2005年参加柏林马拉松赛,创造了2小时19分12秒的亚洲纪录并获冠军。

# 2006年
## 瑞典女将博格奎斯特破跳高室内世界纪录

2006年2月5日,瑞典女子跳高选手博格奎斯特(Kajsa Bergqvist)在德国阿尔施塔德进行的国际跳高比赛中,以2米08的成绩打破了该项目的室内世界纪录,原2米07的世界纪录是由亨克尔在1992年2月创造的。

博格奎斯特在瑞典体育界以美貌著称,2001年,刚从悉尼奥运会带回一枚铜牌的博格奎斯特应瑞典一家杂志的邀请拍摄了一组性感十足的写真。在跳高界,她有着"猎豹"的外号,这得自于她每次起跳前盯着横杆的眼神,瑞典媒体如此形容:"她就像是一只饥饿的猎豹瞄准了猎物。"

## 2008年
### 德国赛艇传奇巨星菲舍尔宣布放弃北京奥运会

2008年2月5日,曾获8枚奥运会金牌的德国赛艇选手比尔吉特·菲舍尔(Birgit Fischer)在柏林宣布,放弃参加北京奥运会。

时年45岁的菲舍尔,在1980到2004年间参加了6届奥运会并每届都夺得至少一枚金牌。在2004年雅典奥运会,获得自己的第八枚奥运赛艇金牌。她在职业生涯中,获得27个世界冠军。

## 2009年
### 美国56岁女子25天游过700英里,横渡大西洋

2009年2月5日,56岁的美国妇女詹妮弗·菲格花25天游过700英里,成为人类有史以来第一个游过大西洋的女性。

2008年,詹妮弗开始实施横渡大西洋计划。她坚持在自己家的户外游泳池训练,即使是暴风雪天气也不放弃。2009年1月12日,她从西非海岸附近的佛得角出发,开始了她游泳横渡大西洋的挑战之旅。除了经常出现的9米高的巨浪,詹妮弗还要面对冬季冰冷的海水。2月5日,抵达加勒比海岛国特立尼达和多巴哥的查卡查卡尔岛海岸。

## 2010年
### 40岁"战神"刘玉栋成为CBA历史总得分王

2010年2月5日CBA联赛第21轮,40岁的篮球"战神"刘玉栋投中他在CBA联赛中的第8290分,超越李楠成为CBA15年历史得分第一人。

在职业生涯中,刘玉栋11次捧起国内冠军奖杯,获得4次亚洲冠军。15年的CBA生涯,先后效力八一队和福建队,在1996年亚特兰大奥运会、1998年曼谷亚运会及2000年悉尼奥运会出任中国代表团旗手,还是CBA10年最佳球员,CBA历史上唯一单赛季独揽"联赛最有价值球员"、"常规赛最有价值球员"和"得分王"三大奖项的球员。

# 2012年
## 芬兰人维尔亚宁成功跑步穿越撒哈拉沙漠

2012年2月5日，48岁的芬兰男子尤卡·维尔亚宁（Jukka Viljanen）历时31天跑步穿越撒哈拉大沙漠，全程一千六百多公里，成为完成此壮举的世界第一人。他的旅程自2012年1月6日开始至2月5日结束，跑步路线北起摩洛哥坦坦镇，南至毛里塔尼亚努瓦克肖特。

1月3日到达摩洛哥，经两天准备后，他开始了冒险之旅，每天约跑50公里。在沙漠中，他的膝盖受伤，遭遇过沙漠风暴，也遭遇了沙漠中3年来的第一场阵雨，但所有这些困难都没有压垮这位拥有钢铁意志的芬兰人，最后一天，竟奇迹般地跑完了91公里，提前完成了此次冒险之旅。

## 2月5日备忘录

| | |
|---|---|
| 1945年2月5日 | 在墨西哥墨西哥城，赛马"大拉切特"用20秒8、69.62公里的时速跑完402米，创下当时最快赛马跑纪录。 |
| 1949年2月5日 | 智利人莫拉莱斯在智利圣地亚哥的比尼亚德尔玛，乘坐骑胡阿索超越2米47的高度，创造了乘马超越高障碍的正式世界纪录。 |
| 1952年2月5日 | 中华全国体育总会致函国际奥林匹克委员会，声明中华全国体育总会决定参加第十五届奥林匹克运动会，并声明中华全国体育总会是代表中华人民共和国的唯一体育组织。 |
| 1983年2月5日 | 国家体委公布实施《全国体育竞赛赛区试行工作条例（草案）》。 |
| 1984年2月5日 | 中国男子110米栏运动员纪伟出生在天津。他在2009年柏林世锦赛获男子110米栏第八名，成为李彤、刘翔、史冬鹏后，第四位闯入世界大赛110米栏决赛的中国运动员。 |
| 1986年2月5日 | 墨西哥城举办了一场规模盛大的自行车赛，呼吁政府当局和各界人士积极行动，采取措施，关心和治理墨西哥严重的环境污染。来自各行业的参赛者超过45000千人。 |
| 1996年2月5日 | 全国十佳乒乓球运动员评选活动在北京揭晓。当选"十佳"是：孔令辉（黑龙江）、邓亚萍（河南）、王涛（解放军）、丁松（上海）、刘伟（山东）、乔红（湖北）、刘国梁（解放军）、马文革（天津）、吕林（浙江）、乔云 |

| | |
|---|---|
| | 萍（山东）。|
| 2002年2月5日 | 法国《队报》透露了一条惊人消息，包括法国、西班牙等世界强队在内的几支队伍涉嫌在1998年世界杯期间服用违禁药物。他们使用最为普遍的违禁药物主要是利尿剂类药品。|
| 2002年2月5日 | 国际奥委会（IOC）宣布，正式要求申办2010年冬奥会的有：安道尔城（安道尔）、伯尔尼（瑞士）、哈尔滨（中国）、哈卡（西班牙）、温哥华（加拿大）、萨尔茨堡（奥地利）、萨拉热窝（波黑）和江原道（韩国）等八城市。|
| 2006年2月5日 | 国际奥委会执委会就2008北京奥运会做出多项决定。同意全数增加击剑、现代五项和跆拳道的配额，适度调整铁人三项和自行车的配额增加幅度。经过调整，北京奥运会女运动员参赛人数将增加128人。|
| 2005年2月5日 | 亚奥理事会第四十三次执委会在科威特闭幕。亚奥理事会执委们讨论了2006年多哈亚运会最后阶段的准备情况，听取了2007年长春亚洲冬季运动会的筹办进度报告，并决定将原定于2009年在黎巴嫩举行的亚冬会推迟至2011年举行。|
| 2006年2月5日 | 马绍尔群岛将成为国际奥委会的第203个成员。国际奥委会执委会在当日都灵举行的会议上透露，已决定将马绍尔群岛加入国际奥委会的事宜，提交到国际奥委会第118次会议上。|
| 2007年2月5日 | 甲A年代曾执教延边队的韩国著名足球教练崔殷泽因病去世，享年66岁。他在1997年率处于保级边缘的延边队获当年甲A联赛第四名，获得中国足协颁发的"进步最快奖"，韩风由此一度席卷中国足坛。|
| 2008年2月5日 | 巴西球皇"独狼"罗马里奥（Romario de Souza Faria, 1966.1.29— ）正式对外宣布自己的退役日期：2008年3月30日。这是他在宣布退出巴西国家队后又一次宣布退役，这次他不仅要结束球员生涯，而且也不做教练了。|
| 2009年2月5日 | 勒布朗·詹姆斯成为唯一在麦迪逊花园广场得到两次50+的球员。科比2009年2月3日在麦迪逊得到61分后，詹姆斯在一天后也得到52分10篮板11助攻，这是他职业生涯的第二十一次三双。尽管他无法超越科比，但却与乔丹持平，成为唯一在麦迪逊花园广场得到两次50+的球员。|
| 2009年2月5日 | 随着辽宁衡业女篮以79∶64战胜八一广博女篮，辽宁队在总决赛中以3∶1的总比分击败八一队，获最后的总冠军。4年内第三次捧杯。|
| 2012年2月5日 | 在有19个国家和地区70000万人参加的第十六届香港国际马拉松赛上，埃塞俄比亚选手德雷杰与获得第二名的肯尼亚选手凯普柯戈几乎同时冲线，两人的成绩均为2小时11分27秒，埃塞俄比亚选手德雷杰凭借微弱的优势获冠军。埃塞俄比亚选手米希克以2小时30分12秒的成绩获女子组冠军。|

# 2/6 Feb

## 1895年
### 美国"棒球之神"贝比·鲁斯出生

1895年2月6日，被称为美国"棒球之神"的乔治·赫曼·鲁斯·贝比·鲁斯（George Herman Ruth, Jr. Babe Ruth）出生于巴尔的摩。

他的职业生涯极具传奇色彩，先是率红袜队三次赢得棒球大联盟冠军。转会到纽约洋基队后又多次夺冠。有意思的是，红袜队自从放弃他后，竟然就此一蹶不振，整整过了86年后才再夺冠军。而纽约洋基队自从引进他后，一举成为美国棒球历史上夺冠次数最多的球队。波士顿红袜队为此后悔不已。贝比·鲁斯于1948年8月16日去世，享年53岁。

## 1924年
### 英格兰著名足球运动员比利·赖特出生

比利·赖特（William Ambrose Billy Wright, CBE, 1924.2.6—1994.9.3）是一名英格兰足球运动员，终身效力狼队足球俱乐部。曾在英格兰男子足球代表队上阵105次，90次担任队长。

因他对球坛有贡献，在1959年退休后获颁CBE勋衔。2002年入选英格兰足球名人堂，以表扬他对英格兰球坛之贡献。2007年5月，被BBC Midlands Today提名，由公众投票选为Midlands最伟大足球员。狼队足球俱乐部为纪念这名伟大球员，1993年在球场新看台建成后以他命名；还在1996年于主场莫利纽克斯球场侧竖立了一座铜像。

## 1936年
### 第四届冬奥会在德国加米施—帕滕基兴开幕

1936年2月6日，第四届冬季奥林匹克运动会在德国加米施—帕滕基兴开幕。同年的夏季奥运会在柏林召开。这是奥运会史上第三次，也是最后一次冬、夏季奥运会在同一国家举行。国际奥委会选址时，希特勒尚未上台，可后来德国政局发生变化，不少国家反对在德国召开这次运动会，但当时的国际奥委会并未采纳这些意见。

本届冬奥会共有 28 个国家和地区的 756 名运动员参赛，共设 14 枚金牌，增加了越野滑雪接力，并首次设立高山滑雪两项综合赛（小回转和速降）。挪威获七金五银三铜，列奖牌榜第一；德国获三金三银列奖牌榜第二。

# 1958年
## 曼联队遭遇慕尼黑空难，8 名球员遇难

1958 年 2 月 6 日，英格兰曼彻斯特联队在参加完欧洲冠军杯半决赛对贝尔格莱德红星队的比赛后，回国途中在德国慕尼黑遭遇空难。机上 44 名乘客及机组人员中，有 23 人罹难；罹难者包括 8 名曼联球员及 3 名职员。

空难对正处于上升期的曼联队是一次致命打击。除 8 名主力球员遇难外，还有 2 名球员因受重伤而不得不退役。幸存的教练马特·巴斯比痛定思痛重建球队，提拔乔治·贝斯特及丹尼斯·劳等新球员，加上空难中幸存的博比·查尔顿、比尔·福尔克斯等原有球员，组成新一代阵容。在空难 10 年后的 1968 年，战胜葡萄牙本菲卡队，夺得球队第一个欧洲冠军杯。球队中遭遇空难的队员被亲切地称为"巴斯比宝贝"，永远被球迷所铭记。

慕尼黑空难飞机残骸

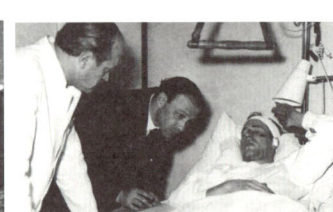

博比·查尔顿逃过劫难

登机前全队合影

空难前的最后一次合影

邓肯·爱德华兹启程前在海布利球场替小球迷签字

## 1967年
### 阿里统一WBC/WBA拳王称号

1967年2月6日，WBC（世界拳击理事会）重量级拳王穆罕默德·阿里在休斯敦激战15回合，以悬殊点数差（148—137、148—133、148—137）击败埃尔涅·特雷尔，卫冕WBC重量级拳王并夺取对方WBA（世界拳击协会）重量级拳王头衔，重新统一了世界重量级拳坛。

此前，阿里由于拒绝和前拳王利斯顿进行重赛而被WBA取消了冠军头衔，金腰带落到了特雷尔头上。但在广大拳击迷的心目中，阿里才是真正的冠军。在这种情况下，特雷尔决定与阿里进行一场较量。阿里与WBA拳王特雷尔间这场对决被认为是职业拳击史上的经典之战，结果，阿里从第二回合开始便完全控制了比赛，最终获胜。

## 1968年
### 第十届冬季奥林匹克运动会在法国格勒诺布尔开幕

1968年2月6日，第十届冬季奥林匹克运动会在法国格勒诺布尔开幕。格勒诺布尔是法国东南部靠近阿尔卑斯山的一座古城，历史可远溯到古罗马时期。伊泽尔河穿城而过，是法国山区交通中心，工业和旅游业均很发达。

参加本届冬奥会的有37个国家和地区的1158名运动员，其中女子211人，男子947人。全世界约有5亿人次通过卫星电视转播收看了本届冬奥会的各项比赛。该届冬奥会是奥运史上第一次对女子运动员进行性别检测。

## 1973年
### "乒乓皇后"邓亚萍出生

1973年2月6日，"乒乓皇后"邓亚萍出生于河南郑州。她被认为是乒乓球历史上最伟大的女子选手，5岁起就随父亲学打球，1988年进入国家队。

身高仅1米55的邓亚萍似乎不是打乒乓球的料，但凭着苦练，以罕见的速度，无所畏惧的胆色和顽强拼搏的精神，13岁就夺得全国冠军，15岁获亚洲冠军，16岁成为世锦赛女团和女双的双料冠军。在其运动生涯中，共获18个世界冠军，连续两届4次获奥运金牌，其中包括单打和与乔红组合的双打。是第一个蝉联奥运乒乓球金牌的球手，世界排名连续8年保持第一，是排名世界第一时间最长的女运动员。

## 1989年
### 贾巴尔成为NBA历史上第一位得分超38000分大关的球员

1989年2月6日,NBA巨星"天钩"卡里姆·阿卜杜勒-贾巴尔(Kareem Abdul-Jabbar)在洛杉矶湖人116:113战胜达拉斯小牛的比赛中得9分,成为NBA历史上第一位得分超越38000分大关的球员。

在漫长的职业生涯中,他创造了一系列后人难以企及的纪录:史上总得分最多,总盖帽历史第三,常规赛MVP(Most Valuable Player,最有价值成员)

最多,入选全明星次数最多和职业生涯赛季最长。还亲手缔造了NBA史上最令人敬畏的一份个人及团队荣誉表:最佳新秀、6次总冠军、6次常规赛MVP、2次总决赛MVP、19次入选全明星、2届得分王,NBA35周年大庆和50周年大庆均入选历史全明星阵容;还同时拥有8项季后赛和7项全明星纪录。没有任何一名NBA巨星能在荣誉上能同他相提并论。

## 1993年
### 首位黑人网球大满贯男单冠军罗伯特·阿什死于艾滋病

1993年2月6日,首位夺得网球大满贯男单冠军的黑人球员小亚瑟·罗伯特·阿什(Arthur Robert Ashe, Jr.)死于艾滋病,享年49岁。

他出生于美国弗吉尼亚州里士满,1968年以业余球手身份夺得美国网球公开男单冠军。转为职业球手后,

于1970年夺得澳网冠军,并于1975年夺得温布尔登网球锦标赛冠军。是夺得这三项赛事冠军唯一的黑人球员。

1979年,阿什接受心脏手术,并于次年退役;1988年,被查出因输血感染而患上艾滋病。1992年,他公开了自己的病情,次年于纽约去世。

阿什退役后,一直致力于提携年轻球员。他主张平等,去世前还成立了亚瑟·阿什基金会,以帮助那些热爱网球的青少年运动员。

## 1998年
**中国足协正式宣布聘任霍顿为中国男足主教练**

1998年2月6日，中国足协正式宣布聘任英格兰人博比·霍顿（Bobby Houghton）为中国男足主教练。霍顿成为中国足球历史上第二位外籍主教练。

霍顿1947年10月生于伦敦，19岁就获得教练员证书，是国际足联高级教练员讲师。年仅23岁时，就出任球队主教练。70年代，作为博比·罗布森的助手执教伊普斯维奇城足球俱乐部。霍顿执教生涯的巅峰是执教瑞典联赛的马尔默队、哥德堡队在欧洲赛场获得佳绩。

他带领中国男足参加了东亚四强赛和曼谷亚运会。1999年，接替基斯·布伦特执教国奥队，后因奥运外围赛失利下课。

此后，霍顿先后执教浦东队、四川全兴队、浙江绿城队和沈阳金德队，并任印度国家队主教练。出版过《足球》、《怎样踢足球》和《足球经营与领导》。

## 1999年
**第四届亚冬会圆满落幕，中国代表团获金牌总数第一**

1999年2月6日，有亚洲23个国家和地区的冰雪健儿参加的第四届亚冬会，在韩国江原道落幕。

本次比赛参赛队伍总数达到21支，运动员总人数近八百人，全部43枚金牌被五个国家瓜分。中国代表团以十五金十银十一铜的成绩连续第二次称雄亚洲，东道主韩国队则以十一枚金牌升至第二位，哈萨克斯坦和日本分列第三、第四名。

## 2004年
**英国重量级拳王刘易斯宣布退役**

2004年2月6日，WBC（世界拳击理事会）重量级拳王、英国拳手伦诺克斯·刘易斯（Lennox Lewis）召开新闻发布会，正式宣布退役，成为世界拳击史上继美国人特尼和马西亚诺后，第三位在拥有冠军头衔情况下退役的拳手，也是近五十年来首位激流勇退的世界拳王。刘易斯说："我热爱，甚至可以说是尊敬这项运动。正因为如此，我不想在失去巅峰状态后再离开拳台。以后应该是年轻人的时代了。"

自从摘取1988年汉城奥运会金牌并进入职业拳击界后，他职业生涯总战绩41胜1平2负。1992年，击败里迪克·鲍夺取WBC拳

王金腰带；但两年后在麦克卡尔手下丢掉头衔。1999年，他以无可争议的优势击溃霍利菲尔德，并在2002年战胜泰森，成为世界拳坛当之无愧的统治者，开创了"刘易斯时代"。

## 2009年
### "不败拳王"卡尔扎合宣布退役

2009年2月6日，威尔士拳王卡尔扎合（Joe Calzaghe，1972.3.23—　）宣布退役，结束他保持不败的职业生涯。

他在职业生涯里共出赛46场，从未遭遇失败。拳击史上只有他和"洛奇"马西阿诺保持不败战绩。1997年，在谢菲尔德赢得WBO超中量级拳王金腰带，此后，他不可思议地21次卫冕，其中2006年击败杰夫·莱西的比赛被评为拳击史上空前伟大的一场比赛。此外，他还击败过凯斯勒、霍普金斯等伟大拳手。最后一次出战是在2008年的11月，他在纽约麦迪逊花园广场击败了美国传奇拳王小罗伊·琼斯。

谈及退役，卡尔扎合认为是他"人生中最为艰难的决定之一"，但"对我来说，退役所得到的满足感已经超越了一场拳赛带给我的所有刺激"。

## 2011年
### 第七届亚冬会在哈萨克斯坦闭幕

2011年2月6日，第七届亚洲冬季运动会在哈萨克斯坦落幕。在7天的比赛中，27个国家和地区的一千余名运动员对69枚金牌展开角逐，东道主哈斯克斯坦代表团在收官日再添4金，从而以创造历史的32枚金牌的战绩登顶金牌榜榜首。中国代表团最终总成绩排名第四；日本和韩国代表团分列第二、第三位。

东道主哈萨克斯坦在项目设置上动了不少脑筋，特意增加了定向滑雪、班迪球项目九枚金牌。

## 2012年
### 象棋特级大师柳大华宜阳上演1对50车轮战

2012年2月6日，著名象棋特级大师柳大华在宜阳县参加了"东方电脑"象棋车轮挑战赛。

参赛的50名挑战棋手，以青壮年棋手为主。经过五个半小时的鏖战，他最终取得了16胜、31和、3负的成绩。比赛当天恰逢柳大华的62岁农历生日，主办者为他准备了一个精美的生日蛋糕。

# 2012年

**环法三冠王康塔多被禁赛两年，剥夺2010年个人冠军**

2012年2月6日，国际体育仲裁法庭正式对西班牙自行车运动员阿尔贝托·康塔多（Alberto Contador，1982.12.6— ）处以禁赛两年的处罚，同时剥夺2010年环法自行车赛个人总冠军头衔。

康塔多曾在2007和2009年两夺环法冠军，2010年第三次获得环法赛冠军，不过，随后被查出服用了违禁药品。自2010年8月开始，被禁赛至今，但他始终否认故意服用违禁药品，坚称是由于服用了受到污染的肉制品所致。虽然他的声明得到了西班牙自行车协会的支持，但世界自行车协会和世界反兴奋剂机构都不认可。因此，康塔德向国际体育仲裁法庭提出申诉。经过国际体育仲裁法庭的调查和研究，他最终难逃处罚。

## 2月6日备忘录

| | |
|---|---|
| 1956年2月6日 | 毛泽东接见南斯拉夫青年足球队时说："我们缺点很多，经济不行，文化也落后，体育也不发达。过去制度不好，封建制度，半殖民地国家，还受帝国主义侵略。现在来重新建设经济，发展文化体育，我们还要打十二年败仗，能在第十三年打胜仗也很好。" |
| 1970年2月6日 | 第七届非洲杯时隔12年又在非洲国家杯赛发源地苏丹举行。象牙海岸（科特迪瓦）队以11个进球成为本届攻击力最强的队；苏丹队以3个失球成为防守最好的队。 |
| 1977年2月6日 | 前中国女子体操队队长和雪梅出生于中国云南昆明，现改名高堰雪梅。和雪梅1989年入国家队。1992年代表中国队参加巴塞罗那奥运会，获女子团体第四名。1993年任中国女子体操队队长。 |
| 1978年2月6日 | 新西兰垒球协会所属两支球队进行了一场艰苦而漫长的马拉松式的比赛，本场比赛共用时51小时5分，是国际垒球史上时间最长的一场比赛。 |
| 1986年2月6日 | 刚率队参加印度尼赫鲁金杯足球赛归来的国家队领队年维泗宣布组织国家足球红队、黄队的决定。红、黄队组建后，共交锋4次，红队全胜。 |
| 1987年2月6日 | 19岁的广东球员谢育新加盟荷兰兹瓦鲁市PEC"82"足球俱乐部队，成为首位转会国外球队的中国足球运动员。 |

| | |
|---|---|
| 1987年2月6日 | 国家体委颁发《射击运动员技术等级标准》。 |
| 1988年2月6日 | 亚洲软式网球联合会在东京召开成立大会。中国软式网球协会主席张彩珍当选第一副主席,中国软式网球协会副主席都浩然当选理事。 |
| 1988年2月6日 | 国际奥委会执委、中国奥委会副主席何振梁出席在加拿大举行的国际奥委会执委会和第九十三届全体委员会会议。会议讨论了有关第二十四届奥运会的情况,并增选了5名委员。 |
| 2001年2月6日 | 北京市政协九届四次会议通过了支持北京申办2008年奥运会的决议,同时倡议全市人民以非凡的努力建设新北京争办奥运会,为弘扬奥林匹克精神和首都各项事业的全面发展贡献力量。 |
| 2001年2月6日 | 国际奥委会执委会在达喀尔举行会议,强调国际奥委会评估委员会对申办2008年奥运会城市的考察,只考察技术,不考虑政治。 |
| 2004年2月6日 | 在美国康涅狄格州的莫希干太阳体育场,美国的安迪·罗迪克在对阵澳大利亚的斯特凡·库贝克时,创下了用现代仪器测定的最快网球发球速度是241.4千米/小时。 |
| 2004年2月6日 | 在泰国的达克利上空,来自四十多个国家的357名跳伞运动员组成自由下落造型,创下规模最大的自由下落编队。 |
| 2007年2月6日 | 中华台北女子垒球队在台南市举行的"奥运女垒亚洲及大洋洲资格赛"中,以9:7击败新西兰队获得北京奥运门票,成为中华台北第一个取得北京奥运参赛资格的团体项目。 |
| 2008年2月6日 | 阿根廷轻量级拳击世界冠军奥马尔·纳尔瓦斯被控朝岳母的住宅开枪。纳尔瓦斯是世界拳击组织的轻量级拳王,此前,他刚在2008年1月25日击败来自哥伦比亚的挑战者卡洛斯·塔马拉,实现第十二次卫冕。 |

# 2/7 Feb

## 1882年
### 沙利文成为拳击正规化以来首位世界重量级拳王

1882年2月7日，外号"波士顿强壮小子"的美国拳击手约翰·L·沙利文（John L. Sullivan）打败帕迪·赖恩，获世界重量级冠军，成为现代拳击进入正规化以来第一位世界重量级拳王。他因此得到一条由拳迷捐款制作的、镶有397颗钻石的冠军金腰带。

沙利文1858年10月15日出生于美国马萨诸塞州，职业战绩是38胜1负2平，其中33场将对手击倒。他是19世纪美国体育界最伟大的英雄人物，身材不高但霸气十足，尤其是臂力过人。是19世纪80年代赫赫有名的世界重量级拳王，也是拳击历史上最后一位徒手（不戴拳套）的世界重量级冠军。1918年2月2日逝世，享年59岁。

## 1908年
### 16次打破游泳世界纪录的美国运动员克拉比出生

1908年2月7日，巴斯特·克拉比（Buster Crabbe）生于美国加利福尼亚州。他曾16次打破游泳世界纪录，在1932年洛杉矶奥运会男子400米自由泳决赛中，面对世界纪录保持者吉恩·塔里斯和奥运会纪录保持者广濑启吉，克拉比在距终点仅剩25米处后来居上，以4分48秒04创造了新的奥运会纪录并夺得金牌。

克拉比退役后，活跃于娱乐圈，参演了一百七十多部电影，还曾参加电视节目，撰写健身书籍，并成功地经营了一家游泳池公司。

## 1927年
### 墨尔本奥运会5000米和10000米两项冠军库茨出生

1927年2月7日，苏联中长跑名将弗拉基米尔·库茨（Vladimir Kuts）出生。

1944年，库茨参加海军，在部队坚持体育锻炼，并积极参加各种比赛。1952年，他首次参加全苏比赛，获最后一名。惨痛的失败并没使他失去信心，他投入到艰苦的训练中。功

库茨（中）

夫不负有心人，1954，在瑞士伯尔尼举行的欧洲田径锦标赛上，打破了5000米的世界纪录并获冠军。在1956年墨尔本奥运会上，库茨夺取5000米、10000米两枚金牌，并打破这两个项目的奥运纪录，成为该届奥运会的英雄。

## 1966年
**史上首位单届奥运会获6金的游泳女将奥托出生**

1966年2月7日，克里斯汀·奥托（Kristin Otto）出生于东德的莱比锡。她是历史上第一位在一届奥运会上创纪录地获得6枚金牌的女选手。

她8岁开始学游泳。1982年在厄瓜多尔瓜亚基尔举行的世游赛上一鸣惊人，获得100米仰泳金牌，还获得2枚接力赛金牌，当时她年仅16岁。1984年，在200米自由泳比赛中，以1分57秒75首次打破世界纪录。在1986年的马德里世锦赛上，获4枚金牌。

在1988年汉城奥运会上，奥托一人获得50米自由泳、100米自由泳、100米仰泳、100米蝶泳、4×100米自由泳接力和4×100米混合泳接力赛6枚金牌，成为在一届夏季奥运会上获6枚金牌的第一人，也是历史上第一位在一届奥运会上创纪录地获得6枚金牌的女选手。

## 1972年
**第一个女子现代五项全能运动奥运冠军斯蒂芬妮·库克出生**

1972年2月7日，斯蒂芬妮·库克（Stephanie Cook）出生于苏格兰北艾尔郡的尔湾。1995年，库克作为医生毕业于牛津大学，她在划船和越野方面非常出色；后来，在几个顶尖教练辅导下，她逐渐进入五项全能运动领域，并在这个项目中展现了竞争力；1998年墨西哥世锦赛上，她代表英国队获得银牌。两年后的悉尼奥运会，女子五项全能首次出现。比赛中，库克和其他选手展开激烈的竞争，直到最后阶段才超越其他人，成为第一位女子五项全能奥运冠军。

## 1974年
### NBA球星史蒂夫·纳什出生

1974年2月7日，NBA球星史蒂夫·纳什（Steve Nash）出生于南非约翰内斯堡。

他幼年兴趣广泛，足球、篮球和冰球都十分擅长，获得过三次国际象棋冠军，或许这就是他在球场上高智商的来源。高中毕业后，选择了篮球，但他的篮球之路并不平坦。他和教练向二十几个一流大学的篮球队写了推荐信，但每所大学的回答都是拒绝，最后被名不见经传的圣克拉拉大学招致门下。据说，他至今仍保留着那些被退还的信。

1996年，纳什参加NBA选秀，但因为身体素质不佳，NBA的球探们普遍不看好纳什，仅在第十五顺位被太阳队选中。但如今，纳什已被认为是NBA中最出色的控球后卫。

## 1977年
### 中国著名女子举重运动员陈晓敏出生

在中国举重史上，陈晓敏是一位赫赫有名的人物：她先后获得9枚世锦赛金牌，11次打破世界纪录；她还是奥运会第一批女子举重冠军。

1977年2月7日，陈晓敏出生在广东江门鹤山。11岁入鹤山县业余体校举重班，从此步入举重大门。1994年在汉城举行的中、韩、日三国女子举重对抗赛中，获54公斤级抓举、挺举和总成绩3项冠军，并打破该级别3项世界纪录。同年，在日本广岛第十二届亚运会举重赛中，获3项冠军并破该级别3项世界纪录。1995年，在广州第九届世界女子举重锦标赛中，获59公斤级抓举、挺举和总成绩3项冠军，并破该级别挺举的世界纪录。第二十七届奥运会获63公斤级女子举重金牌。在悉尼奥运会上，分别以112.5公斤的成绩和242.5公斤的总成绩打破63公斤级抓举和总成绩世界纪录；并以242.5公斤获女子举重63公斤级总成绩获世界冠军。

## 1994年
### 乔丹圆棒球梦，正式签约白袜

1994年2月7日，一代篮球巨星乔丹圆了自己的棒球梦，他与棒球队芝加哥白袜签订了一份合同。他在场上的位置是右翼外场，在127场比赛当中，他打出三次全垒打，51次跑垒得分，30次盗垒。

乔丹童年最大的梦想就是成为一名棒球明星，在课余时间或假期里，他总会约上几个好友一起打棒球。读中学时，他的运动范围开始拓展到篮球、橄榄球和田径等方面，但还是以棒球为最佳，他曾任校队投手，还代表球队参加州联盟的比赛并获冠军。

他在棒球联盟中作为新人亮相，尽管表现平平，依然获得球迷的阵阵喝彩。他的到来并没有改变白袜队糟糕的战绩，乔丹的棒球运动员生涯也以失败告终；倒是芝加哥白袜队因乔丹加盟而一时名声大振。

## 1998年
### 第十八届冬奥会在日本长野开幕

1998年2月7日，第十八届冬奥会在日本长野开幕。本届奥运会上，单板滑雪第一次成为比赛项目，冰壶也重新成为正式比赛项目。冰球比赛第一次向职业运动员开放，女子冰球也成为奥运会的正式比赛项目，捷克队获第一枚女子冰球金牌。

本届冬奥会有72个国家和地区的2302名运动员参赛，其中女运动员814名，男运动员1488名。

中国代表团参加了滑冰、冰球、冬季两项和滑雪4大项，共获银牌6枚、铜牌2枚，是历来取得最多奖牌的一次，遗憾的是仍未取得金牌零的突破。

## 2002年
### 王治郅刷新个人在NBA单场得分纪录

2002年2月7日，达拉斯小牛队以112∶100轻取新泽西网队，取得客场7连胜。中国球员王治郅拿下15分，刷新个人在NBA单场得分纪录。

他全场7投4中,其中三分球4投1中,6次罚球全部命中。此外，还抢下1个篮板，唯一不足的是犯规5次。值得一提的是，第一节投篮命中率高达100%，贡献9分，表现抢眼。大郅此役是小牛队上场时间最短的球员之一，19分钟的上场时间仅比队友纽曼的12分钟多一些，但他得了15分，仅次于诺维茨基的22分和纳什的18分。

## 2005年
### 郎平正式被任命为美国女排主帅

2005年2月7日，20世纪80年代为中国赢得许多荣誉的中国女排"铁榔头"郎平成为第一个担任美国大球主教练的中国人。美国排协当日宣布：郎平任美国国家女排主教练。

美国排协执行总裁比尔如此评价："郎平也许是世界女排最成功的运动员，我们为能够聘请到郎平这样优秀的、值得尊敬的人来担任新一届美国女排主教练，感到非常高兴和荣幸。我相信，她会把美国女排带成一支实力更强、水平更高的球队。"

郎平带领美国队参加北京奥运会，预赛中以3∶2战胜中国队，半决赛打败古巴队挺进决赛，最终不敌巴西队，获得银牌。2009年，郎平回国执教广东恒大女排。

## 2005年
### 英国女航海家麦克阿瑟创下帆船环球航行最快世界纪录

2005年2月7日，经过71天14小时18分33秒不间断的海上航行后，英国女航海家艾伦·麦克阿瑟（Ellen MacArthur）驾驶帆船成功冲过位于英吉利海峡的终点，给自己驾驶帆船环游世界的航行画上了一个圆满句号，并创下了帆船环球航行的最快世界纪录。

此次环球航行于2004年11月28日开始，期间她克服了各种艰难挑战，环球航行充满惊险，几次经历可怕的风暴，还两次冒着大风爬上近30米高的桅杆修理桅帆。

## 2011年
### 骑士队刷新NBA连败纪录

2011年2月7日，克里夫兰骑士队刷新了本队保持的NBA史上两项尴尬纪录——最长连败纪录和单赛季最长连败纪录。

在当天与小牛队的交手中，骑士队以96∶99败下阵来，从而遭遇25场连败。这样，他们不仅改写了本队保持的NBA史上24场最长连败纪录，还刷新了本队两天前创造的一个赛季里连败最长纪录。

## 2012年
### 德甲现场观众人数创历史新高

2012年2月7日，德国职业足球联盟公布：2011—2012德甲联赛上半程比赛的现场观众人数创下了历史新纪录，共有678万人到场观战了153场比赛。每场比赛的平均观众达到44345人，创造了德甲有史以来的最高纪录。

德甲联赛是欧洲五大联赛之一，联赛前三名获欧冠联赛小组赛席位，第四名获冠军联赛资格赛席位，第五、第六名获欧联杯参赛席位。

## 2012年
### IFFHS "21世纪最佳门将"评选揭晓

  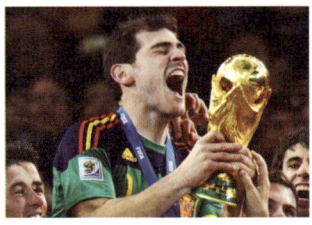

切赫　　　　　　　　　　布冯　　　　　　　　　卡西利亚斯

2012年2月7日，IFFHS官方公布了"21世纪世界最佳门将"评选结果，来自尤文图斯、带领意大利国家队夺取2006年世界杯的功臣布冯夺得了第一名。

以下是前20名榜单：布冯（意大利）；卡西利亚斯（西班牙）；切赫（捷克）；范德萨（荷兰）；卡恩（德国）；迪达（巴西）；巴尔德斯（西班牙）；塞萨尔（巴西）；莱曼（德国）；阿邦丹谢里（阿根廷）；巴特斯（法国）；雷纳（西班牙）；切尼（巴西）；托尔多（意大利）；阿金费耶夫（俄罗斯）；杜德克（波兰）；霍华德（美国）；诺伊尔（德国）；卡尼萨雷斯（西班牙）；胡斯托—维尔马—维拉（巴拉圭）。

## 2012年
### 林书豪破30年纪录

2012年2月7日，林书豪再次成为麦迪逊广场花园的救世主，全场28分8次助攻。上一场，他在板凳席上贡献25分，创下哈佛出身的NBA球员单场比赛的得分纪录，而当天再次上演神奇，他职业生涯首次首发，并得到28分8次助攻，成为近30年来首次首发就得到28+8的球员。

上一个能做到这样优秀表现的球员是和尼克斯队有千丝万缕牵连的以赛亚·托马斯，他在1981年10月30日与雄鹿的比赛中，得到31分11次助攻。

## 2012年
### "21世纪世界最佳足球教练"揭晓

2012年2月7日，国际足球历史与统计协会公布了"21世纪世界最佳教练排行榜"最新排名。弗格森和温格分居前两位，穆里尼奥、卡佩罗、希丁克、安切洛蒂等名列前茅。

在这份190人的名单中,中国国家队主教练卡马乔名列第48名,深圳队的法国教练特鲁西埃(第53名)、杭州绿城队的日本教练冈田武史(第119名)和广州富力队的巴西教练法里亚斯(第138名)等均榜上有名。

温格　　　　　　弗格森

## 2月7日备忘录

| | |
|---|---|
| 1956年2月7日 | 北京体育学院举行第一次体育科学研讨会,这是新中国成立后举行的第一次体育科学讨论会。 |
| 1959年2月7日 | 罗伯特·提姆和约翰·库克共同驾驶一架"大庄园172"号塞斯那小型燃油动力飞机创下世界上单次飞行时间最长纪录。飞行时间为64天22小时19分钟零5秒,飞行距离相当于地球周长的36倍。 |
| 1974年2月7日 | 中华全国体育总会在北京举行会议,决定派团参加第七届亚运会。这是新中国首次参加亚洲最大型国际综合性赛事,以33金64银27铜的成绩列团体总分第三。 |
| 1982年2月7日 | 国际奥委会医学委员会公布第一批禁止使用的兴奋剂药名。 |
| 1983年2月7日 | 奥地利一级方程式车手克里斯蒂安·克莱恩(christian·klien)出生 |
| 1985年2月7日 | 昆明体育场发生死伤事件。当时,来访的匈牙利维多顿足球队正与云南省足球队在昆明体育场比赛。临近尾声时,不少观众退场,又因场内出现高潮重返,此时突降大雨,观众争相退场,出口被堵塞。由于出口下面是陡坡形的石阶,许多人出门后遭遇推压,撞倒在地或被挤压在铁栅栏门上。 |
| 1985年2月7日 | 在美国马歇尔大学队与阿巴拉契亚大学队的一场篮球赛中,马歇尔队的布鲁斯·莫里斯投中一个经测量为27.38米的命中球。 |
| 1993年2月7日 | 在英国萨福克郡伊普斯维奇北门体育中心,英国人杰克·贝林杰和莉萨·洛玛斯在1分钟内打乒乓球173次,创下一个纪录。 |
| 1994年2月7日 | 在奥地利的比朔斯霍芬,奥地利人埃娃·甘斯特创下女子跳台滑雪112米最大距离的世界纪录。 |
| 1997年2月7日 | 伦诺克斯·刘易斯与美国选手奥利维尔·麦考尔争夺空缺的WBC冠军,他凭借第五回合麦考尔罢赛后的技术性击倒而获得胜利。 |
| 2001年2月7日 | 第二十届世界大学生冬季运动会在波兰南部山城扎科帕内市开幕。来自 |

46个国家和地区的男女运动员一千一百多名,是历届世界大学生冬运会参加人数最多的一次。

2002年2月7日　国际奥委会致函第二十九届奥运会组委会,授权这届奥运会组委会"对于未经授权的第三方擅自使用同奥林匹克相关的知识产权采取行动,包括在中国法律执行机关提出要求,和(或)在中国司法部门提起诉讼"。

2003年2月7日　国际象棋人机大战六回合较量于纽约结束,世界头号棋手卡斯帕罗夫执黑与电脑棋手"更年少者"3:3战平。这是卡斯帕罗夫继6年前以2.5:3.5负于"深蓝"后,再次向电脑发出挑战。

2003年2月7日　非洲超级杯赛在埃及首都开罗进行。非洲冠军联赛冠军、埃及的扎马莱克队以3:1战胜非洲优胜者杯冠军、摩洛哥的维达德卡萨布兰卡队,创纪录地第三次夺冠。

2005年2月7日　国际足联发表公报称,2004年是历来举行国际足球赛事最多的一年。据统计,在2004年一年里,共进行了1066场正式比赛。在国际足联205个会员协会中,有184个派队参赛。巴林队打了33场比赛,是参赛最多的队。

2006年2月7日　四川冠城俱乐部正式解散,俱乐部所有工作人员全部撤出基地。四川队是中国足球甲A联赛的创始球队之一,曾创造中国足球的"金牌球市"。

2007年2月7日　中国国奥足球队在英国与热身赛对手女王公园巡游者队发生群殴。一场大混战几乎持续了两分钟之久。此前,他们和切尔西预备队比赛时也发生了冲突。事发当夜,国奥队召开新闻发布会公开道歉。

2007年2月7日　北京市港澳台侨同胞共建北京奥运场馆委员会向国家游泳中心"水立方"业主单位拨付捐赠资金人民币1.57亿元。至此,"水立方"已收到捐赠资金累计近7.3亿元。

2008年2月7日　英足总网站以球迷投票方式选出"2007年英国最佳球员",新任英格兰队长、利物浦球星杰拉德获得最高支持率。史蒂文·乔治·杰拉德(Steven Gerrard),现效力英格兰老牌俱乐部利物浦,是球队核心和精神领袖。

2010年2月7日　在一场NBA比赛中,俄克拉荷马城雷霆客场104:95战胜了金州勇士,雷霆队22岁的年轻控球后卫拉塞尔·威斯布鲁克贡献了21分、10次助攻、7个篮板及8次抢断,美媒体给出了"不可思议的数据"这样的评价。

2012年2月7日　中国田径协会公布了对河南省田径运动员田梦旭违反兴奋剂规定给予处罚的决定,决定对田梦旭及其教练员酒尚选分别禁赛2年、罚款2万元。

# 2/8 Feb

## 1948年
### 第五届冬奥会在瑞士圣莫里茨闭幕

1948年2月8日，第五届冬季奥林匹克运动会在瑞士圣莫里茨闭幕。这是因第二次世界大战而中断两届冬季奥运会后举办的首届冬奥会，也是圣莫里茨第二次举办冬奥会。28个国家和地区的713名运动员参加了比赛，本届冬奥会成为冬奥会史上首次出现两个国家并列金牌榜榜首，瑞典和挪威同获四金三银四铜并列奖牌榜第一。

本届冬奥会原准备于1940年在日本札幌举办，由于日本帝国主义在1937年发动了侵华战争，1938年日本政府宣布他们无法举办冬奥会。于是，瑞士的圣莫里茨成为候选城市。但在1936年冬奥会上，因瑞士奥委会与国际奥委会发生争议，瑞士也宣布放弃承办这届冬奥会。由于第二次世界大战，第五届冬奥会直到1948年才于瑞士的圣莫里茨重新举办。

## 1966年
### 保加利亚传奇球星斯托伊奇科夫出生

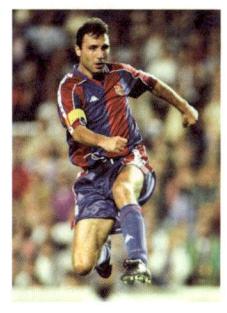

1966年2月8日，赫里斯托·斯托伊奇科夫（Hristo Stoitchkov）出生在保加利亚普罗夫迪夫。

19岁加盟保加利亚实力最强的索菲亚中央陆军队，但入队不久就因在保加利亚杯决赛中打架而被禁赛。

1990年夏，西班牙巴塞罗那队以创纪录的450万美元签下斯托伊奇科夫，1991到1994年，他帮助巴萨连续4年称雄西甲，个人进球超过100个。当时，他和罗马里奥组成"梦幻进攻组合"，所向披靡。1992年，巴萨赢得历史上第一座欧洲冠军杯。1994年，帮助保加利亚国家队获得美国世界杯第四名，创造该国世界杯最佳战绩。职业生涯后期，他的足迹遍及沙特阿拉伯、日本和美国联赛，直到2003年正式宣布退役。

## 1970年
### NBA历史上著名"铁血硬汉"阿朗佐·莫宁出生

1970年2月8日，阿朗佐·莫宁（Alonzo Mourning）出生于美国弗吉尼亚州切萨皮克。他在1992年第一轮第二位被黄蜂队选中，司职中锋。职业生涯共效力黄蜂队、篮网队和

热火队等多支NBA球队，并帮助迈阿密热火队在2006年夺得总冠军。他以强壮的体魄、顽强的意志著称，是NBA历史上著名的"铁血硬汉"。

2000年，他被查出患有严重的肾衰竭，之后病情恶化，不得不于2002年缺席整个赛季。2003年，医生认为其肾功能已无法支持高强度的赛事，迫使其宣布退役。但在进行了肾移植手术后，于次年奇迹般地重返赛场，直到2009年才宣布退役。

2009年3月31日，NBA为阿朗佐·莫宁举办球衣退役，成为第一位球衣悬挂在美航中心的迈阿密热火队队员。

## 1980年
### 中国体操名将杨威出生

1980年2月8日，中国体操名将杨威出生于湖北省仙桃市，他是中国男子体操队中一名全能型运动员，自由体操、吊环是其强项。2006年和2007年连续两次获得世锦赛全能冠军，是继南斯拉夫名将佩塔尔·苏米于1926年卫冕世锦赛全能冠军81年后首位完成这一壮举的运动员。

他代表中国队与队友一起夺得过多枚团体金牌，其个人成绩也很突出。他总共参加了三届奥运会，是中国体操队的"三朝元老"。从悉尼的异军突起到雅典的折戟沉沙，再到北京的重铸辉煌，杨威都是中国男子体操队不可或缺的中流砥柱。2008年北京奥运会上，他不仅获得男子个人全能金牌，而且为中国体操队勇夺男团金牌立下汗马功劳。2009年，29岁的杨威正式宣布退役。

## 1982年
### 第一位女子摔跤奥运冠军伊琳妮·梅兰妮出生

1982年2月8日，有史以来第一位奥运会女子摔跤冠军伊琳妮·梅兰妮（Irini Merleni）出生在乌克兰赫米尔尼茨基。身高只有1米50的梅兰妮，在雅典运动会前就曾三次在世锦赛最轻量级摔跤比赛中夺冠。

女子摔跤在2004年雅典奥运会上第一次被列为奥运会正式比赛项目，梅兰妮获得第一枚女子摔跤金牌。在预赛阶段，她轻松击败三个对手，在4分36秒里拿下31：0的总分。半决赛中，她以9：0击败美国选手，挺进决赛。在决赛中，以微弱的优势击败日本选手伊调千春，夺取奥运会第一枚女子摔跤金牌。

2008年北京奥运会上，伊琳妮·梅兰妮获得该项目铜牌。

## 1984年
### 第十四届冬奥会开幕，海峡两岸选手首次同时参赛

1984年2月8日，第十四届冬奥会在前南斯拉夫的萨拉热窝开幕。共有49个国家和地区的1483名（其中女子308名）运动员参加了6个大项、39个单项的比赛。

中国派出运动员37人，其中女子16人，参加5个大项26个单项的比赛，但未获得奖牌。中华台北奥委会也派出14名运动员参赛，这是海峡两岸中国选手首次同时参加冬季奥运会。维尔京群岛派出唯一选手是名黑人，这也是冬奥会自创办以来首次有黑人运动员出席。本届比赛项目增加了1项女子20公里越野滑雪，使原先的38个单项增至39个。

本届冬奥会的吉祥物"乌茨科"是一只幽默有趣，有着一个小圆鼻子的小狼形象。由于风雪交加，本届冬奥会的速滑比赛受到一定影响，无人突破奥运纪录。

## 1986年
### 身高仅1米70的"小土豆"韦伯夺得NBA扣篮大赛冠军

1986年的NBA全明星扣篮大赛结果让人大跌眼镜，身高仅1米70、外号"小土豆"的老鹰队球员斯帕德·韦伯（Spud Webb）出人意料地夺得冠军。

本届扣篮大赛阵容不如前两届鼎盛，人们普遍看好上届扣篮王、外号"人类电影精华"的多米尼克·威尔金斯，但结果却是老鹰队的小个子韦伯抢走了所有人的风头。

韦伯绰号"小土豆"，人如其名，身高仅1米70，体重60公斤，但他居然能够上演反身双手灌篮，这样让人难以想象的表演使他两扣均拿到满分；威尔金斯虽然只被扣了2分，却也只能无奈地将"扣篮王"桂冠拱手让出。韦伯原地弹跳是1.3米，助跑弹跳达到1.50米左右。他在NBA共打了12个赛季，平均每场得9.9分，投篮命中率45.2%。

## 1992年
### 第十六届冬奥会在法国阿尔贝维尔开幕

1992年2月8日，第十六届冬奥会在法国阿尔贝维尔开幕，64个国家和地区的1804名运动员参加了比赛，其中女运动员492名。中国派出35名男女选手参加34个单项比赛。中华台北奥委会派出8名选手参加5个单项的比赛。

本届冬奥会设有越野滑雪、跳台滑雪、高山滑雪、雪橇、花样滑冰、现代速度滑冰、冬季两项、冰球等12个大项、57个小项的正式比赛。此外，还设花样滑雪、速度滑雪和溜冰石3个表演项目。

阿尔贝维尔是最后一次与夏季奥运会同年举行的冬奥会。全部57个比赛项目中，只有18个在阿尔贝维尔本地举行，其余赛事分布于周边的13个比赛场馆进行，成为有史以来场地最分散的一届冬奥会。

## 2001年
### 王刚义畅游南极长城湾创造世界纪录

2001年2月8日，我国大连冬泳爱好者王刚义在南极长城湾的低温海水中畅游51分42秒17，创造了在南极冰水中停留时间最长的世界纪录。

清晨4点40分，王刚义在南极长城湾入水。风力6米/秒，水温摄氏1.4度，游水时间51分42秒17，游程超1500米，实现了他挑战南极冬泳的梦想。他这次在长城湾创下的世界纪录，比原纪录提高了7分钟。原纪录是1982年蒋加仑在澳大利亚的戴维斯站采样误落水中创造的，当时他在水中停留了45分钟。

## 2002年
### 第十九届冬奥会在美国盐湖城开幕

2002年2月8日，第十九届冬奥会在美国犹他州首府盐湖城开幕。来自欧美的八个城市参与申办本届冬奥会，结果，盐湖城，取得主办权。但此后不久，便爆出了盐湖城奥申委贿赂国际奥委会官员的丑闻，引起轩然大波。这一事件导致多名国际奥委会官员宣布辞职或被解职。

共有来自77个国家和地区共2399名运动员参加了盐湖城冬奥会，夺金选手来自多达18个代表团，创造了历史最高纪录。本届冬奥会设项增加到7个大项15个分项78个小项，新增的项目是骨架雪橇和女子雪车。

## 2002年
### 美国田径选手马里昂·琼斯获得第二十一届杰西·欧文斯奖

2002年2月8日，在2000年悉尼奥运会上夺得5枚奖牌的美国田径选手马里昂·琼斯（Marion Jones）在纽约获得第二十一届杰西·欧文斯奖国际奖。

2007年10月，琼斯承认她在2000年悉尼奥运会期间服用了类固醇类药物，并宣布退役。2008年初，因在接受服用禁药调查时撒谎及卷入一起伪造支票案，琼斯被判入狱6个月。此前，她已被剥夺了2000年悉尼奥运会上摘得的5枚奖牌，2000年9月后的所有成绩也被取消。

## 2月8日备忘录

| | |
|---|---|
| 1925年2月8日 | 1948至1976年奥运会6枚马术奖牌得主、意大利的雷蒙多·丁吉奥出生。 |
| 1930年2月8日 | 1952年奥运会女子田径4×100米接力金牌得主、美国的凯瑟琳·哈代出生。 |
| 1959年2月8日 | 1980年奥运会女子跳板金牌得主、苏联的伊琳娜·卡利尼娜出生。 |
| 1978年2月8日 | 1996年奥运会女垒金牌得主、美国的克里斯塔·威廉斯出生。 |
| 1982年2月8日 | 北京国际马拉松赛被列为正式国际马拉松赛。北京马拉松是中国最高水平的马拉松赛，是中国田协市场化程度最高、单项规模最大、最具代表性的赛事产品，已成为影响较大的传统性的国际赛事。 |
| 2001年2月8日 | 在北京接受国际奥委会考察前夕，北京市十一届人大四次会议举行以申奥为主题的新闻发布会。介绍北京举办奥运会的条件是可信的，能力是充分的。 |
| 2002年2月8日 | 爱尔兰都柏林的研究人员宣布：他们有足够证据表明，伟大的前美国世界重量级拳王穆罕默德·阿里的祖籍在爱尔兰西海岸克莱尔郡的恩尼斯镇，他拥有爱尔兰血统。 |
| 2002年2月8日 | 国际奥委会属下的世界反兴奋剂机构在盐湖城宣布，自2001年4月以来，该机构在赛外兴奋剂检查中共查出27例阳性。 |
| 2003年2月8日 | 第五届亚洲冬季运动会落下帷幕。日本队以24枚金牌高居金牌榜首。韩国队排在第二，中国队位居第三。 |

| | |
|---|---|
| 2006年2月8日 | 国际奥委会（IOC）委员在都灵国际奥委会第118次全会投票决定，哥本哈根将成为2009年国际奥委会大会的承办地。 |
| 2007年2月8日 | 在瑞士洛桑国际奥委会执委会上，中共中央政治局委员、北京市委书记、北京奥组委主席刘淇在北京通过电视电话向国际奥委会执委会做了筹办工作陈述报告。 |
| 2007年2月8日 | 国际奥委会执委会通过北京奥运会奖牌方案。北京奥运会奖牌实物送到了国际奥委会主席罗格主持的执委会上，国际奥委会执委会批准了北京奥运会的奖牌设计。 |
| 2007年2月8日 | 根据德勤公司2005—2006年度财务报告，世界最富足球俱乐部排行榜三甲排名发生变化。一年前不敌西班牙皇家马德里队让出冠军宝座的英格兰曼彻斯特联队再次退步排名第四，西班牙巴塞罗那队提升二位紧随皇马排名第二。 |
| 2008年2月8日 | 在德国杜塞尔多夫室内田径赛上，古巴名将罗伯斯以7秒33的成绩夺得60米栏桂冠。这个成绩是60米栏的史上第二好成绩，比科林·杰克逊在1994年创造的世界纪录仅慢了百分之三秒。 |
| 2009年2月8日 | 南美青年足球锦标赛上爆出大冷门，阿根廷队一败涂地，未能获得世青赛出线资格，这是该队22年来的最差战绩。 |
| 2009年2月8日 | 由北京越野足球俱乐部发起的青少年足球大联盟第一次代表大会，在北京奥体公寓会议厅进行，刚上任的中国足协掌门人南勇出席会议。 |
| 2012年2月8日 | 亚足联官方网站发表声明，伊拉克足协接到国际足联通知，被告知其在伦敦奥运足球预赛中使用违规球员，2011年11月27日客场2∶0击败阿联酋队的比赛比分作废，改为阿联酋队3∶0获胜。因为这个结果，伊拉克队在奥运会预选赛中惨遭淘汰。 |
| 2012年2月8日 | 韩国职业排球联赛惊爆赌球丑闻，退役球员廉某、现役球员金某、朴某和林某，以及中间人江某因涉嫌操纵比赛谋利已被司法机关逮捕。这几名球员于2009至2010年间，至少在4场比赛中有故意打假球的行为，每场比赛牟利达上千美元。 |

# 2/9 Feb

## 1895年
**美国人威廉·摩根发明排球**

1895年2月9日，美国马萨诸塞州霍利约克城基督教青年会干事威廉·摩根（Williams·G·Morgan）发明了现代排球。起初，人们分站在网球场球网的两侧，将篮球胆托来托去，不限制参加人数和击球次数。比赛中，网高1.98米。这就是排球的雏形。

1896年，在美国斯普林费尔德体育专科学校举行了第一场排球公开赛。初期，排球被称为 Mintonette（小网子之意）。1896年，改为 Volleyball（空中击球），即现代国际通用名称 Volleyball（排球）。当时的正式用球，圆周为25—27英寸（约63.5—68.8厘米），重量为9—12盎司（约255—346克）。现代国际比赛用球的材料和制作工艺有很大改变，但球的规格还和摩根时代差不多。

## 1900年
**第一届戴维斯杯网球赛在美国举行**

戴维斯杯网球赛是世界网坛级别最高、影响最大的国际性团体赛，由国际网球联合会主办，因系美国人戴维斯倡议举办，并捐赠银质奖杯授予冠军队，故名"戴维斯杯"。

第一届戴维斯杯于1900年在美国波士顿举办，仅美国和英国队参加。戴维斯本人是美国队队长兼运动员，在比赛中带领美国队以3∶0战胜英国队，捧走奖杯。

戴维斯杯网球赛从1972年起，冠军队必须从第一轮开始比赛。至于决赛地点的选择，由抽签决定。1981年开始，采取分为两级的升降级比赛。

## 1905年
### "跨栏勋爵"大卫·乔治·伯利出生

1905年2月9日,"跨栏爵士"大卫·乔治·伯利(David George Burghley)出生于英国林肯郡一个贵族家庭。他自幼喜爱田径运动,在伊顿公学就读期间,即开始跨栏跑训练。1932年,伯利参加洛杉矶奥运会,在接力赛中获得一枚银牌。

退役后,他从事体育与政治活动,1933年起任国际奥委会委员,并受封为布朗洛塞西尔勋爵,被称为"跨栏勋爵"。1948年,伯利当选为伦敦奥运会组委会主席。他担任英国业余田径协会主席长达40年之久,1951年起担任国际田径联合会主席,历30年之久。"跨栏勋爵"1981年10月22日在伦敦去世。

## 1928年
### 荷兰著名教练里努斯·米歇尔斯出生

1928年2月9日,里努斯·米歇尔斯(Marinus Jacobus Hendricus "Rinus" Michels)出生于荷兰阿姆斯特丹。他是足球史上一名重要的教练员,是全攻全守打法创造者。

1971年,他带领阿贾克斯队获欧洲冠军杯冠军。1974年,带领荷兰队闯入世界杯决赛。1988年,率荷兰队获欧锦赛冠军。

如果说,20世纪70年代的荷兰队是一台"上了发条的橙色机器",那么,米歇尔斯就是这台机器的天才操纵者。他们在这位沉稳安静的改革家带领下,演奏了最华丽的全攻全守足球。

2005年3月3日,米歇尔斯因心脏手术后引起并发症逝世,享年77岁。

## 1931年
### 捷克斯洛伐克著名球星马索普斯特出生

1931年2月9日,捷克斯洛伐克著名球星约瑟夫·马索普斯特(Josef Masopust)出生。

1953—1962年的十年间,马索普斯特与队友8次夺得全国联赛冠军,并成为国家队核心。1962年智利世界杯,捷克斯洛伐克队获亚军。在决赛开始前,他们是唯一没被巴西队破过球门的球队,两队的首轮比赛以0∶0握手言和。本来,捷克斯洛伐克队有机会夺得世界杯,马索普斯特率先攻破了巴西队的大门。但因主裁判严重误判,葬送了他们机会。巴

西队济托进球前，贾尔马·桑托斯用手触球，主裁判拉迪切大视而不见。之后，巴西队禁区内犯规，裁判又拒绝判罚点球，捷克斯洛伐克队士气受挫，最终以1∶3败北，屈居亚军。

智利世界杯赛上的杰出表现，使马索普斯特当选为年度欧洲足球先生，他是第一位当选的东欧球员。

## 1964年
### 第九届冬奥会在奥地利因斯布鲁克闭幕

1964年2月9日，第九届冬奥会在奥地利因斯布鲁克闭幕。参赛的有37个国家和地区（36个队），共1091名运动员，其中女子200人，男子891人。这是冬季奥运会运动员人数首次突破千人。第一次参赛的有朝鲜民主主义人民共和国、印度和蒙古。

本届共举行了34个单项比赛。苏联继续居领先地位，获金牌11枚，银牌8枚，铜牌6枚。奥地利列第二，金牌4枚，银牌5枚，铜牌3枚。挪威居第三，金牌3枚，银、铜牌各6枚。

## 1971年
### 奥运冠军、中国女子跳水名将许艳梅出生

1971年2月9日，奥运冠军、原中国女子跳水队运动员许艳梅在江西出生。她在1988年汉城奥运会上，获得女子十米跳台跳水金牌。这是中国代表团在那届奥运会上夺得的首枚金牌，也是江西运动员获得的第一枚奥运金牌。

许艳梅少年成名，1985年就进了国家队，在汉城第十届亚运会上，由于最后一个动作失误，她只拿到了银牌。在汉城奥运会上，她在最后一跳前，只领先美国选手米切尔0.27分。但她顶住了压力，没有重犯汉城亚运会的错误；跳出了完美的一跳，获得68.78分，成功夺得金牌。1991年，许艳梅退役。

## 1980年
### 里克·巴里成为NBA第一位单场投中8个三分球的球员

1980年2月9日，休斯敦火箭队的里克·巴里在对犹他爵士队的比赛中，三分球12投8中，成为NBA第一位单场投中8个三分球的球员，创下一个纪录。

他是唯一在NCAA（National Collegiate Athletic Associatio，美国大学生体育总会）、NBA、ABA三项赛事中，都获"得分王"称号的球员。1986年，入选美国篮球名人堂。他的职业生涯中获得一次NBA总冠军、一次总决赛MVP和一次全明星赛MVP。

## 1995年
### 法国探险家德拉日完成横渡大西洋的壮举

1995年2月9日，42岁的法国探险家居伊·德拉日在加勒比海的巴巴多斯岛登陆，完成只身横渡大西洋的探险。

他于1994年12月16日在非洲南部佛得角下海，只身游向大西洋彼岸。历时56天，游完3900公里后，终于在巴巴多斯岛登陆。这次探险，他只借助了两样装备：装有自动导向仪的救生小筏板和装有各种生活用品的小艇。

对他的探险活动，法国新闻媒体议论纷纷。有人认为德拉日借助救生板向前漂流，算不上是游过大洋。但德拉日的回答非常干脆："如果说这次探险没有什么意义，那么，包括登雪山在内，所有探险活动都没有什么意义。"

## 2003年
### 亨利进球追平普拉蒂尼纪录

2003年2月9日，在英格兰阿森纳队1∶1战平纽卡斯尔的比赛中攻入一球后，亨利追平了普拉蒂尼保持的为外国俱乐部进球最多的纪录。

20世纪80年代中期，法国队威震世界的"中场铁三角"核心普拉蒂尼为意甲尤文图斯效力5个赛季，共为"老妇人"进球104个，是当时为国外俱乐部效力的法国球员中进球最多的。

蒂埃里·亨利（Thierry Henry）是法国足坛一名出色前锋，效力于英格兰阿森纳队期间是他职业生涯的巅峰期。他是阿森纳队历史最佳射手，同时在2007年10月打破了普拉蒂尼保持的国家队入球纪录，成为法国队历史上进球最多的球员。

## 2005年
### 国际奥委会主席罗格致信北京奥组委主席拜年

2005年2月9日是中国农历大年初一，国际奥委会主席罗格和专职总干事乌尔斯·拉科特分别致信北京奥组委主席刘淇和前中国奥委会主席袁伟民，以表达春节来临之际对中国人民最美好的祝愿。

罗格在新春致辞中说："你们为推广奥林匹克精神所付出的巨大努力在整个中国得到了回报，全世界见证了中国对奥林匹克运动的热情和重视。"同时表示，"我们希望继续这种卓有成效的合作，确保北京奥运会的成功举办。"

## 2006年
### 棒垒球申请"复活"，国际奥委会坚拒

在2005年7月8日召开的国际奥委会第一百十七届全会上，委员们对28个夏奥会项目逐一投票表决，棒球和垒球被"踢出"伦敦奥运会的大门。这也是自1936年奥运会拒绝马球后，夏季奥运会首次缩编参赛项目。在本次新增项目投票中，高尔夫、壁球、空手道、七人橄榄球和轮滑均遭失败，未能入选奥运会正式比赛项目。

2006年2月9日，棒垒球申请"复活"却遭到了国际奥委会的拒绝。对重新讨论棒垒球的回归问题，国际奥委会委员意见不一。一些国际奥委会委员，包括国际奥委会主席罗格在内，不赞成对棒球、垒球重返奥运会进行投票。

## 2006年
### 世界柔道联合会主席因腐败落马

2006年2月9日凌晨，国际奥委会宣布，由于韩国籍委员朴荣晟（Park Yong-sung）被韩国法院宣判犯有挪用公款罪，他的行为也同时违犯国际奥会道德章程。

2007年4月26日，国际奥委会在北京召开的执委会上宣布：朴荣晟因涉嫌挪用公款，违反了《奥林匹克宪章》和国际奥委会的道德准则，败坏了奥林匹克运动的声誉。国际奥委会决定，在5年之内，禁止他在国际奥委会下属的任何委员会任职。

## 2007年
### 沙特球星代亚耶亚国家队参赛纪录被确认

2007年2月9日，亚足联官方网站披露：作为沙特足球的常青树代亚耶亚（1972月8月2日出生）在过去的职业生涯中共代表沙特国家队参加了181场国际A级比赛。至此，他成为国际足坛中参加国际A级赛次数最多的球员。

这位沙特足球史上的最佳门将，共参加过4届世界杯（1994、1998、2002、2006年）。自1990年首次代表沙特国家队对阵孟加拉国队，在之后17年中，一直是沙特国家队主力门将。

## 2007年
### 塞缪尔·瓦吉鲁打破半程马拉松世界纪录

2007年2月9日，肯尼亚选手塞缪尔·瓦吉鲁（1986.11.10—2011.5.15）在阿联酋举行的半程马拉松赛上，以58分53秒打破58分55秒的世界纪录。

瓦吉鲁当时年仅20岁，这次他打破纪录也是重新夺回半程马拉松的世界纪录。此后，2008年北京奥运会上，他以2小时06分32秒打破奥运纪录，获得冠军，同时还刷新了格布雷西拉西耶保持的男子20公里马拉松世界纪录。

## 2008年
### 马燕红成为中国进入国际体操名人堂女子第一人

2008年2月9日，第十二届国际体操名人堂在美国俄克拉荷马举行仪式，中国体操第一位女子世界和奥运会冠军得主马燕红等五人进入名人堂，成为中国女运动员进入国际体操名人堂的第一人。

马燕红在中国体操史上写下许多第一：1979年世锦赛夺得高低杠冠军，成为中国第一个体操世界冠军；1984年洛杉矶奥运会，她又在高低杠上拿到冠军，成为第一位获得奥运金牌的中国女子体操选手。著名的"马燕红下"是第一个以中国人名字命名的体操动作。进入国际名人堂，是对体操运动发展作出杰出贡献的运动员或相关人员所颁发的最高奖赏。

## 2009年
### 纳尔瓦斯连续15次卫冕，打破拳王卫冕次数纪录

2009年2月9日，阿根廷拳手奥马尔·纳尔瓦斯在世界拳击组织轻量级拳王卫冕战中，击败美国挑战者拉翁塔·维特费尔德，连续第十五次成功卫冕，创下世界拳坛的拳王卫冕纪录。

这场比赛的胜利使纳尔瓦斯连续第十五次成功卫冕，超过了另一名阿根廷拳手卡洛斯·蒙松此前在世界拳王卫冕战中创下的14连霸战绩。1970年11月至1977年7月，蒙松占据世界拳击协会和世界拳击理事会中量级拳王的宝座近七年之久，14次在卫冕战中获胜。

# 2009年
## 科斯塔库塔执教意乙球队失败宣布辞职

2009年2月9日,前AC米兰队著名球星科斯塔库塔(Alessandro Costacurta)在执教意大利乙级联赛球队曼托瓦队14场比赛后,宣布辞职,结束了自己第一次职业教练经历。

亚历山德罗·科斯塔库塔是意大利足球防守文化代表人物之一。退役后,他先是在意大利天空电视台任解说嘉宾,很快就拾起教鞭。2008年10月,他与意乙的曼托瓦俱乐部签订了一份为期两年的合同。到2009年2月,他带队打了14场比赛,成绩4胜4平6负。

## 2月9日备忘录

| | |
|---|---|
| 1916年2月9日 | 中国足球队首次出国比赛。1916年,菲律宾华侨组织电邀中国大学生足球联队赴菲比赛。 |
| 1943年2月9日 | 1968年奥运会男篮金牌得主、美国的詹姆斯·金出生。 |
| 1943年2月9日 | 1964年冬季奥运会男子10公里速滑金牌得主、瑞典的约翰尼·尼尔松出生。 |
| 1956年2月9日 | 1976年奥运会男篮金牌得主、美国的菲利普·杰克逊出生。 |
| 1981年2月9日 | 中国沙滩排球运动员田佳生于天津。田佳、王洁这对中国女子沙滩排球的第一搭档,最好成绩是:2003年世界女子沙滩排球巡回赛印度尼西亚、意大利站冠军(世界排名第五)。 |
| 1982年2月9日 | 中国足球运动员杜威出生河南郑州。过去十年,杜威获得过多届青年联赛冠军。2002年入选国家队,参加了韩日世界杯;2003年入选国奥队并任队长。 |
| 1987年2月9日 | 《关于制定中华人民共和国体育法若干问题》课题讨论会在北京召开。 |
| 1994年2月9日 | 国际奥委会第102次全会于利勒哈默尔召开,73名委员出席。再次讨论"奥林匹克休战"问题。 |
| 1996年2月9日 | 在美国的里诺,加拿大的多纳万·贝利创造了男子室内50米短跑5秒56的世界纪录。 |
| 1998年2月9日 | 在温度始终低于零下10度的情况下,比利时人阿兰·于贝尔和迪克 |

希·当塞尔科埃尔仅携带滑雪板及导向伞,成为首次唯一无外援横穿南极洲最长行程的人。

2001年2月9日　一场交通事故使意大利足坛的希望之星——不满18岁的博洛尼亚中后卫尼科洛·加利陨落。

2007年2月9日　北京奥运新闻中心组织了境外媒体参观采访首钢环保搬迁情况。美联社认为这将是为北京举办奥运会作出新贡献,同时也是首钢为环保做出的巨大贡献。

# 2/10 Feb

## 1903年
**奥地利足球史上最伟大球员马蒂亚斯·辛德拉尔出生**

马蒂亚斯·辛德拉尔（Matthias Sindelar）是奥地利足球史上最伟大的球员，是国际足坛公认的第二次世界大战前最优秀的攻击性球员。他身形单薄，绰号"纸人"，但他的进攻无孔不入，经常像鬼魅一样渗透进对方防线。

1903年2月10日，辛德拉尔出生于维也纳一个犹太人家庭，他44次代表奥地利队出战，攻入27球。1926年，首次代表奥地利国家队出战，在2：1击败捷克斯洛伐克的比赛中攻入致胜一球。1934年世界杯，辛德拉尔同奥地利队一起获得第四名。

1938年，纳粹德国占领奥地利，身为犹太人，辛德拉尔不愿为纳粹踢球，他拒绝到新组建的德奥联队效力。1939年1月，他的尸体在其公寓中被人们发现，官方给出的死因是一氧化碳中毒。他的死，至今仍是一个谜。

## 1905年
**NBA波士顿凯尔特人创建者沃尔特·布朗出生**

1905年2月10日，NBA著名组织者、波士顿凯尔特人的创建者沃尔特·布朗（Walter Brown）出生于马萨诸塞州。他的父亲乔治·V·布朗是著名的波士顿马拉松赛创始人。

沃尔特·布朗从埃克塞特学院毕业后，就投身于其父的体育事业。他成功地挽救了当时陷入困境的波士顿马拉松赛，并使之成为全世界最著名的马拉松赛。

1933年，他率队在捷克斯洛伐克的布拉格以2：1击败了多伦多队，赢得业余冰球冠军，因此，被任命为1936年参加柏林奥运会的美国冰球队主教练。1946年，他和其

沃尔特·布朗（左）

沃尔特·朗杯

他 11 人组建了 NBL（National Basketball League，国家篮球联盟）——今天的 NBA 的前身。作为联盟的一员，布朗自己创建了波士顿凯尔特人队。有着老板和运动专家双重身份的布朗，还深入参与了比赛规则的制定。

1964 年 9 月 7 日，沃尔特·布朗去世，享年 59 岁。NBA 以他的名字命名了 NBA 总冠军奖杯。1965 年 10 月 13 日，入选篮球名人堂。

## 1950 年
### 历史上最伟大的游泳运动员之一马克·施皮茨出生

马克·施皮茨（Mark Spitz）是继芬兰长跑名将努尔米、苏联体操选手拉特尼娜后第三位获得 9 枚奥运金牌的运动员，先后 35 次打破自由泳和蝶泳世界纪录。他在 1972 年慕尼黑奥运会上，创纪录地获得 7 枚金牌。

1950 年 2 月 10 日，施皮茨出生于美国加利福尼亚州。1972 年慕尼黑奥运会上，他获得了 100 米自由泳、200 米自由泳、100 米蝶泳、200 米蝶泳和 3 项接力赛的金牌。在他相对短暂的职业生涯中，在奥运会上共打破或帮助别人打破 27 项世界纪录，其中 23 项为个人纪录。1977 年入选国际游泳名人堂。他一届奥运独揽 7 金的纪录，直到 2008 年才被同胞菲尔普斯打破。

## 1957 年
### 第一届非洲国家杯足球赛开幕

1957 年 2 月 10 日，第一届非洲国家杯足球赛在苏丹开幕。首届非洲国家杯只有 4 队参加，后来，南非又退出了比赛。埃塞俄比亚队首场轮空，直接进入冠军决赛。埃及队在半决赛中以 2∶1 战胜苏丹队，埃及队的拉亚法特在第二十一分钟时主罚点球命中，攻入非洲国家杯首个进球。在决赛中，埃及队轻而易举地以 4∶0 大胜埃塞俄比亚队；阿尔·迪巴创造决赛个人独进 4 球的纪录。

## 1970 年
### NBA 官方同意波特兰组建职业篮球队

1970 年 2 月 10 日，NBA 官方同意波特兰组建职业篮球队加入联盟。两周后，俱乐部执行副总裁哈里·格里克曼发起"球队征名"活动。最终决定使用"开拓者"作为球队的名字，波特兰开拓者队（Portland Trail Blazers）由此诞生。

位于俄勒冈州波特兰市的开拓者队 1970 年加入 NBA。1977 年，取得 49 胜 33 负的成绩，首次杀入季后赛就战胜费城 76 人队夺得球队历史上唯一的一座冠军奖杯。

## 1980年
### 奥运冠军、中国举重运动员石智勇出生

1980年2月10日，奥运举重冠军石智勇出生在福建省龙岩市一个普通工人家庭。9岁开始练举重，13岁进福建省体校。

2000年，他参加了世界青年男子举重锦标赛，被国际举重联合会授予最佳运动员奖。大家都认为悉尼奥运会石智勇一定能夺冠，可在奥运会前因训练过度而伤病加重，最终无法参加。

经历磨难和挫折的他，逐渐成长为成熟的举重健将，2004年雅典奥运会，夺得男子62公斤级冠军，终于实现了自己的梦想。

## 1992年
### 叶乔波实现中国冬奥会奖牌零的突破

1992年2月10日，中国速滑名将叶乔波在阿尔贝维尔冬奥会上，以40秒51夺得女子500米速度滑冰亚军，这是中国选手在本届冬奥会比赛中取得的第一枚奖牌，实现了中国队在冬奥会上奖牌零的突破。

同年，在挪威举行的世界短距离速滑锦标赛上，叶乔波获女子1000米速滑冠军，并夺得女子全能世界冠军，成为中国和亚洲第一个短距离速滑全能世界冠军。至1993年春季赛事结束，她共获14个世界冠军，其中包括全部女子500米速滑金牌，创造了世界冰坛的大满贯战绩。

## 1995年
### 孙彩云第五次打破女子室内撑杆跳高世界纪录

1995年2月10日，中国选手孙彩云在德国柏林奥林匹克之夜国际田径赛上，以4.12米的成绩获得冠军，并第五次打破女子室内撑杆跳高世界纪录。

孙彩云是广东深圳市人，从小练习跳高，1987年起改撑杆跳高。她先后13次超、破女子撑竿跳高室内、室外世界纪录，并13次荣获国际田径联合会颁发的"破世界纪录奖章"。

在经历了腰椎滑脱、颈椎半脱位的折磨后，孙彩云于1999年退役。

## 1996年
### 国际象棋棋王卡斯帕罗夫首次对垒"深蓝"计算机

1996年2月10至17日，美国费城举行了一项别开生面的国际象棋比赛：世界棋王卡斯帕罗夫（Garri kasparov，全名：加里·基莫维奇·卡斯帕罗夫）对垒"深蓝"计算机。在这场人机对弈的6局比赛中，卡氏以4：2战胜电脑，获得40万美元奖金。

"深蓝"计算机是一台由国际商用机器公司（IBM）技术人员历经6年研制成功的、带有31个处理器并行的超级计算机。这次人机比赛是为纪念首部电脑诞生50周年而举办的。

## 2002年
### 意大利老将贝尔蒙多夺盐湖城冬奥会首枚金牌

2002年2月10日，意大利越野滑雪选手斯蒂法尼娅·贝尔蒙多（Stefania Belmondo）在女子15公里自由式越野比赛中，夺取了盐湖城冬季奥运会的首枚金牌。

贝尔蒙多1969年1月13日出生于意大利小城维纳迪奥一个冰雪运动世家。她擅长各类越野滑雪项目，在5公里古典式、追逐式、15公里古典式、30公里自由式、4×5公里接力等项目中取得过骄人战绩。本届冬奥会前，共获7枚冬奥会奖牌，但没一枚金牌，此外，她还获得13枚世界锦标赛的奖牌。

## 2004年
### 勒布朗·詹姆斯成为突破1000分大关最年轻的球员

2004年2月10日，在全场拿下24分帮助克里弗兰骑士击败波士顿凯尔特人队后，"状元秀"勒布朗·詹姆斯（LeBron James）以令人吃惊的、再度在NBA历史上写下属于自己的一笔，成为联盟史上年纪最轻的、得分突破1000分大关的球员。

本场比赛对他来说是值得铭记的。当天，他年仅19岁又41天，在得到本场比赛自己的第十一分时，他已为自己走进历史打开了那道光彩大门。在新秀赛季所参加的前49场比赛中，平均每场贡献20.7分，2月1日与奇才一战中砍得的38分，也是这位高中生天才的个人职业生涯单场纪录。

## 2005年
### 米勒成为高山滑雪世锦赛"三冠王"

2005年2月10日，美国著名滑雪选手博德·米勒（Bode Miller）第一个冲过高山滑雪大回转比赛终点线，成为四十多年来第一个高山滑雪世界锦标赛的三冠王。

米勒出生于1977年，高中时获州网球冠军，还是一名出色的橄榄球选手。他以特立独行的性格著称。2005年获世界杯总排名第一，2005年获世锦赛速降赛冠军，2005年世锦赛超级大回转冠军，2002年冬奥会大回转、全能两项亚军。

## 2006年
### 第二十届冬季奥运会在意大利都灵开幕

2006年2月10日，第二十届冬奥会开幕式在意大利北部城市都灵的奥林匹克体育场举行。本届冬奥会有80个国家和地区的2633名运动员参加。中国派出了153人组成的代表团，是自1980年我国首次参加冬奥会来派出规模最大的代表团。

在上届比赛中，我国共取得两枚金牌，实现了冬奥会历史上金牌零的突破。在2002年盐湖城冬奥会夺得两金的杨扬担任中国体育代表团的开幕式旗手，这也是中国奥运代表团有史以来第一次由女运动员担任开幕式旗手。

## 2007年
### 斯诺克球史上首场由女裁判执法的决赛举行

2007年2月10日，米卡拉·塔布（Michaela Tabb）实现了自己理想，成为斯诺克职业巡回赛中第一个执法决赛的女性裁判。那场决赛也堪称经典，希金森和罗伯逊两位决赛选手都

发挥了高水平，奉献了 2 次单杆破百，10 次单杆 50+ 的成绩，极富戏剧性的过程成了威尔士公开赛最为经典的决赛战役。

米卡拉·塔布是斯诺克球坛最出色的女裁判之一，她曾是九球赛的球员和裁判，自 2001 年开始执法斯诺克赛，在巡回赛中经常亮相。2002 年威尔士斯诺克世界巡回赛，她首次在巡回赛中执法。

## 2008年
### 瑞典选手卡卢尔刷新沉睡 18 年的女子 60 米栏室内世界纪录

2008 年 2 月 10 日，在德国卡尔斯鲁厄举行的一次室内田径赛上，瑞典选手苏珊娜·卡卢尔（Susanna Kallur）刷新了已经沉睡 18 年之久的女子 60 米栏室内世界纪录。她以 7 秒 68 率先到达终点，将苏联运动员纳罗日连科 1990 年创造的原世界纪录缩短 0.01 秒。

当年 26 岁的卡卢尔是欧锦赛和欧洲室内锦标赛的跨栏冠军。此前，刚在德国斯图加特跑出 7 秒 72 的好成绩。当时就有专家预言，她将于近期打破世界纪录。卡卢尔认为："我确实感到了一些压力，但我努力使自己不去想这些。从今天的结果看，我做到了。"

## 2010年
### 中国男足 3 : 0 完胜韩国，打破 32 年逢韩不胜魔咒

2010 年 2 月 10 日晚，2010 年东亚足球锦标赛进行第二轮争夺，中国男足 3 : 0 战胜韩国男足，一举改写 32 年逢韩不胜的尴尬历史。

上半场开赛仅 4 分钟，于海就用头球为中国队取得梦幻开局。第二十六分钟，郜林再入一球。上半场比赛结束，中国队出人意料地以 2 : 0 暂时领先韩国队，第五十九分钟，邓卓翔连过三人破门。全场比赛结束，中国队以 3 : 0 大胜韩国队。

## 2010年
### 火箭队 4 节仅得 66 分，平队史单场最低得分纪录

2010 年 2 月 10 日，NBA 全明星赛前最后一战，休斯敦火箭队以 66 : 99 不敌迈阿密热火队，遭遇本赛季最惨痛失利。而 66 分的得分，也平了球队历史单场最低得分纪录。

单场仅得到66分，在火箭队史上还曾出现过两次。第一次出现在1996年，巧的是当时的对手也是迈阿密热浪。第二次则出现在2003年，火箭主场输给来访的开拓者。那场比赛是姚明效力NBA的第一年，他12投3中，只拿到6分。赛后，他的一句话足以载入经典语录："今天我们不是一个人投篮状态不好，而是整支球队，好像大家都得了传染病，真希望你能帮我找到另一个借口。"

## 2011年
### 阿伦超越米勒成NBA"三分王"

2011年2月10日，NBA常规赛在波士顿再现上赛季巅峰对决。虽然波士顿凯尔特人队主场以86∶92败给卫冕冠军洛杉矶湖人队，但"绿衫军"中的神投手雷·阿伦（Ray Allen）在此役缔造历史——以2562个三分球成为NBA新的"三分王"。

巧的是，原纪录创造者雷吉·米勒是这场比赛的电视评论员。在首节结束休息时，全场观众起立为阿伦送上欢呼，阿伦和米勒拥抱致意，成为NBA历史上的经典镜头。

## 2012年
### 中国足球职业联赛管办分离改革方案推出

2012年2月10日，《中国足球职业联赛管办分离改革方案》（试行）经中国足协特别会员代表大会投票通过后正式推出。

通过改革，将联赛办赛职能从中国足协剥离，成立职业联赛理事会负责实施。同时，鉴于联赛本身所具有的特殊社会公益性，办赛与经营也必须分离，分别由不同职能的专业机构实施。此外的主要措施包括：成立职业联赛理事会、完善职业联赛监督体系、做大做强中超公司等。

职业联赛理事会当日成立，主席由中国足协指派副主席于洪臣担任。作为理事会全体委员会议执行机构的执委会由19人组成，执委会下设赛区委员会和执行局。

## 2月10日备忘录

1961年2月10日　　国家体委下发《关于1961年体育工作的意见》。根据中共中央八届九中全会精神，坚持贯彻执行中央关于各项工作进行"调整、巩固、充实、提高"

## 2/10

的方针。在工矿、企业、机关中开展一些简单易行、小型多样的体育活动。

**1986年2月10日** 国际奥委会决定授予中国国务院副总理万里"金质奥林匹克勋章",授予黄中"银质奥林匹克勋章",授予中国奥委会"奥林匹克奖杯"。

**2001年2月10日** 北京市第十一届人大第四次会议通过了关于支持北京申办2008年奥运会的决议。

**2001年2月10日** 法国人米切尔·德如瓦约用了93天3小时57分32秒环游世界,这是他在2000年文迪独自驾游艇游遍全球后创造的成绩。

**2002年2月10日** 经国务院第五十四次常务会议审议通过发布《奥林匹克标志保护条例》,从2002年4月1日起实施。

**2002年2月10日** 乔治·布莱尔,又名巴纳纳·乔治(美国人,生于1915年1月22日)在他87岁零18天时,在美国的佛罗里达州温特黑文的佛罗伦斯湖上成功地赤脚滑水,成为年龄最大的赤脚滑水者。

**2002年2月10日** 第二十三届非洲国家杯在马里举行,卫冕冠军喀麦隆队在120分钟内与塞内加尔打成0:0,点球决战中以3:2战胜对手,再次夺冠,这也是该队历史上第四次问鼎。

**2002年2月11日** 奥运会历史上首次出现一个项目两个冠军。盐湖城冬奥会,俄罗斯运动员别列日娜娅、西哈鲁利泽获得花样滑冰双人滑金牌,加拿大运动员塞勒、佩尔蒂埃获银牌。在加拿大奥委会和北美媒体的压力下,国际奥委会向国际滑联施加影响,国际滑联最终追授加拿大选手金牌。

**2004年2月10日** 《福布斯杂志》中文版在北京东方广场召开新闻发布会,揭晓首次推出的体坛"中国名人榜"。其中姚明位居榜首。

**2006年2月10日** 国际奥委会第118次全会宣布,马绍尔群岛正式成为国际奥委会第203个成员。

**2007年2月10日** 中国羽毛球队两位名将陈宏、夏煊泽正式宣布退役。陈宏离开国家队后,回到福建队报到;而夏煊泽出任国家少年女队教练,之后担任国家羽毛球队教练。

**2008年2月10日** 香港联队史上首夺贺岁杯。马其顿外援戈兰·斯坦库斯基的两粒入球,帮助香港联队2:1击败克罗地亚哈伊杜克,夺得冠军。这也是香港队首次在贺岁杯足球赛中夺冠。

**2010年2月10日** 国际奥委会第一百二十二届全会在温哥华决定,将2014年第二届夏季青年奥林匹克运动会的承办权授予中国南京市。这是继成功举办2008年夏季奥运会后,中国将承办世界又一盛大综合性体育赛事。

**2012年2月10日** 中国足球协会特别会员代表大会在香河足球基地举行,各会员协会代表全票通过增补韦迪、于洪臣、林晓华为中国足协副主席。

# 2/11 Feb

## 1928年
### 第二届冬奥会在瑞士圣莫里茨开幕

1928年2月11日，第二届冬奥会在瑞士圣莫里茨开幕；25个国家和地区的491名选手角逐6个项目的比赛。来自北欧地区的选手大放异彩，几乎囊括所有奖牌，挪威获12枚奖牌，瑞典获8枚奖牌。

本届赛事是冬奥会第一次在与夏季奥运会不同的城市举行，俯式冰橇第一次成为冬奥会比赛项目。继在第一届冬奥会上夺得三枚金牌后，来自挪威的越野滑雪运动员托·豪格本届再夺两金。同样来自挪威的15岁女子花样滑冰运动员索尼娅·赫妮，夺得花样滑冰女子单人滑金牌，成为最年轻的冬奥会个人项目金牌获得者，该纪录已保持74年。

圣莫里茨位于瑞士东南部，小镇被阿尔卑斯山峰环绕，地势较高，风景优美。1948年，圣莫里茨再度主办了冬奥会。

## 1967年
### 意大利著名球星、教练奇罗·费拉拉出生

1967年2月11日，意大利著名足球运动员奇罗·费拉拉（Ciro Ferrara）出生于意大利那不勒斯。他是位全面型的防守球员，能司职后防线多个位置，代表意大利国家队出场49次，参加了一届世界杯、三届欧锦赛。

费拉拉出道于那不勒斯队，随同阿根廷球王马拉多纳一起赢得了1987和1990年的联赛冠军。1994年，随恩师里皮加盟尤文图斯队，随队赢得欧洲冠军杯、欧洲超级杯、丰田杯以及5次意甲联赛冠军。其职业生涯的最高荣誉是1996年冠军联赛决赛助尤文图斯击败卫冕冠军阿贾克斯，捧起冠军杯。

费拉拉退役后任教练，先后执教尤文图斯队、意大利U-21国家青年队和桑普多利亚队。

## 1971年
### 印度尼西亚羽毛球名将王莲香出生

1971年2月11日,印尼羽毛球名将王莲香出生于西爪哇的打横市。她是20世纪90年代初世界羽坛最优秀的女子单打选手。

1992年,羽毛球首次成为奥运会正式比赛项目,王莲香在女单决赛中击败韩国选手方铢贤获得金牌,她的未婚夫魏仁芳获得了男单金牌。这对夫妻被称为印尼的民族英雄。四年后,她奔赴亚特兰大寻求卫冕,但这次在半决赛不敌方铢贤,获得铜牌。

除了奥运会,她还获得1993年羽毛球世锦赛冠军。在其他赛事上也成绩斐然:1990、1991、1993和1994年四夺全英锦标赛冠军,在1990至1994年包揽世界大奖赛金牌,并随印尼队在1994和1996年两次问鼎尤伯杯。2004年5月,入选国际羽联名人堂。

## 1972年
### 英格兰球星史蒂夫·麦克马纳曼出生

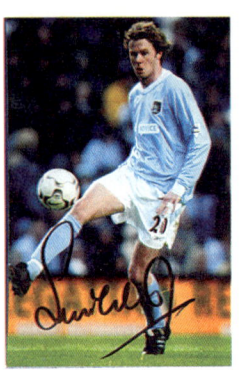

1972年2月11日,史蒂夫·麦克马纳曼(Steve McManaman)生于英格兰默西赛德的布特尔。他可职边锋,职业生涯主要在利物浦队和皇家马德里队度过。他是英格兰球员中留洋最为成功的,是第一个两夺欧洲冠军杯的英国人,也是第一个跟随非英格兰俱乐部夺取冠军杯的英格兰球员。

他球风轻灵潇洒,边路突破是其拿手绝活。2000年欧冠决赛,皇家马德里队3:0完胜巴伦西亚队。麦克马纳曼攻入一记不可思议的抽射,那也是他职业生涯中最闪亮的时刻。

2005年,他在曼城队退役,除了在电影中客串演出,还担任电视体育解说员。这位优秀球星的解说分析到位,极受观众喜爱。

## 1973年
### 古尔德女子1500米自由泳突破17分钟大关

1973年2月11日,澳大利亚运动员沙恩·古尔德(Shane Gould,1956.11.23—)成为第一位在女子1500米自由泳中,突破17分钟大关的选手,成绩为16分56秒9。

她曾赢得五枚奥运奖牌,并在全部五个距离的自由泳项目(100、200、400、800和1500米)中都创造

过世界纪录。15 岁参加 1972 年慕尼黑奥运会，8 天里参加了 11 项游泳比赛，夺得 200 米个人混合泳、200 米自由泳和 400 米自由泳三枚金牌，并刷新了全部三个项目的世界纪录。她还赢得 800 米自由泳银牌和 100 米自由泳铜牌，在女子游泳赛场上出尽风头。

遗憾的是昙花一现，1973 年，年仅 16 岁的古尔德因伤病退役。

## 1974年
**奥运射击冠军陶璐娜出生**

1974 年 2 月 11 日，悉尼奥运会首金获得者、射击名将陶璐娜出生于上海。1992 年进上海队，1995 年调入国家队。

她射击生涯的顶峰是 2000 年 9 月 17 日，在悉尼，第一次参加奥运会的陶璐娜承受着种种压力，在女子气手枪项目上经过三个多小时苦战，以 690.4 环的成绩为中国代表团夺得那届奥运会首金。总是略带腼腆微笑的陶璐娜，迅速成为亿万国人心中的英雄。她那句"我没有去想能不能拿金牌"的自白，对中国军团调整临战心理状态产生了积极影响。

## 1981年
**乌拉圭民族队夺得首届丰田杯**

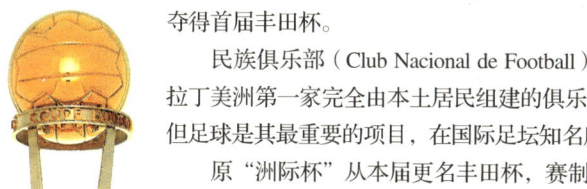

1981 年 2 月 11 日，乌拉圭民族队以 1∶0 战胜英格兰诺丁汉森林队，夺得首届丰田杯。

民族俱乐部（Club Nacional de Football）成立于 1899 年 5 月 14 日，是拉丁美洲第一家完全由本土居民组建的俱乐部。民族队参与多项运动项目，但足球是其最重要的项目，在国际足坛知名度极高，曾三次赢得丰田杯。

原"洲际杯"从本届更名丰田杯，赛制改为每年在日本东京一场定胜负。比赛地点固定在东京的东京国立竞技场，2001 年后改于横滨国际总合竞技场举行。2005 年起，丰田杯被国际足联世界俱乐部冠军杯取代。最后一届丰田杯是在 2004 年进行的，葡萄牙波尔图成为最后一支夺冠球队。

## 1990年
### 中国选手首次在世界女子速滑锦标赛上夺冠

1990年2月11日，中国速滑选手王秀丽在加拿大卡尔加里举行的世界女子速滑锦标赛上，以2分3秒34获女子1500米速滑第一名，成为中国第一位女子速滑世界冠军。她是继1963年罗致焕获得世界男子速滑锦标赛1500米第一名后第二位夺冠的中国运动员。

王秀丽1964年出生于黑龙江，10岁进入哈尔滨市体校，师从宗成熙学习滑冰。1983年，她在第五届全国冬运会上获女子1000米速滑金牌，并摘取全能铜牌。在同年举行的中日对抗赛中，她打破3000米全国纪录，同时创造了5000米最好成绩。在荷兰世界青年速滑锦标赛上，又取得了1000米第二和全能第六的好成绩。

## 1990年
### 道格拉斯爆冷击倒泰森，夺得世界重量级拳王金腰带

1990年2月11日，美国拳手詹姆斯·道格拉斯（James Douglas）爆出大冷门，他在日本东京进行的拳王争霸赛上，第十回合击倒当时风头正劲的泰森，夺走WBC、WBA、IBF（国际拳击联合会）世界重量级三大组织所有金腰带。打破了泰森"不可战胜"的神话，结束了其对世界拳坛长达三年半的统治。

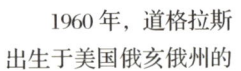

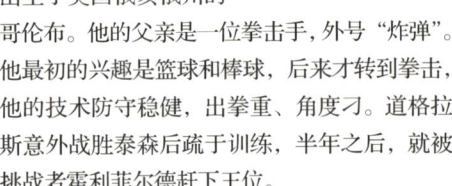

1960年，道格拉斯出生于美国俄亥俄州的哥伦布。他的父亲是一位拳击手，外号"炸弹"。他最初的兴趣是篮球和棒球，后来才转到拳击，他的技术防守稳健，出拳重、角度刁。道格拉斯意外战胜泰森后疏于训练，半年之后，就被挑战者霍利菲尔德赶下王位。

## 1998年
### 欧文成为20世纪最年轻的英格兰代表队球员

1998年2月11日，迈克尔·詹姆斯·欧文（Michael James Owen）在英格兰与智利的友谊赛中首次代表英格兰队登场亮相，成为英格兰队有史以来最年轻的球员。那时，他18岁零59天（后来被鲁尼超越）。

欧文1979年12月14日生于英国英格兰的切斯特。1996年与利物浦队签约，在青训队进行训练。1998年6月30日在对阵阿根廷的比赛中攻进了让世界震惊的一球，是世界杯的经典入球。

1997年，17岁143天的欧文首次参加职业联赛，当时对阵的球队是温布尔登，在参加的第一场超级联赛中便有进球。虽利物浦以1∶2输掉了比赛，但欧文成为利物浦历史上最年轻的球员和最年轻入球者。赛季结束更被选为1996—1997年PFA最佳年轻球员和1996—1997年BBC最佳年轻球员。温布利球场对摩洛哥的比赛，使18岁的欧文成为英格兰队20世纪最年轻入球者。

## 2002年
### 罗格成为首位住进奥运村的国际奥委会主席

2002年2月11日，比利时人罗格兑现了他在竞选国际奥委会主席时的诺言，在盐湖城冬奥会上成为第一位住进奥运村的国际奥委会主席。

罗格作为运动员和领队，分别参加过8届冬季和夏季奥运会，在奥运村住过8次，他上一次参加奥运会是在1976年。作为国际奥委会主席，他在奥运村的生活相当规律，每天早上七八点钟起床，傍晚时再赶回奥运村。

有记者问罗格，重返奥运村是否会让他回忆起当年的峥嵘岁月。罗格笑称：自己已不再是奥运选手了，但住在奥运村的感觉确实很好。那么多来自五湖四海的运动员和教练住在一起，使奥运村成为一个具有独特氛围的地方。

## 2005年
### 曼联灵魂人物罗伊·基恩宣布2006年退役

2005年2月11日，曼联队长罗伊·基恩（Roy Keane）宣布将在下赛季结束后正式退役。

基恩1971年8月10日出生于爱尔兰的科克，在科布漫步者队（Cobh Ramblers）开始职业生涯。18岁时被布莱恩·克劳夫（Brian Clough）招入诺丁汉森林队，1993年转会曼联，1997—1998赛季成为曼联队的队长。基恩的个人魅力是曼联队赢球的法宝之一，他在场上勇猛无畏的球风也令对手胆寒，逐渐成为英超联赛标志性人物。2002年与曼联队续约后，他一直受到伤病困扰，尤其是臀部的伤势。尽管出场次数不多，他依然是曼联的灵魂、弗格森手上最重要的战将。

## 2006年
### 美国冒险家福塞特创不间断环球飞行76小时纪录

2006年2月11日下午5点07分，美国冒险家史蒂夫·福塞特驾驶飞机在英国南部城市波恩茅斯着陆，创下了一项新的不间断环球飞行世界纪录。

他驾驶维珍大西洋航空公司的"环球飞行者"，从华盛顿肯尼迪航天中心起飞，一共飞行了76小时45分钟，飞行距离达到42467公里。如不是因出现机械故障，时间和路程还会更长。

福塞特是一名投资公司总裁，也是一位亿万富翁。他热爱冒险，他是全球最有成就的飞行员，创造了横渡美国大陆、横渡澳大利亚大陆等多项纪录，还登过七大洲中六个大洲的最高山，游泳穿越过英吉利海峡，在法国参加过汽车拉力赛，在夏威夷参加铁人三项，参加过两次勒芒24小时耐力赛以及全长1770公里的狗拉雪橇比赛，在5种不同的运动项目上创造过102项世界纪录，其中62项仍未被打破。

## 2006年
### 中国运动员孙志峰创都灵冬奥年龄最小选手纪录

2006年都灵冬奥会正式比赛2月11日开始举行，中国女子单板滑雪运动员孙志峰当天参赛，创造了参加都灵冬奥会运动员年龄最小的纪录。

1991年7月17日沈阳出生的孙志峰，当时还不到15岁她在都灵冬奥会上参加女子单板U形槽项目的比赛。由于紧张导致动作变形，在资格赛就被淘汰出局，最终排名第三十一。此后，她参加2010年温哥华冬奥会，获得第七名。

孙志峰7岁开始练习武术。她和上赛季世界杯排名第一的刘佳宇，被并称为中国女子单板滑雪U形池比赛的"双璧"。

## 2007年
### 伊辛巴耶娃第二十次改写撑杆跳世界纪录

2007年2月11日，"撑杆跳女皇"伊莲娜·伊辛巴耶娃在布勒卡邀请赛上，以4.93米的成绩再次打破女子室内撑杆跳世界纪录；这是她第20次改写女子撑杆跳的世界纪录。

从2003年开始，她成为世界女子撑杆跳高第一人。在那一年的国际田联大奖赛上以4.82

米打破女子室外撑杆跳世界纪录。在之后的两年中，以闲庭信步的姿态让这项竞赛不再有悬念，17次刷新了女子撑杆跳的室内外世界纪录。就当一切顺风顺水时，2005年11月，她与合

作长达8年之久的教练特罗费莫夫分道扬镳，转而加盟乌克兰顿涅茨克的布勒卡俱乐部之后，伊辛巴耶娃成绩有所下滑。2007年的这次比赛，成为她重新振作的起点。

## 2月11日备忘录

| | |
|---|---|
| 1919年2月11日 | 1948年冬季奥运会女子高山滑雪回转金牌得主、美国人格雷钦·弗雷泽出生。 |
| 1930年2月11日 | 1960年冬季奥运会越野滑雪接力金牌得主、苏联的阿廖夫迪娜·科尔奇娜出生。 |
| 1938年2月11日 | 1964年冬季奥运会冰球金牌得主、苏联的鲍里斯·马约罗夫出生。 |
| 1938年2月11日 | 1964年冬季奥运会金牌得主、苏联的叶夫根尼·马约罗夫出生。 |
| 1940年2月11日 | 1968年奥运会男篮金牌得主、美国人卡尔文·福勒出生。 |
| 1954年2月11日 | 中央人民政府政务院第205次会议批准中央人民政府体育运动委员会贺龙主任在中央人民政府体育运动委员会第一次全体委员会议上所作的报告。 |
| 1964年2月11日 | 国家体委公布第一批43名围棋手段位称号。 |
| 2001年2月11日 | 上海评出"体坛世纪之星"。他们是：陶璐娜、孙雯、朱建华、乐靖宜、曹燕华、王励勤、叶冲、李小平、史美琴、刘霞。 |
| 2001年2月11日 | 17岁的中国台湾男孩，新竹县的中专生叶士纶从篮球场中线一次投篮入网，赢得NBA颁发的100万新台币巨奖。 |
| 2003年2月11日 | 欧洲足联和国际足联批准南斯拉夫足协要求改名的请求，正式改名为塞尔维亚和黑山队（Serbia and Montenegro）。"南斯拉夫队"这个创造过无数辉煌的名字，在国际足坛消失。 |
| 2003年2月11日 | NBA奥兰多魔术队中锋肖恩·坎普因违反联盟反兴奋剂政策，遭到职业生涯中第三次因兴奋剂问题的禁赛并没收禁赛期间的收入。 |

## 2/11

2004年2月11日　前哥伦比亚国脚乌苏里亚加在首都波哥大以南约250公里的南部城市卡利遇害。乌苏里亚加曾参加过1990年世界杯,职业生涯中效力过阿根廷、墨西哥、巴拉圭、委内瑞拉和西班牙等多国联赛。

2005年2月11日　国际奥委会(IOC)主席罗格宣布,一项旨在帮助退役运动员再就业的计划从当日起正式启发,希望在2005—2008年间能为2500名运动员提供帮助。

2006年2月11日　北京第一个"排队日"。为迎接奥运,提高文明素质,北京市把每月11日定为"排队日"。

2012年2月11日　智利首届夜间长跑赛在海滨度假城市比尼亚德尔马举行。此次比赛除了给长跑爱好者提供夜间长跑的特殊体验,还为中低收入阶层筹措电费。每个参赛者只要注册比赛,就可以为穷人捐赠300小时电费。

# 2/12 Feb

## 1908年
### 跨越白令海峡高寒地区的纽约至巴黎汽车拉力赛发车

1908年2月12日，纽约—白令海峡—巴黎拉力赛发车。参加者来自美国、法国、德国和意大利。比赛路线是：纽约—阿拉斯加—白令海峡—下科雷马—雅库茨克—奥廖克明斯克—基廉斯克—伊尔库茨克—下乌金斯克—坎斯克—克拉斯诺亚尔斯克—托木斯克—巴黎。

当日11时15分，纽约市长马克里兰挥下旗帜，6部跑车在成千上万纽约市民的注目下，奔驰而去。首届环球汽车大赛拉开序幕，5个月后，德国军官汉斯·库潘中尉驾普罗托跑车首先抵达终点巴黎。

跨越白令海峡高寒地区的纽约至巴黎汽车拉力赛，全程35000公里，1908年7月31日，3台汽车到达巴黎。

## 1934年
### 有史以来最优秀的篮球运动员之一比尔·拉塞尔出生

1934年2月12日，有史以来最优秀篮球运动员之一的比尔·拉塞尔（Bill Russell）出生于路易斯安那州门罗市。

他大学时代表旧金山大学在1955和1956年两夺NCAA冠军。1956年，帮助美国队获得墨尔本奥运会男篮金牌后，开始在凯尔特人队效力。在1956—1969年这13个赛季中，11次夺冠。凯尔特人在1959—1966年创造的"八连冠"神话被认为是美国职业体育历史上最伟大的成就，拉塞尔5次当选最有价值球员。

在1957—1958赛季，拉塞尔成为NBA历史上第一位赛季场均篮板数超过20的球员。他的职业生涯总篮板球和场均篮板在历史总排名中，仅次于威尔特·张伯伦。在季后赛的统计中，他保持了总篮板球和场均篮板的纪录。

## 1952年
### 肯尼亚长跑巨星亨利·罗诺出生

1952年2月12日，长跑巨星亨利·罗诺（Henry Rono）出生于肯尼亚，20岁时才开始进行系统训练，24岁进入世界先进水平行列。在1978年4至6月约八十天的时间里，他奇迹般地创造了5000米、3000米障碍、10000米、300米四项世界纪录，轰动国际体坛。这一年的3至9月，他获得28场比赛的胜利，所向无敌。人们把1978年称为"罗诺年"。1981年，罗诺曾宣布结束运动生涯，但是不久又复出，并于当年在挪威的克纳维克以13分6秒20的成绩打破5000米世界纪录。

1987年国际田联庆祝成立75周年时，将他1978年创造3000米障碍跑世界纪录的精彩场面，评选为世界田坛75年来"100个金色时刻"之一。

## 1959年
### NBA历史上首位扣篮王拉里·南斯出生

拉里·南斯（Larry Nance）1959年2月12日出生于美国南卡罗莱纳州的安德逊市。他身高2米08，司职大前锋/中锋，在NBA征战了13个赛季，先后效力于太阳队和骑士队，职业生涯一共得到15687分和7352个篮板，但他最为人熟知的还是1984年的全明星周末，他夺得了第一届扣篮大赛的冠军。一共三次入选全明星阵容。

1984年的第一届扣篮大赛可谓名将云集，多米尼克·威尔金斯、朱利叶斯·欧文、达利尔·格里菲斯都是名震一时的扣将，但最后南斯凭借一招双手双球扣篮，爆冷拿到了冠军，成为NBA历史上第一位扣篮王。

## 1975年
### 古巴女排传奇巨星托雷斯出生

1975年2月12日，雷格拉·托雷斯·埃雷拉（Regla Torres Herrera）出生于古巴首都哈瓦那。她身高1米91，助跑摸高3米42，扣球高度3米38，拦网高度3米15，是迄今为止世界摸高最高的女子排球运动员。她是世界上最优秀的副攻手，获得过3枚奥运金牌和2次世锦赛冠军。

"托雷斯"西班牙语的意思是"塔"，这个名字恰如其分地形容了托雷斯的场上作用。她1991年进入古巴女排，直到2000年奥运会后因膝伤暂离国家队。她秉承了古巴选手弹跳高、扣杀力量足的优势，在进攻和拦网上极具威力，逐渐取代路易斯成为古巴女排的场上核心，为古巴女排实现惊人的"八连冠"立下汗马功劳。在本世纪初国际排联的一次评选中，获得"20世纪最佳女子排球运动员"称号。

## 1984年
### 栾菊杰夺得中国击剑运动第一个世界杯桂冠

1984年2月12日，中国击剑运动员栾菊杰在联邦德国格平根举行的第二十三届世界杯女子花剑决赛中，以8∶6战胜苏联选手西多罗娃，夺得冠军，这是中国击剑运动员第一次夺得世界杯赛的桂冠。此前的1983年，栾菊杰在德国举行的第六届国际女子花剑比赛中夺冠，成为亚洲第一个在国际花剑比赛中夺冠的运动员。

栾菊杰1958年9月14日生于江苏南京（现加拿大籍），1973年入南京业余体校，1975年入江苏队。她在洛杉矶奥运会上夺得女子花剑冠军。2008年，以50岁高龄代表加拿大队参加北京奥运会花剑比赛，晋级32强。

## 1987年
### 李宁成为我国第一位进入国际奥委会运动员委员会的委员

1987年2月12日，在国际奥委会执委会上，中国著名男子体操运动员李宁被正式接纳为国际奥委会运动员委员会委员，是我国第一位进入国际奥委会运动员委员候选人并成功当选的运动员。同时，也是当时亚洲区的唯一代表。

李宁是广西壮族自治区来宾市兴宾区南泗乡人，祖籍广东佛山。他创造了世界体操史上的神话，先后摘取14项世界冠军，赢得一百多枚金牌。1984年洛杉矶奥运会上，一举夺得三金两银一铜，是中国单届奥运会上获得奖牌最多的运动员；被誉为"体操王子"。1988年退役后，创立了自己的"李宁"运动品牌。

## 1994年
### 第十七届冬奥会在挪威利勒哈默尔开幕

1994年2月12日，第十七届冬奥会在挪威利勒哈默尔开幕，是冬奥会史上纬度最高、气温最低的一次赛会。本届奥运会开创了奥运史上的新时代，不再是每4年才举行一次奥运会，而是夏季奥运会与冬季奥运会交替举行，即每两年就迎来一个奥运年。

中国选派了27名运动员（女选手19名）参赛，共参加了速滑、短道速滑、花样滑冰、冬季两项和自由滑雪等竞赛。有3名女选手获得奖牌：张艳梅获500米短道速滑银牌，叶乔波获1000米速滑铜牌，陈露获花样滑冰女子单人铜牌。

## 1995年
### 国家体委任命郎平为中国女排主教练

1995年2月12日，国家体委任命郎平为中国女排主教练。郎平是20世纪80年代世界女子排球界"三大主攻手"之一，有"铁榔头"之称。

退役后，郎平开始从事教练工作，1990年回到国家队，带领中国女排获第十一届女子排球锦标赛亚军；1995年开始执教中国女排，同年率队获得世界杯女子排球赛第三名；1996年，率中国女排夺得亚特兰大奥运会银牌；1997年，率队获第九届亚洲女排锦标赛冠军；1998年，夺得第十三届世界女排锦标赛亚军、第十三届亚运会排球比赛金牌。1999年3月，郎平以身体状况不佳为由，辞去中国女排主教练一职。此后，先后执教多支意大利的俱乐部队，并带领美国队参加北京奥运会。

## 2002年
### 霍利尔和米歇尔斯获欧足联终生成就奖

2002年2月12日，当时执教英格兰利物浦队的法国籍主教练霍利尔和前荷兰国家队主教练米歇尔斯获得欧洲足联颁发的终生成就奖。

霍利尔1986年率领巴黎圣日耳曼队夺取法国冠军，后执教英超球队利物浦、法甲里昂和法国国家足球队。2001年，带领利物浦队实现了五冠王的伟业，连夺欧洲联盟杯、英格兰足总杯、联赛杯、慈善盾杯和欧洲超级杯五项冠军。

米歇尔斯是20世纪70年代荷兰"全攻全守足球"的缔造者，他率领荷兰国家队杀入1974年世界杯决赛，可惜最终输给了西德队。离开俱乐部管理岗位后，他又回到国家队，带领包括古利特和范巴斯滕在内的新一代荷兰球星，夺取了1988年欧洲杯冠军。

## 2003年
### 17岁的韦恩·鲁尼成为最年轻的英格兰队出场球员

2003年2月12日，韦恩·鲁尼（Wayne Rooney，1985.10.24— ）在同澳大利亚的友谊赛中，首次代表英格兰队出场，以17岁111天的年龄成为当时最年轻的英格代表队出场球员。

鲁尼的第一个英超进球在 2002 年 10 月，对手是阿森纳。在比赛最后时刻，鲁尼破门，成为当时英超最年轻的进球者。

2003 年 9 月，在欧锦赛预选赛与马其顿的比赛中，鲁尼攻入首粒国际比赛入球，成为英格兰队有史以来最年轻的进球者。

2004 年葡萄牙欧锦赛，让鲁尼一举成为全世界最受看好的年轻球员。在对瑞士的小组赛中，鲁尼两度破门，成为当时欧锦赛最年轻的进球者。

# 2005年

### 世界杯短池泳赛齐格勒刷新 25 年尘封纪录

2005 年 2 月 12 日，美国 16 岁的小将齐格勒在女子 800 米自由泳比赛中，出人意料地以 8 分 16 秒 32 的成绩打破该项赛事尘封了 25 年之久的短池世界纪录。

齐格勒（Kate Ziegler）1988 年出生，是美国游泳队在雅典奥运会后涌现出的长距离明星，曾连续两届世锦赛包揽女子 800 米和 1500 米自由

泳金牌。在 TYR 冠军游泳赛上，她以 15 分 42 秒 54 一举打破女子 1500 米自由泳世界纪录；这项纪录此前已经尘封 19 年，是世界上保持时间最久的游泳纪录。

# 2006年

### 花滑传奇关颖珊梦断都灵

2006 年 2 月 12 日，美籍华裔花样滑冰传奇巨星关颖珊因伤宣布退出 2006 年都灵冬奥会。这位美籍华裔名将夺取冬奥会金牌的梦想再次破碎。

关颖珊曾五次夺得世锦赛冠军，九夺全美锦标赛冠军；唯独缺少一枚冬奥会金牌。对于当时已 25 岁的关颖珊来说，都灵冬奥会是她实现梦想的最后机会，但她的腹股沟伤患在训练中加重，不得不黯然退出。

之前的两届冬奥会，关颖珊赛前都是夺冠呼声最高的大热门，但两次都与金牌擦肩而过。1998 年长野冬奥会，15 岁的利平斯基从她手里抢走了金牌；2002 年盐湖城冬奥会，关颖珊在自由滑中出现失误，将冠军拱手让给 16 岁的萨拉·休斯，只获得铜牌。

## 2007年
### 沈阳五里河体育场被爆破拆除

2007 年 2 月 12 日，沈阳五里河体育场被爆破拆除。

沈阳五里河体育场建于 1988 年，是一个能容纳近六万人的体育场。2001 年 10 月 7 日，中国足球队在这里战胜阿曼队后，提前获得 2002 年世界杯决赛阶段入场券，这是中国足球第一次进军世界杯决赛阶段。五里河体育场留给中国球迷的永恒的记忆。这里被认为是中国足球的圣地。

## 2007年
### 曼联一代传奇安德列·坎切尔斯基宣布退役

2007 年 2 月 12 日，前曼联中场、乌克兰球星安德列·坎切尔斯基（Andrei Kanchelskis，1969.1.23— ）宣布退役，从而结束自己长达 19 年的职业生涯。在巅峰时期，他是曼联右翼的主力攻击手，为曼联出场 158 次，打进 36 球。

1988 年，坎切尔斯基在基辅迪纳摩队开始职业生涯。1991 年，他和曼联签约，步入了职业生涯的黄金期。1991 年 5 月 11 日，在对水晶宫的比赛中，上演曼联处子秀；后在 1993、1994 年，两次帮助红魔夺取英超冠军，并在 94 年获足总杯冠军。

他在曼联共有三个赛季担任主力，和吉格斯组成的两翼横扫英超群雄。其特点是速度快，突击能力强，且有不错的破门能力。

## 2009年
### 刘春红当选国际举联 2008 年度最佳女子运动员

2009 年 2 月 12 日，国际举重联合会 2008 年最佳运动员评选结果揭晓，德国选手马蒂亚斯·施泰纳（Matthias Steiner）和中国选手刘春红分获男女最佳；另一位中国运动员张湘祥排在男子评选的第三位。龙清泉、陆永和廖辉也跻身前十，名列五至七名。女子方面，中国选手陈艳青排第三，

施泰纳　　　　　刘春红

陈燮霞、曹磊分别排在第四、第七名。

## 2010年
### 第二十一届冬季奥林匹克运动会在温哥华开幕

2010年2月12日，第二十一届冬季奥林匹克运动会在加拿大温哥华开幕。比赛历时16天。口号是："从海洋到天空的比赛。"

中国体育代表团由179人组成，其中运动员89人；共参加5个大项、10个分项和49个小项的比赛。无论在参赛人数，还是参赛项目数量上，都是中国历史上派出最大规模的冬奥会代表团。

## 2010年
### 中国女子短道速滑名将杨扬当选国际奥委会委员

2010年2月12日，在温哥华举行的国际奥委会第122次全会上，中国女子短道速滑名将杨扬以89票赞成、5票反对的绝对优势当选国际奥委会委员。

1975年8月24日，杨扬出生于黑龙江汤源，曾获盐湖城冬奥会500米短道速滑决赛冠军，是中国冬奥历史上的首位冠军得主，打破了中国冬奥史上金牌零的纪录。她共参加了三届冬奥会，共获两金、两银、一铜。1997—2002年，连续6年获世锦赛个人全能冠军。1998至2002年，连续五年获世界杯短道速滑个人全能冠军。运动生涯共获59个世界冠军，是中国至今为止获得世界冠军最多的运动员。

## 2011年
### 拉加特打破沉睡21年的美国室内两英里纪录

2011年2月12日，美国中长跑名将伯纳德·拉加特（Bernard Lagat），在纽约举行的美国大学田径赛上，以超越原纪录4秒55的好成绩，打破了沉睡21年的美国两英里室内全国纪录。

拉加特出生于肯尼亚西北部的一个小村庄，家里共10口人，姐姐是肯尼亚的赛跑冠军，受姐姐的激励，他从小开始练习跑步。在2007年田径世锦赛上，独得男子1500米和5000米金牌，成为在一届世锦赛上夺得这两枚金牌的第一人。拉加特目前还是美国室外1500米、3000米和5000米的全国纪录保持者。

## 2月12日备忘录

| | |
|---|---|
| 1911年2月12日 | 1936年冬季奥运会男子1500米速度滑冰金牌得主、挪威的查尔斯·马蒂森出生。 |
| 1937年2月12日 | 1956年奥运会跳高金牌得主、美国的查尔斯·埃弗雷特·杜马斯出生。 |
| 1954年2月12日 | 匈牙利足球队访问中国。这是新中国成立后第一支外国足球队来访，推动了我国足球运动的发展。 |
| 1979年2月12日 | 全国体育工作会议在北京召开。会议提出要把"注意力集中到高速发展体育事业上来，努力攀登世界体育高峰"。 |
| 1980年2月12日 | 国际奥委会第八十二次全会的73位委员一致通过决议：第二十二届奥运会必须按计划在莫斯科举行。 |
| 1984年2月12日 | 日本著名登山运动员植村直己首次冬季单独攀登北美麦金利山成功，下山途中突然遇难。 |
| 1996年2月12日 | 在英国伯明翰，英国人帕迪·多伊尔在5个小时内做了8794个单臂俯卧撑。 |
| 1998年2月12日 | 在澳大利亚的尤克拉，澳大利亚的罗恩·霍尔特坎普创造了悬挂式滑翔飞行往返330.6千米的最大距离的纪录。 |
| 1998年2月12日 | 在长野冬奥会越野滑雪男子10公里的比赛中，挪威的比约恩·戴利夺取金牌，成为第一位六次夺取冬奥会金牌的运动员。 |
| 2003年2月12日 | 新西兰旅行家约翰·布根和詹姆斯·欧文从汤加回到新西兰。此次"环球探索"共计24万多公里，169天内访问了191个国家，目的是支持"拯救孩子慈善活动"。 |
| 2004年2月12日 | 一级方程式世界锦标赛（F1）中国大奖赛组委会在上海国际会议中心举行揭牌仪式。赛事组委会的正式成立，标志着F1中国大奖赛的组织工作全面启动。 |
| 2006年2月12日 | 荷兰19岁女大学生埃·乌斯特第五次参赛即收获女子速滑3000米的奥运金牌。截至冬奥会前，乌斯特没任何3000米比赛的成绩记录，此前最好成绩是世界杯1500米排名第六。 |
| 2006年2月12日 | 国际奥委会主席罗格来到都灵颁奖中心附近的"联想之家"，对联想提供的服务和技术给予高度评价。 |
| 2007年2月12日 | 马来西亚全国羽毛球大奖赛总决赛结束。马来西亚羽毛球运动员李宗伟成为连续5年登上全国男单冠军的第一人。 |
| 2007年2月12日 | 美国奥委会与北京师范大学签署合作协议，美国奥委会选择北师大作为北京奥运会期间的大本营，租借北师大教育运动设施为奥运期间美国运动员的练习场地。 |
| 2011年2月12日 | 真人版棋子在内蒙古博物院上演蒙古象棋对决的激烈战况。这项运动有 |

着两千多年历史，是中国北方草原游牧民族喜爱的博弈游戏，至今仍在那达慕大会等文体活动中盛行。

**2011年2月12日** 刘翔在德国杜塞尔多夫男子60米栏的比赛中，以7秒60的成绩获得第三名。

**2012年2月12日** 第二十八届非洲国家杯足球赛决赛在加蓬首都利伯维尔举行。经点球大战，赞比亚队以8∶7战胜科特迪瓦队，首次夺得非洲国家杯冠军。

# Feb 2/13

## 1911年
**克罗地亚哈伊杜克足球俱乐部成立**

哈伊杜克足球俱乐部（HNK Hajduk）是克罗地亚第二大城市斯普利特的足球俱乐部，也被称作"哈伊杜克斯普利特队"（Hajduk Split）。

1911年2月13日，哈伊杜克俱乐部在斯普利特的特罗科利餐馆成立，是由一群曾在捷克斯洛伐克留学过的南斯拉夫学生创办的。这些学生在布拉格观看了斯拉维亚队与斯巴达队的比赛后，为足球运动的魅力所征服，决定在家乡成立自己的球队。1923年南斯拉夫联赛创办时，哈伊杜克斯普利特俱乐部是创始成员之一。

哈伊杜克队是克罗地亚和原南斯拉夫足坛最著名的球队之一，历史上共获得过克罗地亚或南斯拉夫联赛冠军17次、杯赛冠军13次、超级杯冠军6次。他们的辉煌期是在20世纪70年代，球队四度夺取南斯拉夫联赛冠军，四次夺取杯赛冠军，并打入过欧洲优胜者杯的半决赛。

哈伊杜克俱乐部创始人

## 1918年
**1936年奥运会女子100米冠军斯蒂芬斯出生**

1918年2月13日，1936年奥运会女子田径100金牌得主、美国运动员海伦·斯蒂芬斯（Helen Stephens）出生于密苏里的富尔顿，人称"富尔顿闪亮之星"。

她参加过一百多场短跑比赛，从来没有输过。在铅球和铁饼项目上，也赢得过全国冠军。1936年的奥运会上，以11.5秒的成绩赢得100米冠军。她还是美国获得金牌的4×100米接力赛组的成员。

二战期间，斯蒂芬斯参加美国海军陆战队。20世纪80年代，重返田径赛场，参加了不少老年项目，依然保持全胜。

海伦·斯蒂芬斯1994年1月17日逝世，享年75岁。

## 1920年
### 美国棒球"黑人国家联盟"成立

黑人国家联盟是由非洲裔美国人球队所组成的美国职业棒球联盟，它可以泛指联盟外的黑人职棒球队，也专指1920年后七个相对成功的联盟，它们有时被称作"黑7大联盟"。

1920年2月13至14日，黑人国家联盟及其管理机构全国有色人种职棒俱乐部协会在堪萨斯城成立。联盟最初由8支球队组成：芝加哥美国巨人队、芝加哥巨人队、古巴明星队、戴顿马可队、底特律星队、印第安纳波里斯ABC队、堪萨斯君王队和圣路易巨人队。佛斯特被任命为联盟总裁，全权掌理联盟一切事务。

摩西斯首位具备大联盟等级的美国黑人棒球运动员

奥塔维乌斯·卡托黑人棒球先驱者

1951年的黑人美国联盟是他们的最后一个大联盟球季，而最后一支职业棒球队印第安纳波利斯小丑则自60年代中期开始巡回表演，直到80年代为止。

## 1923年
### 世界上首位超音速试飞员耶格尔出生

C·E·耶格尔（Charles Elwood Yeager）是人类飞行史上彪炳史册的人物，他在第二次世界大战中战功赫赫，击落11架敌机的双料王牌，是世界上第一位将声音甩在身后的人。

1923年2月13日，耶格尔出生在美国西弗吉尼亚州一个名叫哈姆林的小城镇。1944年赴欧参战。"二战"中，共击落11架敌机。

1947年10月14日，耶格尔试飞B-29轰炸机，在12800米高度时，速度达1078公里/小时，是航空史上第一次实现超音速飞行。为此，耶格尔与其他两人共获1947年航空技术最高成就奖——科利尔奖。他先后试飞过近两百种不同型号的飞机，被晋升为准将。

## 1948年
### 德国科隆足球俱乐部成立

科隆第一足球俱乐部位于德国北莱茵—威斯特法伦州科隆市，成立于1948年2月13日，是德国足球甲级联赛的创始成员和第一届冠

军（1963—1964 赛季），球队共夺得过三届德甲及四届德国杯冠军，是德甲成立初期最成功的球队。近年来，一直在甲乙组之间浮沉。

科隆足球俱乐部是目前德国 18 支甲级劲旅中成立最晚的，前身是 1901 年成立的科隆波斯比俱乐部和 1907 年成立的舒尔茨 07。科隆队球衣采用红白二色，队徽则以科隆大教堂为主题；因为这是欧洲最高的大教堂，所以，在科隆俱乐部的全名及队徽上均有 "No.1" 一词。

科隆队涌现过多名球星：邦霍夫、舒马赫、奥弗拉特、伊尔格纳、利特巴尔斯基、哈斯勒、波多尔斯基等均是德国著名国脚。

## 1949年
### 亚奥理事会在印度新德里成立

1949 年 2 月 13 日，亚洲运动会联合会在印度首都新德里成立，总部设在科威特。它是全面管理亚洲奥林匹克运动唯一的组织，是代表亚洲与国际奥委会和其他洲级体育组织联系的全权代表，负责协调亚洲国家和地区之间的体育活动。亚奥理事会第一代会徽是采用亚奥理事会会徽至 2006 年亚洲运动会。会徽中间的太阳代表亚洲运动的发展及推广，上面是国际奥委会的会徽。

第二代会徽在 2006 年 12 月 2 日多哈亚运会举行期间公布。新会徽画面中央是一轮太阳，太阳上面盘绕一条龙，下面环绕一只鹰。寓意亚洲的团结，并强调了东方巨龙中国及鹰所代表的阿拉伯国家在亚洲体育中所起的重要作用。

## 1956年
### 爱尔兰著名足球运动员布拉迪出生

1956 年 2 月 13 日，20 世纪 70、80 年代著名球星利亚姆·布拉迪（Liam Brady）出生于爱尔兰都柏林。

布拉迪外号"花栗鼠"，拥有良好的技术，在英伦足坛独树一帜。他 1970 年加入阿森纳队青训营，之后在阿森纳队效力多年。1979 年对阵曼联的足总杯决赛是其巅峰之作，他三次助攻队友，帮助球队绝杀对手赢得足总杯。1980 年转投意大利尤文图斯队，代表该队两夺意甲冠军。他还代表爱尔兰国家队出场 72 次。

目前，布拉迪担任阿森纳队青训总监，培养年轻球员。许多已经在英超联赛中取得成功，如彭南特、阿什利·科尔、西德维尔等。

## 1960年
### 著名光头裁判皮埃路易吉·科里纳出生

1960年2月13日，国际足坛著名光头裁判皮埃路易吉·科里纳（Pierluigi Collina）出生于意大利博洛尼亚。

1977年，科里纳参加了博洛尼亚地区足协组织的裁判培训班。1983—1984赛季起，他开始执法国家级联赛。在领取国家级判员执照后，他逐渐崭露头角，并在越来越多的重要比赛中亮相：1991年初次执法意甲，1995年开始执法国际赛事。

科里纳执法过无数场赛事，其中最著名的是1999年欧冠决赛曼联队的"神奇三分钟"和2002年巴西队对德国队的世界杯决赛。

1986年，他患上严重的脱发病，在15天内失掉了所有头发。可他从未因此烦恼，光头反而成了一个独特的形象，一道独特的风景。只要一提起光头裁判，就会想起他——皮埃路易吉·科里纳。

## 1977年
### 海登成为首位夺取世界速滑锦标赛冠军的美国运动员

1977年—1979年，美国选手埃里克·海登（Eric Heiden）连续三届在速度滑冰世锦赛上包揽男子五项冠军，并在1980年的普莱西德湖冬奥会上，顺理成章地一人独揽五枚金牌。

1976年，年仅17岁的海登参加了因斯布鲁克冬奥会，尽管没能在这届奥运会上取得理想成绩，但在随后两年迅速成长，1977年2月13日，成为首位夺取世界速滑锦标赛冠军的美国运动员；又在普莱西德湖冬奥会上创下奥运历史：获得速滑从500米到10000米全部

五个比赛项目的金牌，并全部刷新这五个项目的奥运纪录。他也是冬奥会历史上，第一位在一届运动会的个人项目上获得五枚奥运金牌的运动员。

在开创奥运历史后，埃里克转向自行车运动，参加了1986年的环法大赛，并于1999年进入美国自行车运动名人堂。

## 1980年
### 第十三届冬奥会开幕，中国首次参加冬季奥运会

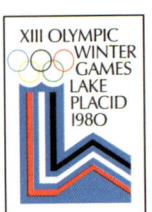

第十三届冬奥会于1980年2月13日在美国普莱西德湖举行。中国派出28名男女运动员参加滑冰、滑雪两个大项18个单项的比赛。这是中国第一次参加冬奥会，也是中国恢复在国际奥委会的合法席位后，首次派团参加重大比赛。

此次冬奥会有37个国家和地区约1400名男女运动员参加38个项目的比赛，有63人、108次破奥运纪录。苏联队列金牌总数第一；民主德国队获第二。中国选手无一进入前10名行列，与世界先进水平差距较大。

## 1980年
### 我国首套奥运会邮票发行

1980年2月13至24日，第十三届冬奥会在美国普莱西德湖举行，我国首次组队参赛。当时的中华人民共和国邮电部同日配合发行一套"第十三届奥林匹克运动会"纪念邮票，打破了世界奥运邮票问世近百年来没有中国奥运题材邮票的历史。

邮票设计家邹建军在3个月不到的时间里，设计了一套4枚"冬奥会"纪念邮票，印量150万套。这4枚邮票的图案分别是："中华人民共和国奥林匹克运动会会徽"、"速滑"、"花样滑冰"和"滑雪"。第一次将"中国奥委会会徽"图案印制在代表国家名片的中国邮票上。

## 1988年
### 李琰夺得中国第一枚冬奥冠军奖牌

1988年2月13日，中国运动员李琰（1966.9.18—　）在加拿大卡尔加里举行的第十五届冬奥会表演赛上，夺得女子短跑道速滑1000米冠军，使中国国歌第一次在冬奥会赛场上奏响。

在加拿大的卡尔加里，短道速滑作为表演项目第一次亮相冬奥会，李琰创造了历史——获得1枚金牌2枚铜牌，并两次打破世界纪录。第三次角逐冬奥会的中国体育代表团，没有再空手而归。

李琰出生在黑龙江省。1984年，一场厄运几乎断送了她的运动生命。在一次比赛中，她刚滑完弯道，巨大的离心力将她甩了出去，撞在赛场挡板上，左腿膝关节肌肉全部断裂。一年后，这位当年仅18岁的小姑娘奇迹般地重返冰场。

## 1988年
### 第十五届冬奥会在加拿大卡尔加里开幕

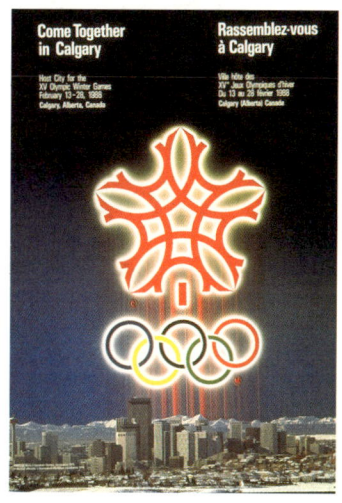

第十五届冬季奥运会于1988年2月13至28日在加拿大卡尔加里举行，冬奥会会期首次从12天延长到16天。

奥运圣火由12岁的业余花样滑冰运动员罗宾·贝利点燃，加拿大滑雪运动员哈维代表运动员宣誓。本届冬奥会的会徽是一片枫叶上镶嵌着一朵雪花。吉祥物是一对名叫豪迪和海迪的小北极熊，一次奥运会同时出现两个吉祥物在奥运会历史上是首创，而且使用雌性吉祥物也是奥运会历史上第一次。

本届冬奥会设了高山滑雪、越野滑雪、现代冬季两项和跳台滑雪等10项比赛，花样滑雪也列为表演项目。中国派出20人的代表团，其中运动员13名，参加了速滑、花样滑冰和越野滑雪三项比赛。

## 2004年
### 第四十七届世界新闻摄影大赛年度最佳体育图片奖揭晓

2004年2月13日，第四十七届世界新闻摄影比赛（WPP）评选在荷兰阿姆斯特丹揭晓。

荷兰世界新闻摄影比赛被认为是国际专业新闻摄影比赛中最具权威性的评比之一，简称"荷赛"。本届"荷赛"共收到来自124个国家和地区4176位专业摄影师的63093幅作品，参赛作品之多创了"荷赛"的历史纪录。

本届世界新闻摄影比赛体育类图片共计评选出体育类一等奖、体育动作组图类和体育专题类等数个奖项。

获奖作品

## 2007年
### "小丑"艾马尔当选拉丁美洲足球先生

2007年2月13日,外号"小丑"的阿根廷球员巴勃罗·艾马尔(Pablo Aimar)在埃菲社评选的"2006年度最佳拉丁美球员"中力压众多高手,揽下大奖,虽然拉美足球先生的荣誉不像欧洲足球先生或者世界足球先生的知名度那么高,但对驰骋足坛多年的艾马尔来说也是弥足珍贵。

艾马尔1979年11月3日出生于阿根廷科尔多瓦省的里奥夸尔托,是一位技术出众,传球精准的攻击型球员,曾效力西班牙甲级联赛中的巴伦西亚和萨拉戈萨等队,目前在葡萄牙联赛踢球。他球风飘逸,是典型的阿根廷前腰队员,富有极强的创造力,但身体对抗性不强,受伤过多,终未成为超级球星。

艾马尔(右)

## 2008年
### 德国皮划艇传奇费舍尔宣布退役,憾别北京奥运

2008年2月13日,46岁的德国皮划艇传奇人物布里吉特·费舍尔(Birgit Fischer)宣布退役。她从1980年起参加了6届奥运会,每届都有金牌入账,共获8枚金牌。

费舍尔不仅是奥运会传奇人物,也是奥运史上获得最多奖牌的选手之一,并曾27次获得世锦赛冠军。她在2000年悉尼奥运会后一度退役,把主要精力放在自己开办的皮划艇公司上。2003年复出,并在雅典奥运会再次夺冠。

这位性格女将与德国皮划艇协会一直关系紧张。北京奥运会前,费舍尔努力重返国家队,但未能成功。她感到力不从心,只能遗憾地选择退役。

## 2009年
### 四城市递交2016年夏季奥运会申办书

2009年2月13日,国际奥委会宣布,2016年夏季奥运会共收到四个城市的申办书,分别是美国芝加哥、日本东京、巴西里约热内卢和西班牙马德里。

在2008年6月4日的国际奥委会执委会议上,经过第一轮初步评选,捷克的布拉格、阿塞

拜疆的巴库和卡塔尔的多哈这三个城市未能过关，失去申办资格；随后，美国的芝加哥、日本首都东京、巴西的里约热内卢和西班牙首都马德里为最后的申办努力，递交了最后的申办书。

2009年10月2日，巴西里约热内卢通过三轮投票击败西班牙马德里、美国芝加哥和日本东京，最终获得2016年第三十一届夏季奥运会的举办权。

东京申办标识　　里约热内卢申办标识　　马德里申办标识　　芝加哥申办标识

## 2009年
### 哈曼自曝亚洲足坛丑闻，炮轰死敌郑梦准是行贿者

2009年2月13日，亚足联主席哈曼的一番惊天言论震动了整个世界足坛。他不但指出亚洲体育圈的种种黑幕，还把国际足联副主席、韩国总统候选人郑梦准形容为"行贿者"。哈曼声称，如果自己在5月份亚足联的国际执委选举失败，他将辞去亚足联主席的职位。

哈曼时任亚洲足球联合会主席。2011年，他参与竞选国际足联主席，但在竞选前的2011年5月底，因被指控"贿选"而被停职。北京时间7月24日凌晨，国际足联官方宣布，哈曼因在国际足联主席竞选中贿选而被终身禁止从事与足球有关的活动。

## 2012年
### 林书豪当选周最佳　华丽数据刷新联赛多项纪录

2012年2月13日，在NBA公布的最新一期"周最佳运动员"评选结果中，华裔球员林书豪第一次当选为东部最佳运动员。他仅连续首发4场便无可争议地戴上了"周最佳运动员"的桂冠，这个成绩在NBA堪称空前。

在两位当家球星安东尼和斯塔德迈尔缺阵的情况下，一直以来只能在垃圾时间跑龙套的林书豪临危受命，以精彩绝伦的发挥扮演起球队核心的角色，带领本队取得4战全胜战绩。在这4场比赛中，林书豪场均收获27.3分、8.3次助攻和2次抢断。

4场比赛，他共收获109分，这是自1976年美国NBA与ABA两大篮球联赛合并后，一位球员在头4场首发中贡献的最高得分；另外，他是NBA六十余年历史中，第一位在首发出场的前4场比赛中，场场至少贡献20分和7次助攻的运动员。

## 2月13日备忘录

| | |
|---|---|
| 1931年2月13日 | 1952年奥运会女子田径100米、200米金牌得主、奥地利的马约莉·杰克逊出生。 |
| 1936年2月13日 | 1956年奥运会男子田径4×100米接力金牌得主、美国的里蒙·金出生。 |
| 1952年2月13日 | 中华全国体育总代表盛之白在挪威奥斯陆举行的国际奥委会第四十六届会议上,作了《中华全国体育总会继续参加国际奥林匹克组织》的书面发言。 |
| 1957年2月13日 | 北京市体育工作会议召开。"克服盲目性、积极开展群众性体育活动"为会议的一项中心议题。 |
| 1988年2月13日 | 加拿大为第十五届冬奥会所组织的火炬接力活动,整个传递行程达18059.57公里,是在一个国家内火炬传递行程最长的一次。 |
| 1988年2月13日 | 在奥地利的维也纳,民主德国的海克·德雷克斯勒创造了女子室内跳远7米37的世界纪录。 |
| 1991年2月13日 | 国家体委、外交部、财政部、北京市人民政府联合向国务院报送《关于申办在北京承办2000年奥运会的请示》。 |
| 1992年2月13日 | 上海光辉中学初三(4)班全体学生及黄浦区陆家嘴小学三年级学生奚雍,分别向东亚运动会捐款199.35元和19.93元。这是运动会接受的第一笔集体和个人捐款。 |
| 2001年2月13日 | 2000年香港杰出运动员评选结果揭晓。李丽珊(帆板)、黄金宝(自行车)、傅家俊(台球)、苏桦伟(伤残田径)、冯英骐(伤残击剑)、赵咏贤(壁球)获此香港体坛最高荣誉。 |
| 2002年2月13日 | 在当天举行的冬奥会女子雪橇比赛中,48岁的安妮·阿伯莱斯成为冬奥历史上年龄最大的女子参赛运动员。 |
| 2003年2月13日 | 乔丹10年来首次六犯离场。NBA常规赛华盛顿奇才队客场挑战洛杉矶快船队的比赛中,即将40岁的乔丹出场39分钟,用"两双"帮助奇才队以108:104击败主队。不过,终场前39秒六犯离场,是他自1991—1992赛季以来首次六犯离场。 |
| 2003年2月13日 | 印度人马诺耶·古波塔带领6315人的瑜伽班在印度的贾巴尔普尔市的潘迪·拉维申格尔舒克拉体育场进行瑜伽表演,创最大规模的瑜伽课。 |
| 2007年2月13日 | 北京奥组委第四次全体会议在京召开。 |
| 2008年2月13日 | 国际体操联合会其官方网站宣布,德国男子体操选手汉布钦和美国女将肖恩·约翰逊分别当选2007年度世界最佳男女体操运动员。 |

# 2/14 Feb

## 1779年
**英国著名探险家、航海家和制图学家詹姆斯·库克去世**

（James Cook，1728.10.27—1779.2.14）英国著名探险家、航海家和制图学家，詹姆斯·库克曾三度远征太平洋，探索了太平洋沿岸的海岸线。他同时也是地图制作者、经度仪航海测定船位的发明者，还是发现治疗坏血症的第一位船长。在历史上被称为"库克船长"。

据记载，南半球的新西兰、澳大利亚最早是由詹姆斯·库克发现的。今日新西兰北岛和南岛间的海峡，就以他的名字命名为库克海峡。南太平洋中也有一个群岛，以他名字命名为库克群岛。

1779年2月14日，库克死于夏威夷。关于他的死因，至今众说纷纭。他身后留下的记载着每日行程的航海日志，为人们提供了大量精确真实的航海信息。

## 1947年
**前联邦德国著名田径运动员海德·罗森达尔出生**

1947年2月14日，被称为"德国田径的奇迹"的海德·罗森达尔（Heide Rosendahl）出生。罗森达尔参加过1968和1972年两届奥运会，获得过二金一银的成绩。

她最伟大的成就是在1972年慕尼黑奥运会，在接力赛最后一棒时，战胜了来自民主德国的优秀女子短跑选手雷那特·施特歇尔（Renate Stecher），以领先对手1米的优势到达终点，创造了新的世界纪录——42秒81，并为联邦德国赢得4×100米接力的金牌。那是体育史上一次罕见的决赛，体力和意志的较量达到了白热化的程度。

罗森达尔，这名来自勒弗库森的姑娘在诸多田径项目上都曾是世界顶尖高手，在五项全能这个项目上，她在1969年以5155分创造了世界纪录。在跳远项目上，1970年以6.84米创造了世界纪录。在慕尼黑奥运会上，她俨然成了奥运会的代言人，在获得接力赛金牌前，她就以6.78米的成绩获得跳远金牌。在五项全能上，她以10分的微弱差距排在布里丁·玛丽·彼得斯（Britin Mary Peters）后，屈居亚军。

## 1951年
### 英格兰足坛名宿、两届欧洲金球奖得主基冈出生

1951年2月14日，凯文·基冈（Kevin Keegan）出生于英格兰西斯坦的一个贫民窟中。他是英格兰足球史上一个传奇式人物。作为球员，他先后效力利物浦队、德国汉堡队、南安普顿队和纽卡斯尔联队，三次随队获得英格兰甲级联赛（现超级联赛）桂冠，一次欧洲杯冠军、两次联盟杯冠军，1977—1978、1978—1979赛季两度荣获欧洲足球先生。

作为教练，他先后执教纽卡斯尔联队、富勒姆队、英格兰代表队和曼城队。虽然对于基冈的执教才能多有争议，但他在2000年6月率领英格兰队在欧锦赛小组赛中，以1∶0战胜德国，结束了该队30年逢德不胜的历史。

## 1952年
### 第六届冬奥会在挪威首都奥斯陆开幕

1952年2月14日，第六届冬季奥林匹克运动会在挪威首都奥斯陆开幕。30个国家和地区的732名运动员参加比赛，其中女运动员109名。德国、日本在"二战"后首次参加。

国际奥委会从挪威奥斯陆、美国普莱西德湖和意大利科蒂纳丹佩佐这3个申办城市中，选择了奥斯陆举办，使冬奥会回到了现代滑雪运动的诞生地挪威，这也是冬奥会首次由当时冬季项目最为强盛的斯堪的纳维亚地区国家举办。

这届冬奥会共设22枚金牌，比上届比赛增加了男女大回转滑雪和女子10公里越野滑雪等比赛项目。本次冬奥会首次在开幕式上进行点燃圣火仪式，火种取自被誉为"世界现代滑雪运动之父"诺尔海姆的挪威家乡一个居所的壁炉。挪威组委会将一面镶有金边的奥林匹克五环旗赠送给国际奥委会。后来，这面五环旗成为冬奥会的专用旗帜。

## 1969年
### 第一位两枚奥运沙滩排球奖牌获得者阿德里亚娜·比哈尔出生

1969年2月14日，第一位两枚奥运沙滩排球奖牌获得者阿德里亚娜·比哈尔（Adriana Behar）出生在巴西里约热内卢。

她参加过2000年悉尼夏季奥运会和2004年雅典夏季奥运会，获银牌两枚，是第一位两

枚奥运沙滩排球奖牌获得者。其运动生涯是从花样滑冰开始的，1995年，她搭档谢尔达·贝德开始沙滩排球训练，很快就成为世界头号女子沙滩排球组合。并在1999和2001年两次夺取世界冠军，同时在2000、2001年和2004年三次排名世界第一。

## 1974年
### 历史上最伟大的女子花剑选手之一维萨里出生

瓦伦蒂娜·维萨里（Valentina Vezzali）是历史上最伟大的花剑选手之一，在2004年雅典奥运会上，4枚奥运金牌得主维萨里成为自1948年的匈牙利人艾雷克后首位蝉联这项冠军的女选手。

维萨里1974年2月14日出生于意大利著名的击剑之乡杰西，她之所以取名为瓦伦蒂娜，就是因为她的出生日期恰好是西方传统的情人节。

自1994年雅典世锦赛开始，共获9次世锦赛冠军，3次参加奥运会，获4枚金牌。

## 1978年
### NBA球员理查德·汉密尔顿出生

1978年2月14日，NBA著名球员理查德·汉密尔顿（Richard Hamilton）出生于美国宾夕法尼亚州科茨维尔。他司职得分后卫，效力于NBA芝加哥公牛队；至今获得过一届NBA总冠军（2004）和三届NBA全明星阵容。

1996到1999年，他参与大学篮球，效力康涅狄格大学。1999年，选为NCAA锦标赛最有价值球员。1999年选秀中，第一轮被华盛顿奇才队选中，2003年赛季被交易到底特律活塞。在效力活塞时，因鼻子被篮球擦伤而戴面具出赛，他说："这就像我的超人斗篷一样。"

后来，他协助活塞队夺得2004年NBA总决赛总冠军。2006年，首次被选为全明星赛球员。2006年2月9日一场对纽约尼克斯队的比赛，个人取得51分，协助球队在加时上胜出。

2003—2004赛季，汉密尔顿鼻子骨折，之后在2月份鼻子又骨折了一次，不得不进行鼻子修复手术。据说，如鼻子再受到严重伤害的话，他就有可能被迫放弃篮球生涯。

## 1988年
### 阿根廷足球运动员安赫尔·迪马里亚出生

1988年2月14日，阿根廷球星安赫尔·迪马里亚（Angel di María）出生于阿根廷罗萨里奥。因身材瘦削，迪马里亚外号"面条"，他的边路突破极有威胁，同时也具备阿根廷球员独有的

技术能力和创造力，是一位前途无量的足坛新星。目前效力于西班牙皇家马德里队；代表阿根廷队获得 2007 年世界青年足球锦标赛冠军和 2008 年北京奥运会男足冠军。

他的职业足球生涯始于 2005 年，效力于阿根廷罗萨里奥中央队。2010 年加盟皇马，当年 8 月完成自己的皇马首秀。

## 1996年
### 利物浦队历史上最成功的教练员佩斯利逝世

1996 年 2 月 14 日，利物浦队历史上最成功的教练员鲍勃·佩斯利（Robert Bob Paisley）逝世，享年 77 岁。

佩斯利 1919 年出生，先后作为球员、队医、教练和主教练为利物浦队贡献了半个世纪。在执教利物浦的 9 年内，带领俱乐部夺得 6 次联赛冠军、3 次欧洲冠军杯冠军、1 次联盟杯冠军、3 次联赛杯冠军、5 次社区盾杯和 1 次欧洲超级杯冠军，大大小小共计 19 座冠军奖杯。也是唯一拿过 3 次欧洲冠军杯冠军的主教练。

1983 年，他宣布退休，但仍然指导利物浦队的一些工作。直到 1992 年被诊断出阿兹海默症，才彻底离开赛场。他去世后，利物浦俱乐部把主场安菲尔德球场的一个入口命名为"佩斯利门"。

## 2001年
### 英国探险家"乘热气球到达北极"的纪录终获承认

2001 年 2 月 14 日，在 2000 年乘热气球探险北极的英国探险家戴维·亚当斯（David Hempleman-Adams）终于作为"世界上第一位乘热气球到达北极的人"被载入史册。

亚当斯当年 44 岁，曾登上全球 7 个大陆的所有最高峰。2000 年 5 月 28 日，他乘一个高 24 米的热气球从瑞典施皮茨山出发，独自一人深入北极腹地 4 天，共在北极飞行了 960 公里。遗憾的是，由于风暴和身体状况，他最终

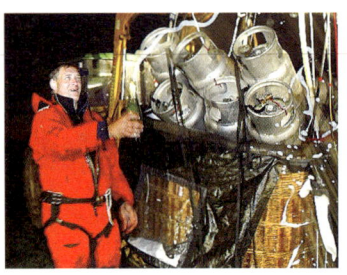

在距离原定目标北极极点仅 20 公里的地方放弃前行，按原道返回出发点。

在他申报世界纪录时，评审委员会不肯原谅他最终的那一点点疏漏，拒不承认他的纪录。经过半年的据理力争，他的纪录终获承认。

## 2002年
**冬奥会亚古丁四个满分夺冠，创花样滑冰历史纪录**

2002年2月14日，俄罗斯选手阿列克谢·亚古丁（Alexei Yagudin）以近乎完美的表现夺取盐湖城冬奥会男子花样滑冰金牌。在自由滑比赛中，他力挫普鲁申科、戈贝尔等好手，勇夺冠军，短节目和自由滑被九名裁判一致列为第一，9位裁判中有4位在艺术表现方面给了他6.0的满分，是冬奥会史上空前绝后的。这位当时21岁的俄罗斯运动员，成为冬奥会历史上第一位得到两个以上满分的滑冰选手。

亚古丁至今仍被认为是花样滑冰历史上战绩最辉煌、能力最全面的选手。他少年成名，1996年赢得世界青少年锦标赛冠军。在1998—2002年短短一个奥运周期中，4次夺得世界冠军头衔、3次赢得欧洲冠军称号。

2003年，他因先天严重伤病被迫退役。目前仍活跃在世界职业滑冰界和俄罗斯演艺界。

## 2004年
**意大利著名自行车运动员马可·潘塔尼去世**

2004年2月14日晚，意大利著名自行车运动员马可·潘塔尼（Marco Pantani，1970.1.13—2004.2.14）被发现死在意大利北部城市一家旅馆里，年仅34岁。

他的死因直到现在没确切的说法。死前，他声称自己是一桩阴谋的牺牲品。有人猜测他是自杀，也有专家认为他有可能是心脏病突发，在他身边发现了10瓶止痛药。意大利有关部门进行了一次尸体解剖，验尸官认为他是死于可卡因吸食过量。

留着光头的潘塔尼绰号"海盗"，在1998年第八十五届环法自行车赛中夺得冠军，成为33年来首位获得环法冠军的意大利车手。但他在1999年被查出服用兴奋剂并遭禁赛，他的声誉也遭到毁灭性打击。

## 2005年
### NBA传奇球星"邮差"马龙正式宣布退役

2005年2月14日，NBA一代传奇球星卡尔·马龙（Karl Malone）在美国盐湖城三角洲中心正式宣布退役。

马龙外号"邮差"，是NBA历史上最优秀的大前锋之一，他的总得分排名NBA第二。共打了19个赛季，其中18个赛季是在爵士效力。2003年，他为夺得一枚总冠军戒指离开犹他爵士队，转投洛杉矶湖人。但在那里遇到自己职业生涯第一次重大伤病困扰，在总决赛中表现平平，湖人队也被底特律活塞队击溃。

在职业生涯中，他平均每场拿下25分10.1个篮板，职业生涯总得分达到36928分，仅低于拿下38387分的贾巴尔。马龙本来有心成为NBA得分最多的球员，但最终不得不提前结束自己的职业生涯："不是所有的纪录都是可以打破的。"

## 2005年
### 身价最高冰球手亚申转会俄罗斯火车头队

在北美冰球联赛（NHL）发生劳资纠纷的情况下，2005年2月14日，当时世界身价最高的冰球运动员阿列克谢·亚申与俄罗斯的雅罗斯拉夫尔火车头队签定了转会合同，逃离了北美冰球联赛。

亚申当时31岁，来自北美职业冰球联赛中的纽约岛民队，司职中锋。从1993年开始，先后效力于渥太华参议员队和纽约岛民队。2004年夏天，他与纽约岛民队签下了为期两年、价值780万美元的合同，创下冰球运动员身价之最。在2007年俄罗斯最知名人士排行榜中，排在第十位。

2004—2005赛季，北美冰球联赛发生严重的劳资纠纷，球员与联盟之间在薪酬协议方面无法达成协议，整个赛季被取消。这是北美职业体坛第一次因劳资纠纷而导致赛季被取消。

## 2008年
### 塞莱斯宣布正式退役，留下网球史上最具争议话题

2008年2月14日，34岁的前世界头号女单选手、9届大满贯赛单打冠军得主莫妮卡·塞莱斯（Monica Seles）正式宣布退役。

塞莱斯在自己十多年的职业生涯中，共夺得 53 项赛事的单打冠军，其中包括 9 座大满贯赛锦标，分别是四届澳网冠军、法网三连冠，以及两座美网冠军金杯，其职业生涯的最大遗憾是未能在温布尔登夺冠。

在 1990 年的法国网球公开赛上，16 岁零 6 个月的她捧起了自己首座大满贯赛冠军奖杯，随后在 1991 年还不到 18 岁时就首次荣登世界第一，并在随后一年多中一直雄踞"球后"宝座。

1993 年 4 月，在德国汉堡参赛的塞莱斯被德国球星格拉夫的一位狂热球迷刺伤。受到心理重创的她，在随后的两年里几乎没有参赛，直到 1995 年下半年才宣告复出。但复出后，她仅在 1996 年的澳网夺得个人最后一个大满贯赛冠军。

## 2011年
**34 岁的巴西著名球星"外星人"罗纳尔多宣布退役**

2011 年 2 月 14 日，34 岁的巴西传奇罗纳尔多（Ronaldo Luís Nazário de Lima）宣布退役，正式终结自己 18 年的职业生涯。

罗纳尔多与科林蒂安的合同原本要到 2011 年底才到期。不过，之前外星人已经多次暗示自己随时都可能宣布退役。2008 年底回到巴西加盟科林蒂安后，他就梦想率领科林蒂安重夺巴西甲级联赛和南美解放者杯的冠军，但却在最后时刻功亏一篑。由于身材发福，罗纳尔多竞技状态下降，心灰意冷之下只能宣布退役。

他 16 岁时在巴西的克鲁塞罗队出道，先后效力过埃因霍温、巴萨、国米、皇马和 AC 米兰。在欧洲足坛 14 年，罗纳尔多在 402 场比赛中打进了惊人的 273 个进球，有"外星人"之称。他是巴西足球史上最伟大的球员之一，4 次参加世界杯，2 次夺冠，以 15 个进球成为世界杯有史以来的射手王，还曾 3 次加冕世界足球先生。

## 2012年
**苏超百年豪门流浪者进入破产程序**

2012 年 2 月 14 日，有着百年历史的苏格兰格拉斯哥流浪者俱乐部主席克雷格·怀特正式宣布：由于英国税务海关总署向法庭起诉，经当天的法庭审理后，俱乐部董事会非常遗憾地接受了法庭任命独立的管理员处理该俱乐部有关事宜的决定。这意味着该俱乐部已进入破产程序。

流浪者队与凯尔特人队并称为苏格兰足坛两大豪门,几乎常年垄断苏超联赛的冠亚军。两队间的对决,因其历史渊源也在世界足坛颇有名气。2012年6月14日,苏超劲旅格拉斯哥流浪者在官网上发布声明,这家成立了130年的俱乐部由于无力偿还高达2500万欧元的债务正式宣布破产,不过在破产后,他们将以流浪者FC(The Rangers Football Club)的名字进行重组,这支新成立的球队在新赛季从苏格兰第三级别联赛重新开始征战。

1971年埃布罗克斯惨案纪念像。

## 2月14日备忘录

| | |
|---|---|
| 1965年2月14日 | 第一届世界女子垒球锦标赛在澳大利亚举行。东道主澳大利亚队在决赛中以1:0战胜美国队夺冠。 |
| 1966年2月14日 | NHL费城飞人队的捷克共和国后卫、1998年奥运会冰球金牌得主佩特·斯沃博达出生。 |
| 1979年2月14日 | 在美国科罗拉多斯普林斯布莱克森林滑翔机场上空,美国人萨布林娜·杰克英泰尔创造了女子滑翔单座飞行海拔12637米的最高纪录。 |
| 1994年2月14日 | 沈阳体育学院运动员刘洪波在冬奥会男子500米速滑比赛中,以36秒54获得第四名。这是中国运动员在冬奥会速滑比赛中取得的最好成绩。 |
| 1998年2月14日 | 自1992年建立英格兰超级联赛赛制以来,上演帽子戏法最年轻的球员是迈克尔·欧文,在利物浦与谢菲尔德队的比赛中,他连入3球,当时年仅18岁零62天。 |
| 1999年2月14日 | 50岁的马连波在北京亚运村康乐宫,用4小时34分钟原地连续旋转20044圈,创造了一项新的大世界吉尼斯纪录。 |
| 2000年2月14日 | 北京奥申委常务副主席刘敬民谈中国北京申办奥运的几大优势。 |
| 2000年2月14日 | 科威特队主场迎战不丹队,以20:0获胜,这是成年男子足球国际比赛中,进球最多的一次。 |
| 2001年2月14日 | 国际拳击联合会(IBF)主席和创始人罗伯特·李被纽约地方法院法官判处两年监禁,罪名是洗钱、逃税和以欺诈为目的的州际旅行。 |
| 2001年2月14日 | 经过近六个小时的审理,深足起诉《足球》报社名誉侵权案在深圳市中级人民法院结案:双方均同意以庭外调解方式解决此案。《足球》报于2001年4月25日刊登了对深足的致歉信。 |
| 2002年2月14日 | 在麦德林举行的哥伦比亚联赛的一场比赛中,民族竞技队和麦德林独立队上演德比大战,比赛中四名队员被红牌罚下,看台上也发生了同城球 |

| | |
|---|---|
| | 迷的自相残杀。冲突中，一名警察和一名学生饮弹身亡。 |
| 2004年2月14日 | 姚明首次参加全明星新秀赛，得到6分5个篮板。开场时，NBA特意安排他和詹姆斯新旧状元秀跳球，显示了寄托NBA未来十年的希望所在。 |
| 2005年2月14日 | 65岁的弗兰科·卡拉罗在意大利足协大会上获得312张选票中的275张，成功连任主席，新任期至2006年12月31日结束，届时将由现副主席詹卡洛·阿贝特接任。 |
| 2005年2月14日 | 2004年国际射击运动联合会最佳运动员评选揭晓，两位俄罗斯老将还是分别凭借一金一银的战绩包揽了男女最佳称号。中国两位年轻奥运冠军杜丽和朱启南分列女子第三和男子第四位。 |
| 2006年2月14日 | 参加香港马拉松赛时昏倒的选手曾锦贤，经一日多抢救后不治身亡。 |
| 2006年2月14日 | 身陷多宗丑闻的澳大利亚斯诺克名将昆廷·汉恩（Quinten Hann）决定退出职业斯诺克排名，放弃职业球员资格。 |
| 2007年2月14日 | 一名孟加拉国小球员在一场15岁以下的青少年足球锦标赛比赛中不幸身亡，年仅14岁。 |
| 2010年2月14日 | 第四届东亚足球锦标赛在东京国立霞丘竞技场鸣金收兵。中国男足以2：0战胜中国香港队。终以2胜1平零失球的不败战绩，时隔五年后获冠军。这也是中国队再次问鼎该赛冠军。 |

# Feb 2/15

## 1835年
### 国际奥委会首任主席维凯拉斯出生

1835年2月15日，国际奥委会首任主席泽麦特里乌斯·维凯拉斯（Demetrius Vikelas）出生在希腊。他是一名希腊商人兼作家，在伦敦聚集了财富又搬到巴黎。后放弃从商，开始致力于文学创作，发表了大量的小说、短篇故事和散文。

他是泛希腊俱乐部的会员，代表希腊参加了1894年顾拜旦主持召开的国际奥委会巴黎大会。会上，他积极支持希腊主办首届现代奥林匹克运动会。根据当时规定，国际奥委会主席应该是奥运会举办国家的人。会后，维凯拉斯被选为第一任国际奥委会主席，从1894年任职到1896年。

维凯拉斯于1908年7月20日在雅典去世，享年73岁。

## 1874年
### 第一位到达南极的英国探险家沙克尔顿出生

英国南极探险家欧内斯特·沙克尔顿（Ernest Shackleton）1874年2月15日出生于爱尔兰的基德尔郡。

他于1914年12月5日乘坐坚毅号蒸汽帆船，由伦敦出发前往南极探险，希望成为横穿南极洲的先锋。但坚毅号却在距离南极100公里处遇上大量浮冰，溶化的浮冰把坚毅号撞毁，探险队受困。在通讯断绝、粮食耗尽、气温低达零下57摄氏度的恶劣环境中，奋力求生近一年后，他带领队员乘坐三艘救生艇前往陆地。

1915年4月15日，探险队历经千辛万苦，终于抵达象岛，但岛上一片荒芜，几乎找不到食物。于是，沙克尔顿再度率领五名船员搭乘救生艇寻找救援，横穿了险恶的德瑞克海峡。最后，他于1916年8月30日带领救援队返回象岛拯救其余队友，全体28人全部平安获救；结束了将近两年的冰海漂流，在人类无畏的探险史上写下光辉的一页。

## 1891年
### 瑞典 AIK 索尔纳足球俱乐部成立

1891年2月15日，瑞典AIK索尔纳足球俱乐部成立于斯德哥尔摩，创办人是伊西多尔·贝伦斯（Isidor Behrens）。AIK索尔纳足球俱乐部（AIK Fotboll，又称AIK Solna）全名的意思是"大众的俱乐部"。

索尔纳俱乐部的主赛场拉松达球场从1937年投入使用至今，已有整整75周年，它同时也是瑞典国家队的主场。2006年，瑞典足协开启新球场的建设。在2013年AIK队与瑞典国家队迁入全新的瑞典银行球场后，拉松达球场被拆除，至此长达75周年的"拉松达时代"宣告结束。球队设计了新球衣，表达对拉松达球场的敬意，衣领内侧文字来源于AIK俱乐部著名的歌曲："风暴肆虐，风已转向，它将我带回拉松达的草地上。"

1900年AIK赢得第一个瑞典冠军时首发阵容

## 1932年
### 第三届冬奥会在美国普莱西德湖闭幕

第三届冬季奥林匹克运动会于1932年2月4至15日在美国纽约州的普莱西德湖举行。本届冬奥会共有17个国家或地区参加，比上届的25个略为减少。其中阿根廷、爱沙尼亚、拉脱维亚、立陶宛、卢森堡、墨西哥、荷兰及南斯拉夫未派运动员参赛。

在奖牌方面，美国队获金牌6枚、银牌4枚、铜牌2枚，以总数12枚排名第一。挪威排名第二，获得三金四银三铜，总数10枚。排在第三位的是加拿大，获得一金一银五铜，总数7枚。第四至第十的排名是瑞典、芬兰、奥地利、法国、瑞士、德国和匈牙利。

## 1932年
### 埃迪·伊根成为唯一在夏季和冬季奥运会上都夺冠的运动员

1932年2月15日，美国的埃迪·伊根（1897.4.26—1967.6.14）夺得1932年冬奥会有舵雪橇男子4人项目金牌，成为唯一一位在夏季和冬季奥运会上都夺取过冠军的运动员。

伊根出生于科罗拉多州丹佛市的一个贫苦家庭，自幼丧父，后凭自己的努力获得罗兹奖学金，先后考入哈佛大学和

耶鲁大学学习法律。1920年，他代表美国出征安特卫普奥运会，获得次重量级拳击冠军。1932年，又参加普莱西德湖冬奥会；虽然只接受了三周训练，但还是与威廉·费斯克等人一同获得4人有舵雪橇金牌。

退役后，他成为一位律师。在"二战"中，他参军报国，最后以上校军衔退役。1967年6月14日逝世于纽约。

## 1937年
### 荷兰足球明星科恩·穆林出生

1937年2月15日，荷兰球星科恩·穆林（Coen Moulijn）出生于荷兰鹿特丹。他是战后荷兰左边锋位置上第一位超级明星。

在球员生涯中，他曾效力于塞尔塞斯和费耶诺德队，五次夺取联赛冠军。在1956年4月至1969年10月为国家队效力期间，共代表荷兰队参赛38场。1970年，他随费耶诺德队击败凯尔特人队，夺取欧洲冠军杯。1972年，在随费耶诺德队击败拉普拉塔大学生队、夺取洲际俱乐部杯冠军后，穆林宣布退役。

2011年1月4日，穆林于鹿特丹去世，享年73岁。

## 1956年
### 第一届北京春季环城赛跑举行

1956年2月15日是农历大年初四。上午9点，由《人民日报》、《光明日报》和《工人日报》等联合举办的北京市"胜利杯"环城赛跑（北京市第一届春节环城赛跑）拉开帷幕。1400名长跑爱好者参加了比赛。

如今，北京春季环城赛跑已走过五十多年的风雨历程，比赛也更名为"北京国际长跑节"，在每年4月份举办，为国际田联所认可。

## 1969年
### 丹麦女子手球崛起的领军人物安德森出生

1969年2月15日，20世纪90年代丹麦手球运动复兴的领军人物安妮亚·安德森（Anja Andersen）出生在丹麦欧登塞。

安德森是手球界传奇人物，也是20世纪90年代丹麦国家队的头号球星，在她的带领下，丹麦女队一度成为世界女子手球界首屈一指的强队，安德森也被赠予"金娘子"的美名。

她充满创造力，被公认拥有举世无双的技术，其决心和斗志也时刻感染着队友们。在参加133场国际比赛中，安德森进球高达726个。遗憾的是在1999年她仅30岁时，因心律不齐而宣布退役。安德森率领丹麦队在1996年亚特兰大奥运会上夺冠的一幕，成为人们心中永远的回忆。

## 1970年
### 奥运会自行车三冠王延斯·费德勒出生

1970年2月15日，德国自行车运动员延斯·费德勒（Jens Fiedler）出生于德国的萨克森。

他是3次奥运会金牌获得者，在1992、1996和2004年3次蝉联奥运会自行车追逐赛冠军。在2000年悉尼奥运会上，还拿到过一块铜牌。在世锦赛追逐赛上，先后5次登上冠军领奖台。在凯林赛中，还分别拿到一次银牌和一次铜牌。

2005年，他在曼彻斯特的一次比赛后，被指控用了禁药，促使他选择退役。不过，他至今仍否认自己违反了禁药规定。他说："我的一生都在和反对违禁药品作斗争，已经接受超过200次检查，我一直以来都是清白的。"

## 1976年
### 第十二届冬奥会在因斯布鲁克闭幕

第十二届冬季奥林匹克运动会于1976年2月4至15日在奥地利的

因斯布鲁克举行。37个国家和地区的1261名运动员参加比赛，其中女运动员248名。

这届冬奥会共设37枚金牌。增设了花样滑冰冰上舞蹈、男子1000米速滑项目，女子越野滑雪接力也由3×5公里改为4×5公里。结果，苏联获十三金六银八铜，列奖牌榜第一；民主德国获七金五银七铜列奖牌榜第二；美国获三金三银四铜列奖牌榜第三；挪威获三金三银一铜列奖牌榜第四；联邦德国获二金五银三铜列奖牌榜第五；芬兰获二金四银一铜列奖牌榜第六。苏联运动员创造了冬奥史上，一个国家在一届比赛中获13项冠军的最高纪录。

## 1978年

### 莱昂·斯平克斯爆冷击败阿里荣登拳王宝座

1978年2月15日，莱昂·斯平克斯（Leon Spinks）在美国内华达州拉斯维加斯15回合点数战胜了卫冕拳王穆罕默德·阿里，爆出了世界拳坛一个大冷门。此前，斯平克斯只打了7场比赛（6胜1平5次K.O），成为历史上获得世界重量级冠军所用比赛场次最少的拳手。但7个月后，阿里点数击败斯平克斯，重新夺回了冠军头衔，成为拳击史上第一位三夺世界重量级冠军的人；那也是阿里拳击生涯中的最后一场胜利。

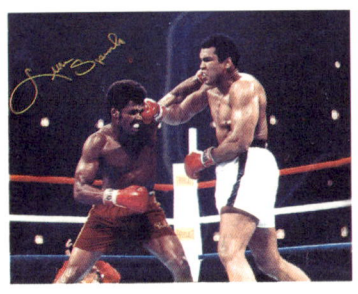

战胜阿里成为斯平克斯职业生涯唯一的辉煌，他后来的9场比赛输了7场。1998年，当斯平克斯被白人重量级拳手莫里森仅一个回合击倒后，这位前世界重量级冠军的比赛执照被收回。如今，斯平克斯儿子科里·斯平克斯继承父业，成为IBF（国际拳击联合会）次中量级的挑战者。

## 1982年

### 悉尼奥运会体操男子团体冠军成员邢傲伟出生

1982年2月15日，悉尼奥运会体操男子团体冠军成员邢傲伟出生于山东烟台。他身材修长、动作协调，尤其是上肢力量强，在鞍马、单杠、双杠上有特长和优势，最拿手的项目是鞍马。

2004年雅典奥运会，他第二次代表中国队出征。此次比赛，卫冕冠军中国男队最后只拿到了团体第五，没有奖牌。邢傲伟在比赛中也出现失误。对于失败，他只说了一句话：竞技项目就是这么残酷。

2005年第十届全运会后，邢傲伟正式宣布退役。虽然离开了赛场，并没离开自己钟爱的体操事业，他成为中国少年体操队一名教练员。

## 2001年
### 杰基·乔伊娜-克西宣布退出田径赛场

2001年2月15日，美国田径史上最杰出的女性选手之一杰基·乔伊娜·克西正式向美国田协递交书面报告，宣布从此退出田径赛场。

杰基·乔伊娜-克西（Jackie Joyner-Kersee）有"女刘易斯"之称，是首位七项全能超7000分的运动员，1984到1996年间，一共获得6块奥运会奖牌。美国《体育画报》曾将她评为20世纪杰出的女性运动员。其丈夫鲍勃·柯西（Bob Kersee）是当今世界经验最丰富的体育专家和教练之一。

跳远、100米栏、200米和跳高是乔伊娜·克西的强项，除了七项全能，她经常参加这些单项赛事，打破过女子跳远世界纪录，并在1988年汉城奥运会夺得金牌。1996年奥运会后，她曾短暂加盟里奇蒙德狂风队参加职业女篮比赛。

## 2001年
### 独自完成环球航行的最年轻的女帆船手麦克阿瑟回英国

2001年2月15日，24岁的英国少女艾伦·麦克阿瑟独自驾驶帆船，在无际的汪洋中航行整整94个昼夜，最终成为历史上独自完成环球航行的最年轻也是用时最短的女帆船手。返回英国，受到了英雄般的欢迎。

出生于1976年7月8日的艾伦·麦克阿瑟，被称为目前世界上速度最快的单人航海家。由于其长期以来在航海领域的卓越成就，艾伦·麦克阿瑟被伊利莎白女王授予勋爵爵位，更获得了体育界最高荣誉"劳伦斯体育奖"。

## 2004年
### 中国女子桥牌队创女牌手组队夺冠历史

2004年2月15日，第九届NEC桥牌节在日本横滨结束，代表中国女队出战的北京华远女队在这项不分男女组的公开赛上，在第一阶段比赛中，以悬殊比分淘汰了实力强劲的美国队，爆出了第一个冷门；随后，又击败英格兰队进入决赛。

在同以色列队争夺冠军的决赛中，队员们发挥出了自己的最高水平，荣登冠军宝座。这是 NEC 杯赛举办以来，冠军奖杯首次被完全由女牌手组成的队伍夺得。中国姑娘用自己高超的技术和顽强的精神，在该赛事历史上写下了光辉的一笔。

## 2009年
### 杜兰特 H-O-R-S-E 赛夺冠再创 NBA 历史

2009 年 2 月 15 日，凯文·杜兰特（Kevin Durant）再度创造历史，成为 NBA 史上第一个 H-O-R-S-E 赛的冠军。

H-O-R-S-E 投篮赛是该年全度明星周末（All Star Weekend）引进的一项比赛，场地在室外。其规则是，第一名球员选择一个点投篮，成功的话，下一个球员必须在同一个地点以同样的姿势投篮，而且必须是在 24 秒内完成动作。如果后者投中，将得到一个字母"H"，以此类推。当一个球员得齐"H-O-R-S-E"这五个字母后，他就出局。如第一个球员没投中，由第二球员来选择投篮点和投篮方式。

杜兰特出生于 1988 年，效力于俄克拉荷马雷霆队。2009—2010 赛季荣膺 NBA 常规赛得分王，成为 NBA 历史上最年轻的得分王。2009—2012 连续三个赛季获得常规赛得分王，被认为是 NBA 未来的划时代巨星。

## 2010年
### 申雪、赵宏博实现中国花样滑冰奥运金牌零的突破

2010 年 2 月 15 日，在温哥华冬奥会双人滑自由滑比赛中，申雪、赵宏博和庞清、佟健包揽了冬奥会花样滑冰双人滑金、银牌，圆了中国花滑奋斗三十载的冬奥金牌梦。

37 岁的赵宏博和 31 岁的申雪在本届冬奥会短节目中排名第一，自由滑以一套几近完美的自由滑演出征服一万多名观众和 9 位裁判。以创纪录的国际滑联双人滑最高总分 216.57 分，完成复出后的四连胜，把自己 18 年 4 次出征冬奥会的职业生涯推向巅峰。

庞清、佟健在短节目中排名第四、第三次参加冬奥会的他们以一套完美无瑕的《追梦无悔》，创下 141.81 的史上自由滑最高分；在申雪、赵宏博出场之前，就为中国队锁定了金牌。

# 2011年
## 七届达喀尔卡车组冠军、俄罗斯传奇车手恰金退役

2011年的2月15日，7届达喀尔拉力赛卡车组冠军、俄罗斯传奇车手弗拉基米尔·恰金（Vladimir Chagin）对外界宣布，他正式告别车手身份。

恰金1996年进入车坛，2000年赢得第一个达喀尔拉力赛卡车组冠军，从此一发不可收拾，获得众多国际比赛的胜利。2011年初，他再次站到达喀尔拉力赛的最高领奖台上，至此，他已经7次问鼎达喀尔拉力赛桂冠，成为夺得达喀尔拉力赛冠军次数最多的车手。

对退役后的打算，恰金表示将继续留在卡玛斯车队，为培养新一代车手作出自己的贡献。

## 2月15日备忘录

| | |
|---|---|
| 1936年2月15日 | 挪威的索尼娅·海尼连续三次夺得冬季奥运会女子花样滑冰单人滑冠军。 |
| 1949年2月15日 | 中国人民解放军驻北京市教育局军代表分别召集市立、私立学校校长会议，明确保留体育课。 |
| 1961年2月15日 | 比利时航空548班机当天在比利时布鲁塞尔机场附近坠毁，机上全体乘客和机组成员以及地面一人遇难，遇难乘客包括美国国家花样滑冰队全体18名运动员和16名随行人员。 |
| 1973年2月15日 | 1996年奥运会2枚游泳金牌得主、美国的埃米·范戴肯出生。 |
| 1981年2月15日 | 萨米·米勒在美国纽约州的乔治湖驾驶着他的氧气号火箭动力冰橇，时速达到399公里。创冰上（无轨道）行驶的最高速度。 |
| 1986年2月15日 | 西班牙登山运动员费尔南多·加里多创下了高山宿营的世界纪录，他在美洲第二高山阿空加瓜山上逗留了60天零4小时。 |
| 1998年2月15日 | 印度人杰亚拉曼创下了连续鼓掌58小时9分的纪录（保持每分钟平均鼓掌160次，在110米远可以听到）。他从2月12日开始鼓掌的。 |
| 2000年2月15日 | 出生于1911年12月23日的康斯坦丁·冯·利希滕施泰因王子以88岁零54天的高龄成功滑完了克雷斯塔滑道。 |
| 2002年2月15日 | 美国盐湖城冬奥会的加拿大双人滑冰选手萨尔和佩特蒂尔被追授金牌， |

| | |
|---|---|
| | 这也是国际奥委会第四次追授第二枚金牌。 |
| 2002年2月15日 | 阿富汗喀布尔市体育场外发生一起严重球迷骚乱事件,警察不得不朝天鸣枪并施放烟雾弹。 |
| 2002年2月15日 | 在德国慕尼黑《吉尼斯—纪录表演》节目中,拉托维亚人维塔利·斯尼科斯在1分钟内完成了48个"托马斯全旋"。德国人彼得·韦策尔斯伯格在1分钟内徒手打碎了64个椰子。 |
| 2004年2月15日 | 中国小将丁俊晖以10:3大胜世界排名第五十五位的苏格兰选手马库斯·坎贝尔。三连胜后,他闯入世锦赛前64名,创中国选手在世锦赛上的最好成绩。 |
| 2005年2月15日 | 在意大利都灵召开的国际奥委会执行委员会上,12名与会委员一致决定将犯有私吞公款罪的金云龙从国际奥委会除名。 |
| 2006年2月15日 | 王濛获第二十届冬奥会女子500米短道速滑金牌,这是中国代表团在本届冬奥会上获得的第一枚金牌。 |
| 2010年2月16日 | 25岁的八一女篮队员王凡在对阵北京女篮的赛前训练中突然晕倒因肺梗塞不幸去世。解放军总政治部批准王凡为"革命烈士"。 |

# 2/16 Feb

## 1936年
### 第四届冬奥会在德国的加米施—帕滕基兴闭幕

1936 年 2 月 16 日，第四届冬奥会在德国的加米施—帕滕基兴闭幕。参赛的有 28 个国家，756 名运动员，其中女子 76 人。首次参加的有澳大利亚、保加利亚、西班牙、希腊、列友敦士登。挪威获七金五银三铜，列奖牌榜第一；德国获三金三银，列奖牌榜第二。

参赛国家的情况各不相同。意大利、奥地利、匈牙利、日本是因其政府与德国关系密切，这几个国家派出的运动员也较多，加上东道主的参赛运动员，占了大会总人数的三分之一左右。美国代表团是由德国提供资金前往的。瑞士、捷克斯洛伐克这些国家只是出于传统的习惯，而挪威、瑞典等国则是想显示一下斯堪的纳维亚国家在冰雪运动方面的优势。当然，最主要的还是德国花大力气进行了欺骗宣传，拉了一些国家参加。

## 1958年
### 巴西最伟大的篮球运动员奥斯卡·施密特出生

巴西篮球史上最伟大的篮球运动员奥斯卡·施密特（Oscar Schmidt）1958 年 2 月 16 日生于巴西东部海港城市纳塔尔。他 14 岁时才开始打篮球，尽管身高达到 2 米 05，但更多依赖外线进攻得分。他在奥运会和世锦赛上的总得分分别为 1093 分（场均 28.8 分）和 916 分（场均 26.2 分）。在 1980 到 1996 年期间，他参加了五届奥运会，其中三届成为得分王。在 1988 年汉城奥运会上，砍下惊人的 338 分，场均得分高达 42.3 分。

奥斯卡作为 NBA 第六轮新秀被新泽西网队选中，还得到过其他进入 NBA 的机会，但他却全部拒绝了。1987 年泛美运动会上，他带领巴西队战胜了由大卫·罗宾逊、丹尼·曼宁等 NBA 球星领衔的美国队，独得 46 分。

## 1959年
### 美国网球名将约翰·麦肯罗出生

1959年2月16日，约翰·麦肯罗（John McEnroe）出生在德国威斯巴登的美国空军基地，父亲是驻德美军。他在单打和双打方面都极具天赋，ATP单打和双打都曾世界排名第一。

他在职业生涯中，共夺得77个ATP巡回赛单打冠军和双打冠军71个，是ATP史上巡回赛单双打冠军合计最多的球员。在1980—1985年，间断地成为ATP单打世界排名第一共170周，更是连续四年（1981—1984年）成为ATP单打年终世界排名第一。他还是ATP首位获得超过1000万美元奖金的球员。

麦肯罗于1992年末宣布退出职业赛事，但仍活跃在各种元老赛上，并常为电视台合作比赛评述。2006年，47岁的麦肯罗暂时复出网球坛，和瑞典名将比约克曼合作夺得圣何塞公开赛男双冠军。

## 1964年
### 巴西著名足球运动员贝贝托出生

1964年2月16日，巴西著名球星贝贝托（Bebeto）出生。他1983年入选巴西国青队，参加墨西哥世青赛获得冠军，他与范巴斯滕、普罗塔索夫等一起被国际足联技术和统计委员会评为当届世青赛"六大希望之星"。

贝贝托的身体条件一般，但能依靠自己善于和人配合的特点，他的球风与巴西足坛前辈济科十分相像；除了自己能得分，还总是能为队友制造机会，尤其和罗马里奥在国家队的配合堪称经典。

1992年，贝贝托登陆西班牙加盟拉科鲁尼亚队并在那效力4个赛季。在此期间，他曾以29球在1992—1993赛季夺取西甲最佳射手。1994年世界杯是贝贝托职业生涯的巅峰，他与罗马里奥组成前锋线，为巴西队夺得冠军。他共代表巴西队参加了三届世界杯，2006年德国世界杯后退出国家队。在为巴西参加的75场比赛中，他总共攻入39球。

## 1969年
### 西班牙中长跑名将费尔明·卡乔出生

1969年2月16日，1992、1996年两届奥运会男子田径1500米奖牌得主、西班牙的费尔明·卡

乔（Fermin Cacho）出生于西班牙的格拉纳达。

在1992年巴塞罗那奥运会田径男子1500米比赛中，他并不是夺冠热门，但这次决赛却是奥运会36年来成绩最差的一次。在最后一圈还剩一半时，他突然冲出，在主场观众的呐喊声中，最终战胜摩洛哥选手拉希德·巴西尔，成为第一个获得奥运会赛跑项目金牌的西班牙选手。

4年后的亚特兰大奥运会，卡乔获1500米亚军，证明自己在巴塞罗那的夺冠并非侥幸。在奥运会历史上，只有3人曾夺得两枚1500米跑奖牌，卡乔是其中之一。

## 1970年
### 意大利优秀门将佩鲁齐出生

1970年2月16日，意大利著名门将安杰洛·佩鲁齐（Angelo Peruzzi）出生于拉齐奥。他被认为是意大利足坛技术最为扎实的守门员。

他在罗马队开始球员生涯，但多年来不获重用，一度被外借，直到1991年加盟尤文图斯队，才受到重用。在尤文图斯期间，曾帮助球队夺得三届意大利甲级联赛冠军，随队获得1996年欧洲冠军杯。

在意大利国家队，佩鲁齐过得并不如意。1996年首次跟随国家队出战欧锦赛，却在小组阶段就被淘汰出局，两年后的法国世界杯，他又因伤退出，想不到，同样的打击发生在两年后的2000年欧洲国家杯，再一次的创伤令他两度错过大赛的机会。佩鲁齐于2006年世界杯后退出国家队，2007年退役。

## 1973年
### 澳大利亚首位土著奥运选手凯西·弗里曼出生

1973年2月16日，凯瑟琳·弗里曼（Cathy Freeman）出生在昆士兰省北部的马凯。被人叫做"凯西"的她，在1992年巴塞罗那奥运会上，成为首位代表澳大利亚参加奥运会的土著运动员。

在1994年的英联邦运动会上，弗里曼包揽女子200米和400米冠军。两年后的亚特兰大奥运会，她不敌法国人佩雷克，获得400米银牌。1999年，她成为首位成功卫冕世锦赛400米冠军的女选手。

2000年9月25日，她在悉尼奥运赛场迎来自己运动生涯最辉煌的时刻。在开幕式上点燃火炬并夺得400米比赛的冠军，这是澳大利亚获得的第100枚奥运金牌；弗里曼成为第一位在开幕式上点燃火炬并在同届奥运会赢得金牌的运动员。

弗里曼被看作是所有土著人的榜样，也是澳大利亚土著居民和移民关系融洽的象征。

## 1984年
### 突尼斯游泳天才梅洛里出生

1984年2月16日，突尼斯著名游泳运动员奥萨马·梅洛里（Oussama Mellouli）出生。

2007年游泳世锦赛上，他以7分46秒95夺得男子800米自由泳冠军，也因此成为突尼斯历史上首位游泳世界冠军。2008年北京奥运会上，又以0.69秒的优势战胜美国名将哈克特，夺得1500米金牌。

梅洛里是不折不扣的游泳天才，在2011年的第十二届泛阿拉伯运动会游泳比赛中，他在报名参加的16个项目比赛中，夺得十五金一银的惊人成绩。2012年伦敦奥运会，梅洛里获男子游泳马拉松赛冠军，并获男子1500米铜牌。

## 2000年
### 中山雅史创国际比赛最快个人帽子戏法纪录

2000年2月16日。在黎巴嫩举行的亚洲杯预选赛第10组的日本队在与文莱队的比赛中，开场仅3分15秒便连入3球，全部由中山雅史一人攻进；创下了国际比赛中，最快的个人帽子戏法纪录。原来3分30秒的纪录由英格兰人乔治·豪尔在62年前创造。那场比赛，日本队对文莱队的最终比分是9：0。

中山雅史1967年出生，是日本著名前锋，也是日本职业足球联赛选手协会会长。代表日本国家足球队出战1998及2002年世界杯足球赛，在1998年攻入日本队世界杯的首个入球。

他比赛中非常拼命，曾多次受伤，进行过10次以上的大手术，其中全身麻醉的手术就有4次之多。2008年，41岁的中山雅史打进自己在J联赛的第157个进球，成为J联赛进球年龄最大的球员。

## 2002年
### 杨扬为中国夺得冬奥会历史上首枚金牌

2002年2月16日，中国选手杨扬在美国盐湖城进行的第十九届冬奥会短道速滑女子500米决赛中不负众望，以44秒187夺得中国冬奥会历史上的第一枚金牌，成为中国运动员登上冬奥会冠军领奖台的第一人。中国冰雪运动经过五十多年的奋斗，终于实现奥运会金牌零的突破。同杨扬并肩奋战的王春露，以44秒272获得第三名。

当晚进入女子 500 米决赛有两名中国选手，其中杨扬抽签十分有利，分在内道，另一名中国选手王春露在最外道。发令枪响后，杨扬起跑非常完美，从一开始就占据领先地位并把优势保持到终点。此后，她又以 1 分 36 秒 391 摘得女子 1000 米金牌，并与队友杨阳、王春露和孙丹丹合作获得女子 3000 米接力银牌。

## 2005年
### 美国冰球联赛（NHL）彻底停摆

2005 年 2 月 16 日，由于球员工会最终未能接受联赛最低"工资帽"的提案，2005 年的北美冰球联赛（NHL）彻底停摆。这一停摆与 1998 年 NBA 停摆类似，是由于劳资双方意见分歧导致联赛无法进行。

当日，NHL 联赛给球员工会下了最后通牒，将工资上限即"工资帽"定在每支俱乐部最多工资总额不得超过 4470 万美元。球员工会最初的提议是 5200 万美元，在联赛强烈要求下降低到 4900 万，但仍与 4470 万相差甚远，最终导致联赛不能进行。

联赛一方给出的理由是，从上赛季各俱乐部的收支情况来看，球队已经不适合继续提高球员的工资预算。但球员工会的理由也很充分，他们认为联赛担心全部 30 个俱乐部的工资达到 4900 万美元时造成的危机，而实际上，不可能所有的球队都那么有钱。双方多次协商，始终未能消除分歧。

## 2009年
### 劳尔成为皇家马德里队历史最佳射手

2009 年 2 月 16 日，西班牙皇家马德里队的劳尔·冈萨雷斯（Raul Gonzalez Blanco）对希洪竞技队的联赛中，攻入他效力皇马的第 308 个进球，打破了由前辈斯蒂法诺创造的 307 个的进球纪录。但他书写纪录的步伐并未停止，这场对希洪竞技的比赛他梅开二度。在离开皇家马德里队前，他将最后的纪录锁定在 323 球。

劳尔是 1994 年 10 月 29 日首次代表皇马在正式比赛中登场，过去的 15 个赛季里，跟随皇马征战四方，几乎拿遍了一支俱乐部球队可拿到的所有荣誉。在 2010 年 7 月 25 日正式离开伯纳乌前，劳尔 16 年西甲联赛出战 550 场，进球 228 个，助攻 83 次，皇马俱乐部正式比赛 741 场，留下 323 个进球。

## 2/16

## 2009年
### 伊辛巴耶娃成室内跃过5米女子第一人

2009年2月16日，在当天结束的布勃卡纪念赛中，俄罗斯撑杆跳女王伊莲娜·伊辛巴耶娃（Yelena Isinbayeva）连续两次打破世界纪录，最终以5米创造了新的女子撑杆跳室内世界纪录，成为历史上第一位在室内比赛中跃过5米的女子选手。

她此前已6次在这项赛事中刷新室内撑杆跳世界纪录。当天，她首跳就轻松跃过4.81米，跟着又直接跃过4.86米，提前锁定了冠军。随后，这位两届世锦赛冠军直接向4.96米的世界纪录发起冲击，在连续两次试跳失败后，她出人意料地将高度提升到了4.97米并一举成功，首次打破世界纪录。这一新世界纪录，激发了伊辛巴耶娃更强的征服欲望，不满足的她直接要了5米的高度并在第二跳成功过杆，终于完成对5米这个高度的征服。

## 2009年
### 美国摄影师获2009年"荷赛"体育动作组照一等奖

2009年2月16日，第五十二届世界新闻摄影比赛（WPP）——"荷赛奖"获奖作品在荷兰阿姆斯特丹揭晓。《新闻周刊》美国摄影师拉弗雷特的一组《北京奥运会跳水选手》照片夺得体育动作类组照一等奖。

 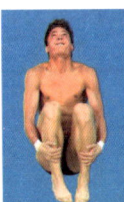  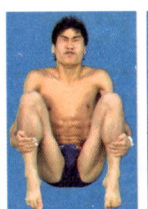  

北京奥运会跳水选手（拉弗雷特摄）

## 2010年
### 香港前著名足球运动员、影星尹志强去世

2010年2月16日，曾有"亚洲第一中锋"称号的香港前足球队员尹志强因病去世，享年53岁。

1956年5月1日出生的尹志强绰号"尹佬"，在20世纪70至80年代，他效力南华和精工等球会，也是香港足球队的主力成员，曾六度入选香港足球明星队。1985年5月19日，代表香港队在世界杯预选赛客场战胜中国队，获得小组赛出线资格。遗憾的是，尹志强从未当选香港足球先生，这成为他的一大遗憾。退役后，他改当演员及从商，同时客串足球评论。

## 2012年
### 丹东中院一审宣判陆俊等涉足球系列犯罪案件

2012年2月16日，辽宁省丹东市中级人民法院一审宣判一批涉足球系列犯罪案件。黄俊杰、陆俊、万大雪、周伟新等4人分别被判七年至三年零六个月不等的有期徒刑。吕锋等5人被判六年零六个月以下的有期徒刑，其中3人适用缓刑，1人免予刑事处罚。广州市众一体育发展有限公司被判300万元罚金。

## 2月16日备忘录

| | |
|---|---|
| 1946年2月16日 | 1972年奥运会男子皮艇1000米金牌得主、苏联的亚历山大·沙帕连科出生。 |
| 1957年2月16日 | 埃及队4∶1战胜埃塞俄比亚队，夺得首届非洲国家杯冠军。 |
| 1970年2月16日 | 苏丹夺得第七届非洲国家杯冠军。 |
| 1977年2月16日 | 1996年奥运会女子4×200米自由泳接力金牌得主、美国的特里娜·杰克逊出生。 |
| 1988年2月16日 | 在英国BBC广播电台的莱斯特播音室内，英国诺坦普顿郡巴顿伯爵家族后人彼得·G·多兹威尔倒立喝完了一品脱啤酒，用时3秒钟。他还曾创下了5秒钟喝完1.42升麦芽酒的纪录。 |
| 1999年2月16日 | 在英国汉普郡的奥尔德肖特军队高尔夫球俱乐部，出生于苏格兰的职业 |

# 2/16

| | |
|---|---|
| | 高尔夫球员科林·蒙哥马利给389名球员上了一堂高尔夫球课。 |
| 2000年2月16日 | 网球运动员肯尼·班塞尔代表列支敦士登队与阿尔及利亚的戴维斯杯比赛时，年仅14岁零5天。是最年轻的戴维斯杯选手。 |
| 2002年2月16日 | 危地马拉全国甲级联赛冠军球队城市队前锋不满22岁的阿尔达纳在训练中，激烈拼抢导致一个移动简易门柱突然倒下，正好砸在阿尔达纳后脑上，于当日离开人世。 |
| 2004年2月16日 | 国际奥委会宣布，2004年雅典奥运会的奥运圣火传递方案已确定，希腊标枪运动员达科斯塔·盖茨欧迪斯有幸成为取火种者。 |
| 2005年2月16日 | 西班牙政府出台一项迄今为止世界上最严厉的反兴奋剂法令，法令规定，被查出服用兴奋剂的运动员不仅会被禁赛，还可能会坐牢。 |
| 2006年2月16日 | 为净化中国足球的环境，行使正当的奥论监督权力，中国17家平面媒体联合发表宣言：向危害中国足球的黑暗势力宣战，还中国足球纯净！ |
| 2006年2月16日 | 据独立会计师事务所德勤（Deloitte）的报告，西班牙皇家马德里超过英格兰的曼联，成为世界上最富裕的足球俱乐部。 |
| 2011年2月16日 | 德国足球甲级联赛补赛一场，圣保利队凭借杰·阿萨莫阿的进球，以1∶0战胜汉堡队，从而打破了自1977年以来遭遇汉堡队不胜的魔咒。 |

**Feb**
# 2/17

## 1944年
**曼城历史上最伟大的射手尼尔·扬出生**

1944年2月17日，尼尔·扬（Neil Young）出生于曼彻斯特，他家距曼城旧主场缅因路球场只有半公里，甚至可以在家里的床上看到曼城主场。

1959年，年仅15岁的他以学徒身份加入曼城，当时还拒绝了同城宿敌曼联的邀请。1960年7月，16岁就从预备队脱颖而出，签订了首份职业合同。1961年11月，他在曼城2：1击败维拉的比赛中迎来处子秀，并在3：0

大胜伊普斯维奇的比赛中打入处子球。

1967—1968赛季，曼城成为英甲联赛冠军的有力争夺者，最后一战作客纽卡斯尔的比赛成为关键，一场胜利就将锁定冠军。在比赛中，他临危受命，梅开二度，帮助曼城4：3击败对手，成功登顶联赛。那个赛季，年仅24岁的尼尔·扬以20球成为队内最佳射手。

## 1953年
**芬兰奥运单人双桨三连冠卡皮宁出生**

1953年2月17日，佩蒂·卡皮宁（Pertti Karppinen）出生于芬兰威马，他身高2米05，能以极小张力做出长划桨动作，是著名的"冲刺之王"，奥运史上两位获得单人双桨比赛三枚金牌的运动员之一，被认为是历史上最优秀的单人划运动员。

他在1976至1992年期间参加了5届奥运会，获3枚金牌。在1976年蒙特利尔奥运会上，他以两秒多的优势获得单人双桨比赛金牌。1980年莫斯科奥运会成功卫冕；1984年洛杉矶奥运会，他再次战胜老对手，夺得单人双桨比赛金牌，实现了单人双桨奥运三连冠。此后，还参加了汉城和巴塞罗那奥运会，但只分别获得第七和第十名的成绩。

## 1963年
### 篮球史上最伟大的运动员"飞人"乔丹出生

1963年2月17日,篮球史上最伟大运动员"飞人"迈克尔·乔丹(Michael Jordan)出生在美国纽约。

1984年,21岁的乔丹参加洛杉矶奥运会并获金牌,平均每场得分17.1分。1984年NBA选秀大会,在第一轮被芝加哥公牛队选中。他的职业生涯的完美表现,让他成为历史上最伟大的篮球运动员:5次荣获NBA最有价值球员称号,10次在NBA球员得分榜上排名第一,6次带领芝加哥公牛队夺得NBA的总冠军。他一度宣布退役,投身美国职业棒球联赛,但并不顺利。

1995年3月,乔丹重返NBA。于1996—1998年又率公牛队三夺NBA总冠军。1999年1月13日,乔丹宣布正式退役,他的23号球衣在联合中心体育馆永久退役。1992年巴塞罗那夏季奥运会,乔丹成为美国"梦之队"一员,夺得自己第二枚奥运金牌。

## 1969年
### 法国著名柔道运动员杜耶出生

1969年2月17日,大卫·杜耶(David Douillet)出生于法国鲁昂市,他是法国著名柔道运动员。

1992年西班牙巴塞罗那奥运会,杜耶夺得男子柔道重量级铜牌。1996年美国亚特兰大奥运会,夺男子柔道95公斤以上级冠军。2000年悉尼奥运会,他又站到了冠军领奖台上,完成三夺奥运会柔道重量级奖牌的传奇。

1993至1997年间,杜耶还获得4枚世界锦标赛金牌。1995年,被法国《队报》评为当年法国最佳运动员。2009年10月18日,进入法国国民议会,2011年9月26日,当选国体育部长。

## 1982年
### 巴西足球运动员阿德里亚诺出生

1982年2月17日,巴西球星阿德里亚诺(Adriano)出生在巴西里约热内卢。他非常喜欢足球,偶像就是"白贝利"济科。

当他还是弗拉门戈足球学校的学徒时,济科看了他15分钟比赛后,对弗拉门戈俱乐部主席儒尼奥尔说:"那个穿18号球衣的小男孩,简直就是一个天才,赶紧与他签约吧，他代表着弗拉门戈足球俱乐部的未来。"济科送给阿德里亚诺一件球衣，阿德里亚诺在球衣上写下"我会成功的"。

阿德里亚诺16岁正式加盟弗拉门戈队，18岁就打上主力。此后，他闯荡意大利，先后效力佛罗伦萨、国际米兰和帕尔马等队，被称为"国米皇帝"。近年来，他状态下降，回到巴西踢球，已无复当年之勇。

## 1983年
### 中国著名羽毛球运动员鲍春来出生

1983年2月17日，中国羽毛球名将鲍春来出生于湖南省长沙市。他在国家羽毛球队效力多年，获得2000年第五届世青赛男单冠军，是四届汤姆斯杯冠军队成员。

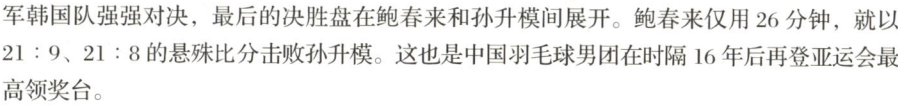

2006年，鲍春来成为参加多哈亚运会的中国代表团旗手，这是中国羽毛球队中担任代表团旗手的第一人，也是除篮球、排球运动员外第一位其他项目选手出任旗手。

在那届亚运会上，中国羽毛球男队与卫冕冠军韩国队强强对决，最后的决胜盘在鲍春来和孙升模间展开。鲍春来仅用26分钟，就以21∶9、21∶8的悬殊比分击败孙升模。这也是中国羽毛球男团在时隔16年后再登亚运会最高领奖台。

2010年8月，鲍春来进入湘潭大学公共管理学院就读。2011年9月21日，宣布因伤退出国际羽坛。

## 1989年
### 英国首位游泳奥运冠军阿德林顿出生

1989年2月17日，英国游泳名将丽贝卡·阿德林顿（Rebecca Adlington）出生于诺丁汉。

身高1米79的她在2008年北京奥运会上，夺取400米和800米自由泳两枚金牌，成为近一个世纪来英国首位奥运女子游泳金牌得主，并打破了美国名将埃文斯保持了

19年之久的800米自由泳世界纪录。她还是自1988年以来第一个获奥运游泳冠军的英国选手和自1908年以来第一个赢得两枚奥运金牌的英国游泳选手。

## 2/17

### 1979年
**中国足球运动员徐云龙出生**

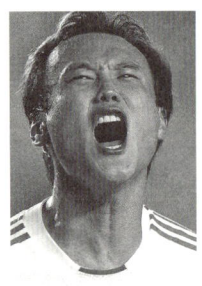

1979年2月17日，徐云龙出生于北京。他身体素质出众，爆发力惊人，右路冲刺能力突出，传中球落点精准；在场上可以胜任右后卫、右前卫和中后卫多个位置。从米卢到朱广沪，一直是国家队主力后卫，为国家队攻入过5粒进球，在国安队，更是球队核心人物。

1994—1998年效力于北京威克瑞队，1998年进入北京国安队。2000年4月，首次入选米卢蒂诺维奇执教的国家队，参加第十二届亚洲杯足球赛，与全队配合获第四名。2001年，再度入选国家队，参加韩日世界杯足球赛亚洲区预选赛，全队配合获小组出线权，后因病未能参加十强赛。

### 2001年
**中国球员张恩华打进加盟英甲后的首粒入球**

2001年2月17日，英格兰甲级联赛第三十二轮，中国球员张恩华打进加盟英甲的首粒入球，帮助格林斯比队主场1：0力克伯恩利队。

张恩华1973年4月28日出生，1984年入大连市少年队。此后，从大连青年队、大连队、大连实德队到中国国奥队和中国国家队，外号"黑子"的他一直是球队的队长。

1998年1月，赴英国试训。2000年11月26日，张恩华与英甲（如今的英冠）格林斯比队正式签定为期4个月的租借合同，开始短暂而精彩的留洋生涯。效力格林斯比期间，17次代表球队出场，打入3球，两次当选全场最佳球员，为球队保级立功。

### 2005年
**前尤文图斯队著名前锋西沃里去世**

2005年2月17日，前欧洲足球先生，曾分别代表阿根廷和意大利出场的著名前锋奥马尔·西沃里（Omar Sivori）因患胰腺癌医治无效，在布诺斯艾利斯去世，享年69岁。

他曾是20世纪50、60年代尤文图斯队的伟大射手，与威尔士人约翰·查尔斯一起组成当时尤文图斯的恐怖锋线。1954年，他在河床队开始自己的职业生涯，随后18次代表阿根廷队出场。1955年，转会意甲尤文图斯队，与球队夺得1958、1960、1961年的意甲冠军。1961年，被评为欧洲足球先生。

在对国籍限制不那么严格的时代,他又入选了意大利队。9次代表意大利队出场,攻入8球,并参加了1962年的智利世界杯。

## 2005年
### 刘翔、中国女排当选"感动中国·2004年年度人物"

2005年2月17日,刘翔、中国女排当选"感动中国·2004年年度人物评选"。

给刘翔的颁奖词是:12秒91,他就实现了一次伟大的跨越,100年来的纪录成了身后的历史,十重栏杆不再是东方人的障碍,因为中国有刘翔,亚洲有刘翔!这个风一样的年轻人,他不断超越,永不言败,代表着一个正在加速的民族。他身披国旗,一跃站在世界面前。

给中国女排的颁奖词是:中国女排,曾经沸腾了一代人的热血,也在中国人的心里留下了长达20年的期待,2004年的一天,于无声处,绝地反击。是她们,让最后的希望攀援着意志的臂膀上升,直到最后一记重扣敲开欢庆的锣鼓。金牌唤回曾经的光荣,胜利开启崭新的梦想!

## 2006年
### 喀麦隆前锋埃托奥第三次当选非洲足球先生

2006年2月17日,当时效力西班牙巴塞罗那队的喀麦隆前锋萨穆埃尔·埃托奥·菲尔斯(Samuel Eto'o Fils)当选2005年度非洲足球先生。在非洲足联53名成员的投票中,埃托奥以108分当选,科特迪瓦的德罗巴以106分屈居第二,加纳的埃辛获50分排名第三。

这是埃托奥第三次获此奖项。这一纪录也追平了他的前辈阿贝迪·贝利自1991年至1993年三度获奖的光荣历史。

可惜的是,喀麦隆国家队在刚结束的非洲杯上,并没取得令人满意的成绩。放弃了联赛的埃托奥没有带领自己国家的球队走得更远,他们在四分之一决赛时输给了由德罗巴领衔的科特迪瓦队。

## 2008年
### 津巴布韦名将考文垂打破沉寂16年世界纪录

2008年2月17日,在密苏里游泳大奖赛中,24岁津巴布韦选手柯丝蒂·考文垂(Kirsty Coventry)以2分06秒39打破沉寂16年之久的女子200米仰泳世界纪录,将原世界纪录提高了0.23秒。

## 2/17

考文垂是一位全能的游泳选手。2008年北京奥运会,她共参加女子100米仰泳、女子200米个人混合泳、女子400米个人混合泳、女子200米仰泳4项赛事,遗憾的是有三项比赛她都屈居第二。终于在女子200米仰泳决赛中,她以2分5秒24获第一名并刷新世界纪录,打破了三块银牌的宿命,迎来自己首枚北京奥运会金牌。

## 2009年
### 德文·哈里斯3.9秒运球穿球场创吉尼斯纪录

2009年2月17日的NBA全明星赛,代表东部的篮网后卫德文·哈里斯在练习赛中,以3.9秒的惊人速度运球从球场这一端到另一端,打破了场内最快运球速度的世界纪录。

德文·哈里斯(Devin Harris)在2004年NBA选秀中,以第5顺位被华盛顿奇才队选中。2005—2006赛季,哈里斯球队打入总决赛,可惜以2:4败于迈阿密热火队。接下来的2006—2007赛季,他成为球队首发控卫,小牛队以67胜的战绩笑傲联盟。

2008年转会篮网队后,哈里斯爆发式的表现让所有人惊讶。面对老东家小牛队时,得到41分13助攻,篮网球迷打出了"感谢你,库班!"的标语,一时成为NBA一大话题。

## 2011年
### 七届环法自行车赛冠军得主阿姆斯特朗再次宣布退役

2011年2月17日,七届环法自行车赛冠军得主、39岁的美国名将兰斯·阿姆斯特朗(Lance Armstrong)再次宣布退役。阿姆斯特朗的职业生涯充满争议。他1992年开始加入职业自行车运动,1996年身患癌症,在艰苦治疗后重返赛场。此后,十次参加环法大赛,实现七连冠,创造环法历史奇迹。但他个人兴奋剂丑闻缠身,始终受到人们质疑。

2012年8月23日,USADA(美国反兴奋剂机构)宣布剥夺阿姆斯特朗七个环法自行车赛冠军头衔并终身禁赛。同年10月22日,UCI(国际自行车联盟)主席麦克奎埃德宣布支持USADA的决定,对阿姆斯特朗给予终身禁赛的处罚,并取消他自1998年8月1日后参加的所有比赛的成绩,包括他所获的七个环法冠军。

## 2012年
### 法国百岁老人骑车1小时达24公里创造世界纪录

2012年2月17日,百岁高龄的法国自行车爱好者罗贝尔·马尚,在1小时内骑自行车达

24.25公里，打破百岁以上老人1小时内骑自行车路程的世界纪录。

马尚是在瑞士艾格勒国际自行车协会的赛车场打破这项纪录的。他在支持者的加油欢呼中保持稳定的速度，抵达终点时神情轻松。他说："本来我还能骑得更快，但我不愿意这样。"

这个成绩虽然无法与捷克选手索桑卡在2005年29岁时骑出49.7公里的成绩相比，但国际自行车协会承认这是百岁以上组的世界纪录。

马尚在2011年11月迎来百岁生日。他少年时酷爱自行车，但直到78岁才重新开始这项运动。

## 2012年
### 林书豪职业生涯首登MVP并正式入选全明星新秀赛

2012年2月17日，华裔球星林书豪职业生涯首度跻身NBA官网每周公布的最有价值运动员（MVP）排行榜。不过，他效力的纽约尼克斯队却以85∶89不敌联盟排名倒数第二的新奥尔良黄蜂队，爆出当日最大冷门。同日，NBA官方微博宣布林书豪正式入选全明星新秀赛，这是对林书豪的一大肯定。

1988年出生的林书豪（Jeremy Shu-How Lin）毕业于哈佛大学，是首位进入NBA的美籍华裔球员。2012年7月13日，自由球员林书豪与休斯敦火箭签约。

## 2月17日备忘录

| | |
|---|---|
| 1931年2月17日 | 在日本东京户塚举行的早稻田大学排球红队与白队的比赛，开始使用闭路电视转播，这是最早的体育电视节目。 |
| 1941年2月17日 | 1960年冬季奥运会高山滑雪女子速降金牌得主、联邦德国的海蒂·比耶比出生。 |
| 1946年2月17日 | 1976、1980年奥运会帆船金牌得主、丹麦的沃尔德马·班多洛夫斯基出生。 |
| 1959年2月17日 | 1984年奥运会游泳3枚金牌得主、美国的安布罗斯·盖恩斯出生。 |
| 1970年2月17日 | 1994年冬季奥运会北欧两项金牌得主、美国的托米·莫出生。 |
| 1972年2月17日 | 1998年冬季奥运会冰球金牌得主、NHL坦帕湾闪电队前锋、捷克共和国的弗拉迪米尔·弗伊泰克出生。 |

| | |
|---|---|
| 1974年2月17日 | 埃及开罗发生一场足球惨案。当天在扎马莱克体育场，扎马莱克足球队迎战来访的捷克队。在混乱的挤撞中，有48人丧生，约50人受伤。 |
| 1975年2月17日 | 1998年冬季奥运会冰球金牌得主、NHL费城飞人队前锋、捷克共和国的瓦茨拉夫·普罗斯帕尔出生。 |
| 1980年2月17日 | NBA球员艾尔·哈灵顿出生于美国新泽西州奥兰治。他18岁参加NBA选秀，被印第安纳步行者队在首轮第二十五顺位选中。 |
| 1981年2月17日 | 在雅典举行的AEK队和奥林匹亚克斯队比赛结束后，由于散场时约37000名观众没能有组织退场，致使二十多人被踩死，伤者不计其数。 |
| 1984年2月17日 | 中国女足运动员毕妍出生于大连。1999年，年仅15岁的她首次入选国家青年队，2002年入选国家队。 |
| 1986年2月17日 | 在美国加利福尼亚市上空，美国的罗伯特·哈里斯驾驶滑翔机达到海拔14938米的高度，创下滑翔机飞行的最大海拔高度。 |
| 1993年2月17日 | 日本人崛江见一从美国夏威夷州的火奴鲁鲁出发，横渡太平洋，到达日本冲绳岛那霸市，创造了脚踏船航行的最远距离纪录：7500公里。 |
| 1996年2月17日 | 希尔德加德·弗雷拉99岁时在美国夏威夷的墨库雷阿完成双人跳伞，成为年龄最大的跳伞者。 |
| 1996年2月17日 | 在加拿大魁北克的圣吕克，加拿大人迈克尔·拉瓦在1500米雪鞋走比赛中，以8分37秒创男子世界纪录。 |
| 2001年2月17日 | 第二十届世界大学生冬季运动会在波兰南部山城扎科帕内市闭幕。 |
| 2001年2月17日 | 英国的一名跳伞者以新奇的一跳，成为英国最高跳伞降落点和世界最高分段降落点纪录的创造者。 |
| 2002年2月17日 | 四川全兴队向全兴集团发出一封公开信，题为《四川足球不能再折腾了!》，呼吁全兴早日完成俱乐部转让。 |
| 2002年2月17日 | 在阿根廷秋季足球联赛第二轮独立队与竞技队之间的比赛开始前，两队球迷在球场周围发生数起冲突，造成1名球迷死亡，至少20人受伤。 |
| 2003年2月17日 | 奥组委执委会第二次审议并确认"中国印·舞动的北京"为第二十九届北京奥运会会徽备选方案。 |
| 2003年2月17日 | 奥运乒乓球双打冠军王涛与"智高无敌乒乓球2008"中的奥运冠军"乒神"展开了一场别开生面的人机乒乓大战。结果，王涛不敌电脑高手。 |
| 2004年2月17日 | 国际奥委会主席罗格表示：用不了10年，参加奥运会的男、女运动员比例将大体持平。 |
| 2005年2月17日 | 谢亚龙接替阎世铎任中国足球运动管理中心主任。 |
| 2008年2月17日 | 东亚足球锦标赛决赛揭幕战中，高调出战的中国队几乎尽遣主力，仍以2:3负于以二队出战的韩国队。 |
| 2011年2月17日 | 欧盟高级法院裁定，欧盟成员国可选择将世界杯、欧锦赛这两项高水平赛事在免费电视频道中播放。 |

# 2/18 Feb

## 1898年
### "赛车运动之父"恩佐·法拉利出生

法拉利汽车公司创始人、在汽车制造业人称"赛车之父"的恩佐·法拉利（Enzo Ferrari）1898年2月18日出生在意大利北部小城摩德纳。

20岁时，他曾想进入菲亚特汽车公司工作，结果未能如愿。他进入米兰 CMN 公司，成为车队的试车手和赛车手，被称为"拿生命开玩笑的试车员"。之后，他统率以自己名字命名的"法拉利车队"，先后在方程式赛车、24 小时跑车耐力赛等各项大赛中出尽风头，参加 39 场大奖赛，获得 11 场冠军。

1940 年，法拉利创建了自己的汽车制造厂。生产出第一辆车法拉利 Tipol25，以跳马图为商标。1988 年 8 月 14 日，恩佐·法拉利去世，终年 90 岁。

## 1933年
### 英格兰足球大师博比·罗布森出生

1933 年 2 月 18 日，博比·罗布森（Bobby Robson）出生于英格兰的纽卡斯尔。作为职业球员，他效力于富勒姆队和西布朗维奇队，代表英格兰队参加瑞典世界杯。

退役后，他开始执教生涯。1981 年，带领伊普斯维奇夺取联盟杯冠军。1982 年开始，担任英格兰队主帅；1986 年，带领英格兰进入世界杯八强；1990 年世界杯结束后，离开国家队的位置，先后执教荷兰埃因霍温队、葡萄牙里斯本竞技队、波尔图队、西班牙的巴塞罗那队和纽卡斯尔联队，提拔和培养了大批当今世界足坛著名教练和球员。

2002 年 6 月 15 日，罗布森在英女王生日当天被授予爵士勋章。2009 年 7 月 31 日，博比·罗布森爵士因患癌症去世，终年 76 岁。

# 1933年
## 前世界重量级冠军詹姆斯·J·科贝特去世

1933年2月18日,前世界重量级冠军詹姆斯·J·科贝特(James J Corbett)去世,享年66岁。

科贝特是一位银行职员,早年活跃于业余拳坛,20岁开始转为职业拳击手。1891年,他在与黑人拳手彼得·杰克逊进行的六十一回合苦战中,达到他拳击生涯的最高峰。次年,他在同沙利文的拳王争霸战中,在第二十一回合,科贝特将沙利文击倒,成为重量级拳坛新的统治者。

在科贝特出现前,拳击手被认为是只有面对面地进攻才能分出高低,扭动臀部会受到耻笑。然而,他以其灵巧、快速、讲究技巧而成为现代先进拳击技战术的先驱。他在拳台上的潇洒风度和英俊形象,赢得了"绅士吉米"的雅号。

# 1947年
## 葡萄牙著名长跑运动员卡洛斯·洛佩斯出生

卡洛斯·洛佩斯(Carlos Lopes)是葡萄牙运动员,大器晚成的优秀长跑家。1947年2月18日生于葡萄牙维塞乌市的维尔德莫尼奥斯镇。

1976年,29岁的洛佩斯在威尔士举行的世界越野赛中,他第一次成了世界冠军,在蒙特利尔奥运会上,他获得10000米跑银牌。20世纪70年代末,他因跟腱手术,较长时间中止了训练和比赛。

1982年,35岁的洛佩斯东山再起,在一系列国际大赛中获胜。1984年,37岁的他第二次获得世界越野跑冠军。在第二十三届奥运会上,以出众的耐力和成功的战术夺得马拉松金牌,成为奥运田径史上第一位获金牌的葡萄牙运动员。1985年,

38岁的洛佩斯达到运动生涯的顶峰，他第三次夺得世界越野跑冠军，并在鹿特丹国际马拉松邀请赛上创造奇迹，把原最好成绩提高了将近一分钟，达到了2小时7分12秒。1984年，他被评选为"世界最佳运动员"。

# 1957年
## 民主德国女子短跑明星玛丽塔·科赫出生

1957年2月18日，是民主德国女子短跑明星，被誉为"世界田径女皇"的玛丽塔·科赫（Marita Koch）出生于波罗的海沿岸的维斯玛城。她15岁开始进行田径训练。1979年6月，科赫以21秒17打破女子200米世界纪录，成为第一个突破"22秒大关"的运动员。1980年，在莫斯科奥运会以48秒88勇夺女子400米金牌，这也是她获得的唯一一块奥运会金牌。

在她的运动生涯中，16次创造世界纪录，14次破室内世界纪录，成为半个世纪以来在径赛中创造世界纪录最多的运动员。1987年国际田联庆祝成立75周年时，将她1979年在卡尔·马克思城突破女子200米跑"22秒大关"的成就，评选为世界田坛75年来"100个金色时刻"之一。

# 1960年
## 第八届冬季奥运会在美国斯阔谷开幕

第八届冬奥会再次从欧洲大陆转至大洋彼岸举行。申请主办的有联邦德国的加米施—帕滕基兴，奥地利的因斯布鲁克，瑞士的圣莫里茨和美国的斯阔谷。国际奥委会在1955年第五十一次巴黎全会上最后选定了斯阔谷。

运动会于1960年2月18至28日举行，参赛的有31个国家和地区，共665名运动员，其中女子143人，男子522人。本届首次列入了男子冬季两项（滑雪和射击）和女子速度滑冰。因设备问题，取消了雪橇项目。大会共设有4个大项27个单项比赛。

# 1967年
## 意大利球星罗伯特·巴乔出生

1967年2月18日，罗伯特·巴乔（Roberto Baggio）出生于意大利南方城市维琴察省，被认为是意大利足球史上最有天赋的球员之一。由于相貌英俊，极受女性球迷喜爱，被称为"有着地中海一样湛蓝的眼睛"。马尾辫也是他的标志之一。

巴乔先后效力于尤文图斯、AC米兰和国际米兰这意大利三大足球豪门。1993年，当选于欧洲足球先生和世界足球先生。

他代表意大利队参加了1990、1994、1998年三届世界杯。1994年世界杯，在意大利队与巴西队的决赛中，巴乔最后一刻罚失点球，留下了伤感的背影，被球迷赋予"忧郁王子"的雅号。

2002年韩日世界杯前，他在联赛中受伤。为能搭上世界杯的末班车，每日苦练，终于奇迹般恢复。但当时的意大利主帅特拉帕托尼最终还是未能带上巴乔，给这位传奇球星留下永远的遗憾。

## 1968年
### 第十届冬奥会在法国格勒诺布尔闭幕

1968年2月18日，第十届冬季奥林匹克运动会在法国格勒诺布尔闭幕。参赛的有37个国家和地区1158名运动员，其中女子211人，男子947人。参赛人数等于法国1924年第一次主办时的两倍多。

本届共举行35个单项比赛。挪威卷土重来，获金牌6枚、银牌6枚和铜牌2枚，居领先地位。自1956年参赛以来，成绩一直居首位的苏联队本届因在滑雪、滑冰赛中成绩不理想，退居第二名。法国名列第三。

## 1974年
### 俄罗斯著名网球运动员卡费尔尼科夫出生

1974年2月18日，网球名将叶甫根尼·卡费尔尼科夫（Yevgeny Kafelnikov）出生于俄罗斯索契。

卡费尔尼科夫出身体育世家，父亲是排球教练，母亲曾打过篮球。他是网球场上罕见的天才，不但擅长单打，更擅长双打。两次摘得大满贯赛事的单打桂冠，双打比赛四次问鼎。职业生涯中，共获得48项冠军，其中单打和双打各24项，实属罕见。在1996年的个人状态巅峰时期，他的单双打排名都进入了世界前十。

## 1975年
### 曼联传奇后卫加里·内维尔出生

1975年2月18日，曼联传奇后卫加里·内维尔（Gary Alexander Neville）出生于英格兰大曼彻斯特区的伯利。

他从小就是曼联球迷，于1991年加入曼联足球学校，进入曼联青年队。1991—1992赛季，他作为曼联青年队队长带队夺得当季青年英格兰足总杯冠军，当时队中有贝克汉姆、吉格斯、斯科尔斯、巴特和小内维尔一批才华横溢的球员。此后，这批球员被称为"92黄金一代"。

在红魔生涯中，他出场602次，攻入7球，赢得欧冠、8次英超、3次足总杯、2次联赛

杯和世俱杯等多个冠军。2005年底，当选为曼联队队长。2010年夏，交出队长袖标，但仍任队长一职。在长达十多年的巅峰时期，是英超和英格兰无可争议的第一右后卫。

在英格兰队生涯中，他在1995年到2007年间参加过两届世界杯（1998、2006年）、三次欧洲杯（1996、2000、2004年），共出场85次。

2011年2月2日，加里·内维尔宣布退役，结束自己长达18年的曼联生涯。2012年5月14日，成为英格兰国家队助理教练。

## 1981年
### 俄罗斯篮球名将安德烈·基里连科出生

1981年2月18日，别名"AK47"的俄罗斯篮球名将安德烈·基里连科（Andrei Kirilenko）出生于乌德穆尔特自治共和国首府伊热夫斯克，当地拥有俄罗斯最著名的军工厂。

1999年，以首轮第二十四顺位加入犹他爵士队。当时他只有18岁4个月。成为NBA选秀有史以来选中的最年轻的外籍球员。2003年，成为爵士队主力。2005年，以NBA顶薪与犹他爵士队签约六年。由于其姓名Andrei Kirilenko被简称为"AK"，因此在选球衣号码时，其队友昆西·刘易斯建议他选47号组成"AK-47"的名号。

基里连科结合了欧洲球员的稳定和美国球员的强悍，他的进攻多以中投和内线强攻为主，防守方面，由于弹跳好、手臂长、盖帽意识好，是NBA中最可怕的补防球员和盖帽高手。

## 2001年
### 美国"车王"恩哈德命殒赛场

2001年2月18日，美国最著名赛车选手戴尔·恩哈德（Dale Earnhardt）在佛罗里达赛道发生车祸，尽管及时送医院抢救，但最终不治身亡，终年49岁。

当天是NASCAR（全国运动汽车竞赛协会）新赛季揭幕战，他在赛道最后一圈最后一个弯道时，占据第四位置。为抢占有利车道，不期擦上斯特林·马林的车身，以每小时290公里的速度撞向护墙，并被肯·施拉德的赛车严重追尾。安全人员当即把恩哈德从车身中拖出，送往医院抢救。获得第二名的其子小恩哈德陪同失去知觉的父亲前往。

恩哈德曾7次获得纳斯卡车赛威士顿杯赛冠军，是云斯顿杯赛历史上获得76场胜利的最优秀现役选手。他的死亡是继塞纳1994年命丧意大利伊莫拉赛道后，最为震惊的赛车伤亡事故。

## 2008年
### 2008年劳伦斯体育奖在俄罗斯圣彼得堡揭晓

2008年2月18日晚，该年度劳伦斯体育奖在俄罗斯圣彼得堡揭晓。瑞士网球天王费德勒和比利时网球名将海宁分获男女最佳运动员奖，英国马拉松名将拉德克里夫荣膺最佳复出奖，F1车手汉密尔顿获得年度最佳突破奖，年度最佳团队的殊荣则被南非橄榄球队摘得。

此外，年度最佳残疾人运动员奖和年度最佳极限运动员奖分别授予荷兰轮椅网球选手埃斯瑟尔·维格尔和美国滑板选手肖恩·怀特，终身成就奖授予撑杆跳传奇巨星布博卡，年度最佳公益体育基金奖授予倡导战地篮球的美国托西兄弟，年度最佳竞技精神授予一直致力于世界反兴奋剂运动的国际反兴奋剂机构主席庞德。

海宁　　托西兄弟　　布博卡　　刘易斯　　费德勒　　维格尔

## 2009年
### 第二十四届世界大学生冬运会在哈尔滨开幕

第二十四届世界大学生冬季运动会2009年2月18日晚在中国东北部冰雪名城哈尔滨开幕。本届大冬会是中国历史上首次举办的世界级综合性冬季体育赛事，共设短道速滑、花样滑冰和高山滑雪等12个大项，于2月28日闭幕。在为期11天的比赛中，来自四十多个国家和地区的近一千六百多名运动员向81枚金牌发起冲击。中国代表团派出近二百名选手，参赛规模创历届之最。

在开幕式上，国际大学生体育联合会主席乔治·基里安在致辞中盛赞中国政府和哈尔滨大冬会组委会的出色工作，并感谢中国对世界大学生体育事业的支持。曾获都灵冬奥会花样滑冰银牌的中国双人滑组合张丹和张昊点燃本届大冬会主火炬。

## 2009年
### 38岁门将范德萨创欧洲五大联赛1302分钟不失球纪录

2009年2月18日凌晨，曼联队在一场英超补赛中，主场3：0完胜富勒姆，夺得联赛九连胜。

不久前，刚缔造英超门将连续不失球时间纪录的范德萨，又以联赛14场、连续1302分钟零封对手的数据，打破西班牙人阿贝尔·雷西诺在马德里竞技队创造的1275分钟的五大联赛不失球纪录；成为欧洲五大联赛百年历史上的第一人。

2006年以200万英镑转会费从富勒姆队转到曼联的埃德温·范德萨（Edwin van der Sar），当时年届38岁。谁也不会想到，荷兰人能够缔造这样一个在现代足球几乎无法重现的纪录。将近40岁的他，身体和技术依然那样出色，反应和判断还是那么精准。

范德萨的主要特点是状态稳定，任何比赛都保持高水准，很少大起大落。而且身材高大，反应快、控制范围大。手抛球距离非常远，可以从本方禁区里第一时间策动快速反击。

## 2010年
### 王濛卫冕冬奥会短道速滑女子500米冠军

2010年2月18日，中国选手王濛以43.048秒的成绩在温哥华冬奥会成功卫冕短道速滑女子500米冠军，为中国体育代表团摘得本届冬奥会第二枚金牌。

在比赛中，王濛表现出高人一筹的实力，1/4决赛刷新前两天自己刚创下的奥运纪录，半决赛再次打破刚诞生一个小时的奥运纪录。

决赛竞争异常激烈，两次出现抢跑情况，第三次发枪，比赛顺利进行，王濛迅速冲出起跑线并占据领先，一直保持较大领先优势，最终以43秒048率先通过终点，成功卫冕。

在2006年都灵冬奥会，首次征战奥运会的王濛就夺得该项目冠军。2008年，滑出惊人的42秒609，成为该项目世界上第一个突破43秒大关的女选手。

## 2012年
### 英拳击手新闻发布会斗殴演闹剧

2012年2月18日，两名英国知名拳击手在慕尼黑举行的WBC（World Boxing Champine，世界拳击理事会）世界重量级拳王争霸赛的赛后新闻发布会上斗殴，上演了一出闹剧。

拳击手的对决本该在擂台，但奇索拉和海耶却在新闻发布会上大打出手。在世界重量级拳王争霸赛上不敌乌克兰拳王克里琴科后，挑战者奇索拉心气不顺。他在参加赛后新闻发布会上时，与坐在台下的前重量级拳王海耶发生口角。在海耶的叫阵下，刚输掉比赛的奇索拉

从台上走到同乡面前怒目以对。海耶也不示弱,几句话后,便将手中玻璃瓶砸向奇索拉,两人随即扭打在一起。现场在一片叫骂声中陷入混乱。

事后,英国拳击理事会根据相关章程对奇索拉进行处罚,而海耶由于在2011年10月已正式退役,理事会无权对他进行任何处罚。

## 2月18日备忘录

| | |
|---|---|
| 1685年2月18日 | 法国探险家勒内·罗伯特·卡维利耶·德·拉萨尔在德克萨斯州建立第一个定居点。 |
| 1909年2月18日 | 1932年奥运会标枪金牌得主、芬兰的马蒂·耶尔维宁出生。 |
| 1937年2月18日 | 1960年奥运会游泳2枚金牌得主、美国的杰夫·法雷尔出生。 |
| 1948年2月18日 | 世界各国武装部队的国际体育组织——国际军事体育理事会在法国成立,创始国为比利时、丹麦、法国、卢森堡和荷兰。 |
| 1960年2月18日 | 第八届冬奥会第一次修建了奥运村,有31个国家和地区的665名运动员入驻奥运村。 |
| 1960年2月18日 | 南美洲足联在蒙德维的亚会议上,决定于同年4月举办首届南美洲俱乐部冠军联赛,乌拉圭的佩那罗尔队问鼎该赛事的首届冠军。 |
| 1973年2月18日 | 克劳德·马克莱莱(Claude Makélélé)出生于扎伊尔(今刚果民主共和国)金沙萨,是入籍法国的足球运动员,司职后腰。 |
| 1978年2月18日 | 首次铁人三项全能运动在夏威夷举行,项目有2.4英里(3.86公里)游泳、112英里(180.2公里)自行车及26.2英里(42.2公里)马拉松。 |
| 1979年2月18日 | 中国羽毛球运动员前世界排名第一的周蜜出生于广西南宁。 |
| 1981年2月18日 | 2004年雅典奥运会男子单人三米跳板金牌获得者彭勃出生于江西。 |
| 1986年2月18日 | 印尼的澳荣开始了踩高跷800公里长途跋涉。最终抵达目的地雅加达。 |
| 1988年2月18日 | 英国公路赛跑运动员俱乐部在伦敦以北80公里德米尔顿——凯恩斯室内商业区举办了一次别开生且令人胆战心惊的室内马拉松比赛。 |
| 1989年2月18日 | 中国沙滩排球运动员薛晨出生于福建福州。在北京奥运会上,薛晨/张希两人合作,夺得铜牌。 |
| 1992年2月18日 | 中国登山协会主席扩大会议和全国登山管理工作会议在北京怀柔召开。会议主要讨论《外国人来华登山管理办法》的实施细则和登山事业的发展问题,并调整增选领导机构成员和修改协会章程。 |

| | |
|---|---|
| 2000年2月18日 | 中国在蒙特利尔举行的世界反兴奋剂机构会议上，被选为亚洲的四个理事国之一，并成为该机构执委会成员。 |
| 2000年2月18日 | 芮乃伟参加在汉城举行的世界女子围棋锦标赛，以2∶1的总比分战胜韩国女棋手赵慧莲，获得冠军。 |
| 2001年2月18日 | 27岁的法国著名超轻量级拳王诺托在科西嘉岛的家中被枪杀，警方发现他的头部挨了两枪。 |
| 2001年2月18日 | 曾创下24小时内出拳2.9449万次的吉尼斯纪录的南斯拉夫拳王吉德拉在贝尔格莱德被枪杀，年仅51岁。 |
| 2001年2月18日 | 澳大利亚32岁女游泳运动员万维斯在澳大利亚墨雷河上举行的马拉松游泳赛中，畅游106天，游完2438公里的超长距离。 |
| 2001年2月18日 | 北京申办奥运专刊《北京·2008》搭上国际航班。北京开往旧金山的CA985航班上的乘客，成为这本杂志的第一批读者。 |
| 2002年2月18日 | 智利青年马塞洛·穆尼奥斯，完成一个月长跑1850公里的距离，创造了里程最长、持续时间最久的长跑世界纪录。 |
| 2002年2月18日 | 中国足协宣布马良行担任新一届中国女足主教练，任职十多年的老帅马元安退居二线。 |
| 2003年2月18日 | 备受瞩目的前世界重量级拳王麦克·泰森与"黑犀牛"埃迪恩纳的比赛正式宣布取消。 |
| 2004年2月18日 | 国际奥委会宣布，参加雅典奥运会的国家和地区代表团将达到202个，创历史最高纪录。 |
| 2005年2月18日 | 美国一名96岁高龄的老人哈特向世界纪录发出挑战，希望成为当今世界上年龄最大的单独高空跳伞纪录创造者。 |
| 2005年2月18日 | 全国田径项目反兴奋剂大会在上海莘庄训练基地举行。国家体育总局田径管理中心十分重视反兴奋剂问题，已将反兴奋剂列为田径工作的重点之一。 |

# 2/19 Feb

## 1865年
### 瑞典探险家斯文·赫定出生

1865年2月19日，斯文·赫定（Sven Anders Hedin）出生于瑞典斯德哥尔摩一个中产阶级家庭。19岁中学刚毕业时，获悉有机会到遥远的巴库做家庭教师，他毫不犹豫踏上离乡之路。1886年春天，合同期满，南下做纵贯波斯的旅行，为广袤的亚洲腹地深深吸引，终生事业方向由此确定。

他是地理学家、地形学家、探险家、摄影家、旅行作家，同时也在自己作品中绘制插图。在中亚的四次探险考察中，发现了喜马拉雅山脉，雅鲁藏布江、印度河和象泉河的发源地，罗布泊及塔里木盆地沙漠中的楼兰城市遗迹、墓穴和长城。

1952年11月26日斯文·赫定去世，享年87岁。死后出版的中亚地图集，是他毕生工作的结晶。

## 1910年
### 世界上最著名的足球场老特拉福德球场正式启用

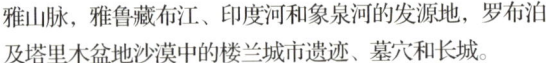

1910年2月19日，世界上最著名的足球场之一老特拉福德球场（Old Trafford）正式启用。当天，有5万名观众入场观看曼联与利物浦的比赛，利物浦最终以4∶3获胜。

老特拉福德球场位于曼彻斯特市西面的大曼彻斯特郡，曼联队从1910年便开始以此作为主场。1941年"二战"期间，球场遭炸弹轰炸，一度移到曼城主场缅因路球场比赛。直到1949年，老特拉福德球场完成重建并一直使用至今。

1909年前，曼联一直在克雷顿球场比赛。因场地条件糟糕，不能符合曼联的比赛需要。1909年，新球场在特拉福德公园落成，原计划容量10万人，但因预算超标减少为6万。

老特拉福德球场有一个响亮的昵称："梦剧场"（The Theatre of Dreams）。2006年，球场的东北及西北面进行大规模扩建，球场容量由68000人增加到76000人。它是现时全英格兰座位数目第二多的足球场，仅次于新温布利球场。

# 1928年
## 加拿大队连续第三次夺取奥运会冰球赛冠军

1928年2月19日，加拿大冰球队以三战全胜夺得圣莫里茨冬奥会冰球赛冠军，赢得"三连冠"。此前，他们在1920和1924年两届奥运会上，分别以三战全胜和五战全胜蝉联两届冠军。

加拿大男子冰球队获得过7次冬奥会冰球冠军、1次夏季奥运会冰球冠军和18次世界男子冰球锦标赛冠军，是获得冬奥会冰球比赛和男子冰球世锦赛冠军最多的队伍。自有冰球世界排名以来，加拿大队长期雄踞榜首，最低排名是第四位。

# 1944年
## 第一个在中国击败日本九段棋手的陈祖德出生

陈祖德九段1944年2月19日出生于上海。他是中国棋院第一任院长。1963年9月27日，他首先战胜日本杉内雅男九段，成为第一个在中国击败日本九段棋手的中国人，打破"日本九段不可战胜"的神话。1965年，再次战胜日本九段高手。

他少时师从围棋前辈顾水如、刘棣怀学弈，后参加上海体委及国家体委围棋集训班，成绩优异。棋风善于搏斗，灵活多变。1981年获九段称号，所创围棋新型布局被誉为"中国流"。著有《徐程十局》、《黄龙周虎》、《血泪篇》、《过周十局》和《襄夏战梁程》等著作。

1980年，陈祖德不行身患胃癌，在病中撰写自传《超越自我》，成为激励一代人的名作。2012年11月1日，因患胰腺癌医治无效，在北京逝世，享年68岁。

## 1945年
**英格兰传奇主教练马特·巴斯比加盟曼联**

1945年2月19日，34岁的马特·巴斯比正式成为英格兰曼联队的主教练。他的到来，开启了曼联一个新时代。

当时"二战"刚结束，足球联赛重新开张，曼联在巴斯比的带领下开始重建。1948年，首夺足总杯；在5年联赛中四获亚军，最终于1952年折桂。之后，他着手培养年轻球员，在1952至1957年5夺青年足总杯。这批球员后成为成年队的中坚分子，被称为"巴斯比孩子"。

1957年，巴斯比率曼联在冠军杯中杀入半决赛，但不敌皇家马德里队。一年后，"慕尼黑空难"发生，曼联损失了几乎全部主力，多处骨折的巴斯比不得不暂时交出印帅。1963年，巴斯比率领再度崛起的曼联队获足总杯冠军；1968年，获欧洲冠军杯冠军。

1993年，为对这位被誉为"曼联先生"的主帅表示敬意，沃威克北路被命名为马特·巴斯比爵士路。曼联主场老特拉福德球场外，他的塑像巍然矗立。

## 1954年
**巴西著名足球运动员苏格拉底出生**

1954年2月19日，巴西著名足球运动员苏格拉底出生，其父因崇拜古希腊哲学家苏格拉底而给他取了这个名字。苏格拉底曾两次参加世界杯，可惜都无缘四强，但他与济科、法尔考等组成的巴西中场，为球迷们奉献了最经典的桑巴艺术足球。

20世纪90年代，苏格拉底拿到了他的医学博士学位，但让苏格拉底广为人知的，还是他在足球运动上所取得的成就。他是足坛一位奇人，身高1米91，体重80公斤，上身短，两腿长，有舞蹈家般的身材。苏格拉底是著名的"三高"球星：身材高、学历高、工资也高。

苏格拉底患有酒精依赖症，过度酗酒导致肝硬化。2011年8月和11月两度入院。2011年12月4日，在第三次入院后，57岁的苏格拉底在巴西圣保罗去世。

## 1962年
**前捷克斯洛伐克著名女子网球运动员曼德利科娃出生**

1962年2月19日，哈娜·曼德利科娃（Hana Mandlíková）出生于布拉格。曼德利科娃是四项大满贯女单得主，WTA世界排名最高达第二位。由于伤病原因，28岁时退出国际网坛。

曼德利科娃曾在 1980—1981 年间连续 4 次打入大满贯女单决赛，1994 年，被引荐进入网球名人堂。2005 年，美国《网球》杂志评出"历史上最伟大的 40 名球员"，她排名第三十三位。

她似乎生不逢时，不行和"女金刚"纳芙拉蒂洛娃、"冰美人"埃弗特同代，因此获得大赛冠军并不多。她三次进入美网决赛，在 1980 和 1982 年都输给了埃弗特。不过，当 1985 年第三次进入美网决赛时，曼德利科娃没再浪费机会，以 2:1 力克纳芙拉蒂洛娃，捧起了职业生涯中唯一一座美网冠军奖杯。

# 1966年
## 比利时著名球星文森佐·希福出生

1966 年 2 月 19 日，文森佐·希福（Vincenzo Scifo）出生比利时。希福 7 岁时加入当地一支小球会 R.A.A. 拉路维尔，没几年便得了"小贝利"的外号。

在比利时最强的安德莱赫特队，他从青年队踢起，三个赛季进了 135 个球，并正式加盟比利时队参加国际比赛。

从 1986 到 1998 年，希福四次参加世界杯赛，共出场 17 次，进球 3 个，帮助球队打入了 1986 年墨西哥世界杯的半决赛。他曾效力意大利国际米兰队，但一年后便离开。此后，辗转效力波尔多、欧塞尔、都灵和摩纳哥等队，1997 年，回到母队安德莱赫特队。

他被认为是比利时历史上最伟大的球员之一。由于长年征战，希福患有严重关节疾病；在 34 岁时，宣布退役。

# 1977年
## 意大利足球名将詹卢卡·赞布罗塔出生

1977 年 2 月 19 日，意大利足球运动员詹卢卡·赞布罗塔（Gianluca Zambrotta）生于意大利小镇科莫。在场上，可胜任中后场的两个边路，攻防俱佳，是"走廊型"的边路选手。

1998 年 3 月 25 日，他首次入选 21 岁以下国家队，在 1998 年，他为 21 岁以下国家队出战了全部 6 场比赛，取得五连胜。1999 年 2 月 10 日，代表意大利国家队在对挪威的友谊赛中上场，表现受到了一致的好评。

主要荣誉：2001—2002、2002—2003、2004—2005、2005—2006 赛季意甲联赛冠军（尤文图斯）。2002 年，意大利超级杯冠军（尤文图斯），2003 年，意大利超级杯冠军（尤文图斯），2006 年，世界杯冠军（意大利），2006 年，西

班牙超级杯冠军（巴塞罗那），2006年，欧洲足联年度最佳阵容，2010—2011意大利足球甲级联赛冠军（AC米兰），2011年意大利超级杯冠军（AC米兰）。

## 1980年
### 获得乒乓球奥运冠军最多的男运动员马琳出生

1980年2月19日，马琳出生于辽宁沈阳。他是唯一一名获四届世界杯冠军的选手，也是世界上第一个蝉联世界杯男单冠军的人，被誉为"世界杯先生"。他也是全世界获乒乓球奥运冠军最多的男运动员，更是当今世界上唯一一个集奥运乒乓球男单、男双、男团三项冠军于一身的运动员。在中国乒乓球队不断夺取世界冠军的五十多年历程中，他以16个世界冠军头衔成为中国乒乓球男队获世界冠军头衔最多的运动员。

2009年以后，随年龄增大，马琳逐渐淡出单打主力；但他老骥伏枥，依然活跃在国际、国内赛场。

## 1984年
### 第十四届冬季奥运会在南斯拉夫萨拉热窝闭幕

1984年2月19日，第十四届冬季奥运会在南斯拉夫萨拉热窝闭幕。共有49个国家和地区的1483名（其中女子308名）运动员参加了6个大项、39个单项的比赛。中国派出运动员37人，其中女子16人，参加5个大项26个单项的比赛，但无获奖名次。中国台北奥委会也派出14名运动员参赛，这是海峡两岸中国选手首次同时参加冬季奥运会。

在本届运动会，民主德国获金牌9枚、银牌9枚、铜牌6枚，首次居各国之首，超过了近几届的霸主前苏联。后者金牌为6枚、银牌10枚、铜牌9枚。是苏联自1956年参加比赛来，继1968年第二次金牌数居他国之后。美国名列第三，金、银牌各4枚。

## 2001年
### 萨博打破尘封12年室内女子3000米跑世界纪录

2001年2月19日，罗马尼亚名将加布里埃拉·萨博（Gabriela Szabo）在英国伯明翰举行的世界室内田径大奖赛上，刷新了尘封12年的室内女子3000米跑世界纪录。她跑出8分32秒88的成绩，将荷兰选手胡尔茨1989年创造的原世界纪录提高了0.94秒。

1995年，只有19岁的她就成为世界田径室内锦标赛女子3000米跑冠军，创造夺冠选手最年轻的纪录；并在1999年日本世界室内田径锦标赛上，夺取女子1500米和3000米的冠军，成为历史上同时夺取这两个项目室内世界冠军的第一人。在1999年国际田联黄金联赛中，萨博与丹麦中长跑名将基普凯特成为系列赛事保持全胜的两名选手，共同分享价值百万美元的黄金。

萨博现为罗马尼亚田径协会的副主席。

## 2002年
### 伯纳德·霍普金斯当选2001年世界最佳男拳击手

2002年2月19日，世界中量级拳击世界冠军得主伯纳德·霍普金斯（Bernard Hopkins）当选为2001年度世界最佳男拳击手。他在2001年4月14日先以点数战胜了霍尔姆斯（Keith Holmes），接着又在9月29日与此前保持全胜战绩的特里尼达德（Félix Trinidad）进行的冠军战第十二回合中，击倒对手而获得世界冠军称号。

霍普金斯出于生美国费城一个贫苦家庭。13岁那年，父亲去世。17岁时，因犯重罪被判18年监禁。后来，他发现了自己对拳击的热爱，彻底改变了命运。1988年减刑后被释放，他决定从事拳击运动。虽大器晚成，但他的职业生涯极为漫长。直到2011年，46岁的他依然参加了一场WBC轻重量级的拳王争霸赛，可惜因一次有争议的技术击倒，被判输给对手道森。

## 2005年
### 中量级世界冠军霍普金斯第二十次卫冕成功

2005年2月19日，囊括世界三大拳击协会中量级冠军头衔的伯纳德·霍普金斯（Bernard Hopkins）再次卫冕成功。他以点数战胜英国挑战者霍华德·伊斯特曼，第20次卫冕成功。

不过，他当日比赛的表现并没有让观众满意。洛杉矶三角体育馆内的一万多拳迷，对霍普金斯的保守打法大发嘘声。但他似乎并不以为意："我相信最后离开的拳迷们不会后悔来看这场拳击赛的。"

## 2006年
### 黑人选手首夺冬奥会男子单人项目金牌

2006年2月19日，美国男子速滑选手山尼·戴维斯（Shani Davis）成为历史上第一个获冬奥会单人项目冠军的男子黑人选手，同时，作为1000米项目世界纪录保持者，他也是第一个夺得冬奥会冠军的非洲裔美国运动员。

从2001年出道后，戴维斯接连打破了1000米和1500

米世界纪录。在职业生涯早期，因为肤色，他饱受讥讽，被称为"巧克力饼干"。在母亲的鼓励下，他坚持了下来，美国速滑队总教练帕特·简森对他倍加赞赏，认为："山尼是速滑界百年不遇的天才。"2010 年，戴维斯在温哥华冬奥会 1000 米比赛中成功卫冕。

## 2007年
### 费德勒连续第 160 周排名世界第一，平 30 年历史纪录

2007 年 2 月 19 日，在当天公布的男子网球选手最新世界排名中，瑞士选手罗杰·费德勒（Roger Federer，1981.8.8— ）继续稳坐世界第一。在连续第 160 周排名世界第一后，他追平了美国网球名将康纳斯保持了 30 年的纪录。

追平纪录对费德勒只是一个开始，最终，这个纪录被锁定在惊人的 237 周，一直保持到 2008 年 8 月 17 日。当费德勒追平康纳斯的纪录时，他的 ATP 积分是 8120 分，排名第二的纳达尔是 4705 分，而排名第三的俄罗斯选手达维登科仅有 2825 分。费德勒当时的实力之强和领先优势之多，由此可见一斑。

## 2010年
### 伍兹就"性丑闻"事件公开道歉

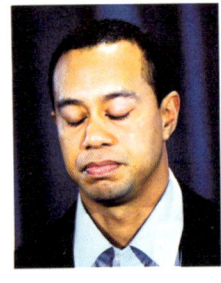

2010 年 2 月 19 日，因身陷"性丑闻"而臭名昭著的美国高尔夫球巨星伍兹在佛罗里达举行小型新闻发布会，正式向公众道歉。

伍兹还对他众多婚外性行为和不忠作出道歉声明："我伤害了我的妻子、孩子、妈妈、我妻子的家庭、我的朋友、我的基金会和全世界崇拜我的孩子。"

此前有传闻，称伍兹的妻子艾琳会出现在发布会现场，但他只带来了他的母亲和几位至亲好友。对于此前的"无限期退出高尔夫赛场"的声明，伍兹解释道："我至今不敢想象我失去高尔夫球会是怎样一种状况，我无法失去它……我会回来的。"

## 2011年
### 马来西亚自行车选手木棍穿腿坚持完赛

2011 年 2 月 19 日，在英国曼彻斯特国际自行车中心场馆内举行的场地自行车世界杯男子凯琳赛中发生意外，马来西亚选手，23 岁在阿祖哈尼（Azizulhasni Awang）在

碰撞中受伤，左小腿被一根长达9英寸（约20厘米）的木棍刺穿。令人叹服的是，他在遭遇重伤后，竟然坚持完赛并取得第三名的成绩，赛后才被医护人员抬离赛场。

## 2月19日备忘录

| | |
|---|---|
| 1925年2月19日 | 1952年奥运会男子田径4：400米接力金牌得主、牙买加的莱斯利·兰格出生。 |
| 1971年2月19日 | 1996年奥运会花样游泳金牌得主、美国的贝齐·迪罗恩·兰塞尔出生。 |
| 1977年2月19日 | 在捷克斯洛伐克的亚布洛内茨，捷克斯洛伐克的海伦娜·菲宾格创造了女子室内铅球22米50的世界纪录。 |
| 1979年2月19日 | 美国足球运动员史蒂文·切伦多洛（Steve Cherundolo）出生。 |
| 1980年2月19日 | 美国职业篮球运动员迈克·米勒出生美国南达科他州米切尔（Mitchell, South Dakota）。 |
| 1997年2月19日 | 国家体委下发《全民健身计划第一工程第二阶段（1997—1998）工作方案》的通知。 |
| 1998年2月19日 | 国际奥委会反兴奋剂大会在北京召开，会议决定进一步采取措施，综合治理，从根本上解决兴奋剂问题。 |
| 2002年2月19日 | 国际奥委会执委会决定禁止白俄罗斯代表团团长雅罗斯拉夫·巴里什科继续参加盐湖城冬奥会，原因是该国运动员涉嫌服用兴奋剂，而代表团不配合调查。 |
| 2002年2月19日 | 中国足协在广东清远足球训练基地公布了新一届中国女足教练班子。原上海女足主教练马良行出任中国女足主教练，马元安任中国女足教练组总教练。 |
| 2004年2月19日 | 国际奥委会主席罗格宣布，将对参加雅典奥运会的所有运动员进行新型类固醇THG的检测，以进一步加强反兴奋剂斗争的力度。 |
| 2005年2月19日 | 在上海室内田径赛60米栏决赛风云突变，刘翔因为第二次抢跑被罚出场，冠军被江苏选手吴佑佳夺得。 |
| 2005年2月19日 | 在加拿大一个临时室外冰球场，40名从2月11日起即登上冰球场的加拿大球员已连续打球203小时，刷新了冰球史上连续比赛时间最长的纪录。 |
| 2006年2月19日 | 加拿大全能速滑女将在2006年都灵冬奥会上，向世人证明自己是最全面的运动员；获得1500米金牌、1000米和团体接力赛银牌、3000米和5000米铜牌。 |

## 2/20 Feb

### 1920年
**美国海军少将、北极探险家罗伯特·皮里逝世**

1920年2月20日，美国海军少将、北极探险家罗伯特·皮里（Robert Peary）逝世，享年64岁。

他1856年5月6日出生于宾夕法尼亚州，1886年开始北极探险。1905年，第一次试图到达北极，但因后勤供应不足，只能半途而废。1909年4月，他率队从埃尔斯米尔岛北岸的哥伦比亚角（C.Columbia）出发，乘雪橇向北极点发起冲击，4月6日，皮里到达北极点，成为世界上有史以来首位徒步抵达北极点的人。

皮里为这一壮举准备了许多年，他在北极地区生活了4年；

跟因纽特人交朋友，并且得到了他们的支持。从因纽特人那里，皮里学到了不少在北极地区生存的有价值的技能。他从先前所犯的错误中吸取教训，布置了穿过冰雪覆盖地区的供应线，在适当的间距上储藏食品。

弗雷德里克·库克博士后来声称自己比皮里早一年到达北极，两人公开进行了激烈的争论。经过科学调查后，皮里在该争论中胜出。

### 1926年
**"撑杆跳主教"罗伯特·理查兹出生**

1926年2月20日，罗伯特·理查兹于出生美国伊利诺伊州的香槟·厄巴纳。他是美国著名撑杆跳高运动员，曾连续参加三届奥运会，夺得两金一铜。同时，他还是一名神学教授，因此有"撑杆跳主教"的外号。

1952年，他在美国奥运会田径预选赛上脱颖而出，获参加芬兰赫尔辛基奥运会的资格。这枚金牌争夺在理查兹和另一名美国运动员间进行，他们都在第二次试跳中越过4.50米的高度，并都在4.55米的高度上两次失败，但理查兹在第三次试跳中成功，获得金牌。1956年，理查兹参加墨尔本奥运会，在第二次试跳中越过了4.56米的成绩，成功卫冕，他也是第一位在奥运会上卫冕的撑杆跳运动员。加上他在1948年伦敦奥运会上夺得的一枚铜牌，成为奥运历史上唯一一位夺得三枚奥运奖牌的撑杆跳运动员。

1975年，入选美国奥林匹克名人堂和美国田径名人堂。他有四个儿子，都是撑杆跳运动员。

# 1962年
## 约翰·格伦成为美国第一个环绕地球飞行的太空人

小约翰·赫歇尔·格伦（John Herschel Glenn Jr.，1921.7.18— ）曾是整整一代美国人光荣与梦想的实现者。1962年2月20日上午9时47分，他乘坐美国载人飞船"友谊"7号升空，环绕地球轨道3圈；是美国第一个环绕地球飞行的太空人。

1921年7月18日，格伦出生于美国俄亥俄州剑桥。1943年，加入美国海军陆战队并参加了南太平洋战役。曾在海军陆战队任试飞员数年，主要驾驶喷气式战斗机。1957年，他以平均速度从洛杉矶飞到纽约，创造了跨陆飞行的速度纪录。

1965年，格伦退役。此后，经商从政。他性格倔强，做事锲而不舍。坚持每年的例行体检，坚信自己有一天还会重返太空。1998年76岁高龄时，终于如愿以偿，重返太空。

# 1963年
## NBA著名大前锋查尔斯·巴克利出生

1963年2月20日，查尔斯·巴克利（Charles Barkley）出生于美国亚拉巴马州利兹市。他是NBA历史上著名大前锋，先后效力费城76人队、菲尼克斯太阳队和休斯敦火箭队，是1992年奥运会美国男篮"梦之队"成员，NBA历史上50大巨星之一。

1984年，他和"飞人"乔丹同年加入NBA。当时，乔丹在选秀中排名第三，巴克利排名第五。在他漫长的职业生涯中，获1次常规赛MVP、1次全明星赛MVP、11次入选全明星队、入选"梦之队"获巴塞罗那奥运会冠军和亚特兰大奥运会冠军、5次入选NBA最佳阵容。但是，独缺一枚总冠军戒指。

退役后，他成了一名篮球评论员。

## 1969年
### 前南斯拉夫著名足球运动员米哈伊诺维奇出生

1969年2月20日，南斯拉夫著名球星西尼萨·米哈伊诺维奇（Sinisa Mihajlovic）出生。他司职后卫，曾效力于贝尔格莱德红星队和意大利多支劲旅。退役后，曾任国际米兰队助教，并任博洛尼亚队、卡塔尼亚队和佛罗伦萨队的主教练。

他是南斯拉夫国家队后防线上的绝对核心，赖以成名除了防守能力外，还有任意球技术。他是目前意甲联赛中，通过直接任意球进球最多的球员。他的任意球是势大力沉、角度刁钻和旋转性强烈的完美结合。在主罚任意球时，通常会尽可能地用小腿发力，而大腿的摆动幅度非常小，因此常常迷惑对方门将的思维，让守门员无法判断。1998年12月13日，在拉齐奥5：2战胜桑普多利亚队的比赛中，他罚进3个直接任意球，上演了史无前例的"任意球帽子戏法"，这个纪录至今无人能破。

## 1971年
### 芬兰史上最杰出的足球运动员利特马宁出生

1971年2月20日，"芬兰冰刀"亚里·利特马宁（Jari Litmanen）出生在芬兰一个足球世家，父亲奥拉维早年是芬兰国脚。刚满21岁，他就加盟了荷兰阿贾克斯队，把自己职业生涯中的黄金时间留给了这家荷兰俱乐部。1995年，他和球队赢得了一次欧洲冠军杯冠军，其后经历多次转会，最后于2002年重返阿贾克斯。

他堪称芬兰历史上最杰出的足球运动员，2003年被芬兰足协评选为"芬兰近五十年来最佳足球员"。2004年，在芬兰广播公司举办的"历来最伟大的100个芬兰人"评选中，利特马宁排在第42位，是入选名单中唯一的足球运动员。他为芬兰国家队上阵逾百场，但由于芬兰国家队人才不足，缺乏实力，他至今未曾参加过世界杯或欧锦赛。

## 1971年
### 年仅16岁307天的特雷弗·弗朗西斯一场连进4球

1971年2月20日，年仅16岁307天的特雷弗·弗朗西斯（Trevor Francis）在代表伯明翰城队迎战博尔顿流浪者队的比赛中，一人连进 4 球，创下英格兰足坛帽子戏法最年轻纪录。

他是英格兰首位身价超过百万英镑的球员，更是最早到意甲联赛效力的英格兰球员，先后效力亚特兰大队和桑普多利亚队。

年少成名的弗朗西斯是英格兰足坛的常青树。1987 年，回到英国，先后在苏格兰的格拉斯哥流浪者队和英格兰女王公园巡游者效力，最终在谢菲尔德星期三队结束职业生涯。即便当时已年近 40 岁，他仍是球队中场枢纽；甚至在 1991 年赢得一次联赛杯冠军。他一直到 43 岁才退休。

## 1977年
### "马政委"斯蒂芬·马布里出生

1977 年 2 月 20 日，斯蒂芬·马布里（Stephon Marbury）出生于美国纽约州纽约市布鲁克林区。于 1996 年 NBA 选秀第四顺位被密尔沃基雄鹿队选中，之后很快被交易至明尼苏达森林狼队。他还效力于新泽西网队、菲尼克斯太阳队、纽约尼克斯队和波士顿凯尔特人队。

2010 年 1 月，马布里与 CBA 山西队签约，2010 年 3 月荣膺 CBA 全明星 MVP。2011—2012 赛季，马布里加盟北京队。2012 年 3 月 30 日，率领北京队以 4∶1 击败七冠王广东队，夺得 CBA 总冠军。

在 NBA，马布里是唯一一名 8 个赛季保持 "20+8 助攻" 的超级后卫。2004 年，入选美国梦六队参加雅典奥运会，得铜牌。但因性格独特，在 NBA 始终郁郁不得志。加盟北京队后，他的篮球才华得到尽情展现。同时，他主动融入球队，展现了一名核心球员的高素质，被北京球迷爱称为 "马政委"。

## 1992年
### 英格兰足球超级联赛成立

1992 年 2 月 20 日，英格兰足球超级联赛（简称英超联赛）成立，其前身是英格兰甲级联赛，是英格兰联赛系统的最高等级联赛。现在，英超已经成为世界上最受欢迎的体育赛事之一。

英超联赛的前身英格兰甲级联赛，成立于 1888 年 3 月 22 日。当时，英格兰足协决定创办全国性的甲级联赛，首届联赛参赛队共 12 支。最后，普雷斯顿北区队夺取首届联赛冠军，并在第二年成功卫冕。1892 年，英格兰足协开始举行乙级联赛；1920 年，出现了丙级联赛；1958 年，又增加了丁级联赛，各级实行升降级制度。

英格兰足球联赛是世界上诞生最早，也是赛制最完善的全国性统一联赛，后来，世界各国广泛采用借鉴这一联赛体制。

## 1996年
### 谢军卫冕失利，失去棋后桂冠

1996年2月20日，中国棋手谢军在西班牙哈恩举行的国际象棋女子世界冠军赛上，以2胜5和6败负于匈牙利选手苏珊·波尔加，卫冕失败。

谢军1970年10月30日出生于北京，14岁成为国际象棋国家大师，18岁晋升为国际大师。

1991年10月30日，在菲律宾首都马尼拉，与保持世界冠军头衔达13年之久的格鲁吉亚棋手齐布尔达尼泽的比赛中，以4胜9和2负积8.5分的总成绩获胜，成为中国第一个女子国际象棋世界冠军，也是国际象棋史上第一位欧洲以外的国际象棋女子世界冠军。结束了欧洲选手对该棋赛冠军长达64年、苏联选手对该棋赛冠军长达42年的垄断。

1993年，谢军在摩纳哥的蒙特卡洛与格鲁吉亚选手约谢莉阿妮的比赛中，以8.5∶2.5的绝对优势卫冕成功。

## 1997年
### 中国女篮中锋郑海霞加盟洛杉矶火花队

1997年2月20日，中国女篮中锋郑海霞正式宣布参加1997年美国女子职业篮球联赛（WNBA）。她在WNBA首次选秀大会上，第二轮第十六顺位被洛杉矶火花队选中。

郑海霞是河南柘城县人，身高2米06，是中国篮坛著名女巨人，多次代表国家女篮征战国际比赛。她善跑善跳，篮下强攻威力大，曾是国家女篮主要得分手、亚洲第一位加盟WNBA的著名球星。参加过4届奥运会、4届世锦赛、4届亚运会和8届亚锦赛，在中国女篮的历史上，写下了一个辉煌的"郑海霞时代"，在国际篮坛被称为"中国的长城"。

她加盟洛杉矶火花队，在中美两国引起很大轰动。在那个赛季，郑海霞场均拿下9.3分、4.4个篮板，投篮命中率（61.8%）居WNBA之首。赛季结束后，获WNBA历史上第一个"最具体育精神奖"。

## 2001年
### 丹麦足球史上传奇门将舒梅切尔宣布退出国家队

2001年2月20日，37岁的丹麦国家足球队守门员彼得·波列斯瓦夫·舒梅切尔（Peter Boleslaw Schmeichel，1963.11.18— ）宣布退出国家队，专心致志于目前所效力的葡萄牙里斯本竞技队的比赛。他在声明中说:"我是不是该离开了,要给年轻人的成长提供条件。球队改革势在必行,而对于我这样一名37岁的老将已经无力再做些什么了。"

彼得·舒梅切尔,共代表丹麦国家队参赛129场,是丹麦队上演"北欧童话"——夺得1992年在瑞典举行的欧锦赛冠军的主力成员。1991年,他以50万英镑的低价加盟英格兰曼联队。这位身材高大、身手敏捷的门将在老特拉福德为曼联赢得了无数的荣誉,包括1998—1999赛季的三冠王。

## 2003年

### 国际奥委会执委会调整北京奥运会分项

2003年2月20日,国际奥委会在洛桑召开执委会会议,就2008年北京奥运会计划项目中的分项和小项作出一系列决定。

本次会议决定:有条件保持皮艇激流回转、马术三日赛和田径的竞走项目,摔交仅保持自由式和古典式两个分项,并要求国际摔交联合会减少奖牌的数量。接受国际帆船联合会的建议,从2012年起,11个小项减为10个,运动员人数从400人减为380人,但2008年的帆船赛不在主办城市举行。保持花样游泳团体赛。接受国际射击联合会的建议,将射击比赛的小项减少两项,但未具体明确是哪两个小项。决定保持羽毛球比赛,但不赞成再增加混双双打的新项目。

此外,国际奥委会执委会还通过了计划委员会今后工作的目标和日程安排。

## 2004年

### NBA小牛队助理教练哈里斯正式挂帅中国男篮

2004年2月20日,中国篮协召开新闻发布会,正式宣布任命NBA小牛队助理教练哈里斯为中国男篮主教练。

德尔·哈里斯(Delmer W. Harris,简称Del Harris)在美国外号"阿呆",是NBA资深教练,曾担任NBA多支球队的主教练,在篮球战术方面有独到造诣。

他1979—1983年执教休斯敦火箭队,1987—1991年执教密尔沃基雄鹿队,1994—1998年执教洛杉矶湖人队,期间一手打造了科比和奥尼尔的"OK组合"。1995年当选为年度最佳教练,1999年开始在达拉斯小牛队担任助理教练。

哈里斯带领中国男篮参加了2004年雅典奥运会,小组赛中击败了新西兰队,并以1分的优势小胜欧洲劲旅塞尔维亚和黑山队,晋级八强。

## 2006年
### 科斯特里奇摘银创历史，独占六枚奥运奖牌

2006年2月20日，克罗地亚名将加尼卡·科斯特里奇（Janica Kostelic）在都灵冬奥会高山滑雪女子超级大回转比赛中获银牌，尽管她输给了奥地利选手多夫梅斯特，但这位传奇巨星还是创造了冬奥会新的历史：成为第一个在冬奥会高山滑雪项目上摘取6枚奖牌的女选手，超过了瑞士选手施奈德和德国选手塞钦格获5枚奖牌的纪录。

此前，24岁的科斯特里奇刚拿到两项全能金牌。这枚超级大回转银牌原不在她的计划中，属意外之喜。她在冬奥会上获得的出色成绩，使高山滑雪这项运动迅速风靡整个克罗地亚，成为克罗地亚唯一上邮票的体育人物。凭借在都灵冬奥会上的优异表现，荣膺2006年度劳伦斯奖"年度最佳女运动员大奖"。

## 2008年
### 中国台湾旅日棋手谢依旻成女流名人战最年轻冠军

2008年2月20日，中国台湾旅日棋手谢依旻（Hsieh Yi Min，1989.11.16—）取得日本围棋女流名人战冠军，不但成为该赛事历史上最年轻的冠军，也是继小林泉美后第二位同时拥有"女流本因坊"和"女流名人"头衔的女棋手。

谢依旻是中国台湾苗栗人，5岁学棋。之后前往日本，拜入中国台湾旅日棋手黄孟正八段门下，12岁成为日本棋院院生。14岁打上初段，成为日本围棋历史上入段最年轻的女棋手。现隶属于日本棋院东京本院。她棋风强悍，擅长收官，棋界对她的"力棋"评价颇高。继取得"女流本因坊战"、"女流名人战"胜利后，又在2010年赢得"女流棋圣战"冠军，成为日本女子围棋界第一位同时拥有这三项女子头衔的棋士。

## 2012年
### 捷克球星扬库洛夫斯基宣布挂靴

2012年2月20日，在同自己的膝伤斗争了近一年后，捷克球星马雷克·扬库洛夫斯基（Marek Jankulovski）正式宣布挂靴。

时年34岁的扬库洛夫斯基，左脚技术出色，能胜任从左后卫到左边锋的所有位置，并且擅长罚点球。2005年，加盟意甲豪门AC米兰，迎来自己职业生涯的巅峰期。从2005至2009年，一直都是AC米兰的绝对主力。

2011年夏天，饱受膝伤困扰的扬库洛夫斯基离开AC米兰，回捷

克加盟俄斯特拉发队。但复出后的首场比赛，仅为球队踢了7分钟便再次因为膝伤离开赛场，不得不选择了退役。

在AC米兰队效力期间，他为球队出场158次，打进4个球。为捷克国家队出战77场，排名历史第九。作为一名后场球员，他在国家队打进了11球。

## 2月20日备忘录

| | |
|---|---|
| 1961年2月20日 | 1984年奥运会两枚游泳金牌得主、美国的斯蒂夫·伦德奎斯特出生。 |
| 1962年2月20日 | 7名非洲盲人在两个视力健全的向导指引下，登上了非洲的最高峰——乞力马扎罗山。 |
| 1986年2月20日 | 国家体委公布《全国体育竞赛赛区工作条例和违反全国体育竞赛赛区工作条例纪律的规定》。 |
| 1988年2月20日 | 在德国柏林，民主德国的科妮莉亚·奥施克纳特创造了女子室内50米栏6秒58的世界纪录。 |
| 1993年2月20日 | 在所有拳击比赛中，付费入场上座率最高的比赛出现在墨西哥城阿兹台克体育馆的4场世界冠军争霸赛中，上座人数达132274人次。 |
| 1995年2月20日 | 有五十多球迷乘火车前往里约热内卢，观看博塔福格队与伽玛队的比赛。途中有人向列车开枪射击，打死2人，伤8人。 |
| 2000年2月20日 | 北京市市长、北京奥申委主席刘淇对"科技奥运"概念进行明确论述，承诺把2008年奥运会办成一次"绿色奥运、人文奥运、科技奥运"。 |
| 2001年2月20日 | 智利著名足球俱乐部智利大学队的守门员瓦尔加斯身着188号球衣出现在绿茵场，令观战球迷和记者大吃一惊，这是迄今为止智利全国足球甲级联赛中出现的号码最大球衣。 |
| 2001年2月20日 | 巴西足联公布：2000年，共有701名巴西球员转会到世界66个国家和地区的足球俱乐部踢球，创历史人数最多纪录。 |
| 2001年2月20日 | 为迎接国际奥委会评估委员会到北京考察，北京2008年奥运会申办委员会和中国集邮总公司特发行纪念封一枚。 |
| 2007年2月20日 | 科威特队女队员第一次代表国家队出战国际乒联职业巡回赛。 |
| 2010年2月20日 | 在重庆举办的东亚足球锦标赛上，中国足球队0:1不敌日本足球队。自1998年中国男足击败日本队后的10年里，中日男足在国际A级赛中交锋6次，中国队的成绩是2平4负。 |

# 2/21 Feb

## 1937年
**澳大利亚著名长跑家罗纳德·克拉克出生**

罗纳德·克拉克（Ronald William "Ron" Clarke）是澳大利亚著名长跑家，20世纪最佳田径运动员之一。

1937年2月21日，他出生于澳大利亚墨尔本，从小就显示出了非凡的长跑天赋。在1964年的奥运会上，获10000米跑铜牌。1965年在挪威奥斯陆，以27分39秒4成为第一个突破男子10000米跑"28分大关"的运动员。

在他的运动生涯中，18次刷新从2英里到20000米各种距离的长跑世界纪录。在1956年第十六届奥运会开幕式上，他点燃了奥林匹克圣火。在1987年国际田联庆祝成立75周年之际，将他1965年在奥斯陆第一个突破10000米跑"28分钟大关"评为世界田坛75年来"100个金色时刻"之一。

克拉克运动水平极高，屡破世界纪录，但在重大国际比赛中却很少获胜。田径界将这种现象称之为"克拉克现象"。

## 1969年
**奥地利高山滑雪运动员佩特拉·克伦伯格出生**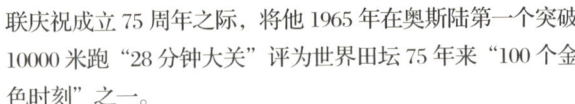

1969年2月21日，佩特拉·克伦伯格（Petra Kronberger）出生在奥地利。她参加过了1988年卡尔加里和1992年阿尔贝维尔两届冬奥会，在阿尔贝维尔获两枚金牌。

她是位全能的高山滑雪运动员。1987年首次亮相国际比赛，1990年囊括世界杯比赛高山滑雪全部四个项目金牌。1992年法国阿尔贝维尔冬奥会上，她在高山滑雪高山速降比赛中表现出色。在回转比赛，她第一轮名列第六，但在第二轮滑出全场最好成绩，成功夺得金牌。一周后，她在回转单项比赛中再次夺金，使自己的奥运金牌总数达到两枚。

克伦伯格的运动生涯辉煌而短暂。1992年冬奥会结束后，她出人意料地宣布退役，当时年仅23岁。

## 1977年
### NBA著名球星弗朗西斯出生

1977年2月21日,NBA球星史蒂夫·弗朗西斯(Steve Francis)出生于美国马里兰州塔科马帕克。因在休斯敦火箭队效力期间与姚明成为队友,而在中国知名度极高。

弗朗西斯在1999年NBA选秀大会上,以首轮第二顺位被温哥华灰熊队(后更名孟菲斯灰熊队)选中;在1999—2000赛季前被交易到休斯敦火箭队;2004年,被火箭队交易到奥兰多魔术队;之后辗转多支球队,一度于2007年重返火箭。

他在2002—2004年期间,三次入选NBA全明星,并在2000年的新秀赛季获扣篮大赛亚军。是一位弹跳出色、具备领袖气质的球员。在姚明初登陆NBA时,与之配合默契。

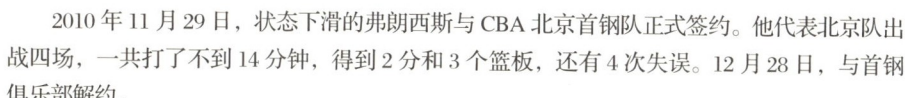

2010年11月29日,状态下滑的弗朗西斯与CBA北京首钢队正式签约。他代表北京队出战四场,一共打了不到14分钟,得到2分和3个篮板,还有4次失误。12月28日,与首钢俱乐部解约。

## 1987年
### 荻村伊智朗当选国际乒联主席

1987年2月21日,国际乒乓球联合会在印度新德里召开代表大会,日本的荻村伊智朗当选为国际乒联主席,中国的徐寅生当选为亚洲区副主席和议事通则委员会委员。李富荣、张钧汉和程嘉炎分别当选为分级分组、规则和技术三个委员会的委员。李富荣、程嘉炎还分别担任所在委员会的秘书。

荻村伊智朗曾是著名的乒乓球运动员,共获得12次世界冠军。1970年,任国际乒联理事,后担任第一副主席、主席。他积极主张建立和发展日中友好关系。1971年,为邀请中国乒乓球队参加第三十一届世乒赛曾两访中国,同周恩来总理会谈,在著名的中美"乒乓外交"中发挥了重要作用。1991年,经他努力,朝鲜南、北双方联合组队参加了第四十一届世乒赛;国际奥委会1992年向他颁发奥林匹克银质奖章。

1994年12月4日,他因患肺癌医治无效,在东京逝世,终年62岁。

## 1993年
### 布勃卡创造男子室内撑竿跳高6米15世界纪录

1993年2月21日,谢尔盖·布勃卡(Sergey Bubka,1963.12.14— )在乌克兰顿涅茨克

创造男子室内撑竿跳高 6.15 米的世界纪录。

他 6 次夺得田径世锦赛冠军,在世界撑杆跳领域称霸 15 年;所保持的室外 6.14 米和室内 6.15 米的世界纪录至今无人打破,被誉为撑杆跳项目上的"沙皇"。

在其辉煌的运动生涯中,共 35 次打破男子撑杆跳世界纪录。其中室外 17 次,是田径史上打破世界纪录次数最多的人。他通常每次都将世界纪录提高 1 厘米,因此人称"一厘米先生"。

布勃卡的技术特点是握杆点高,助跑快,起跳积极有力,弯杆技术相当出色,能充分利用和发挥撑杆的物理性能。他的百米跑 10 秒 02,跳远 7.80 米,持杆助跑速度最高达每秒 9.6 米,良好的身体素质为他创造优异成绩奠定了扎实基础。

## 2000年
### 芮乃伟成为首位获韩国"国手"称号的女棋手和外籍棋手

2000 年 2 月 21 日,芮乃伟在汉城举行的第四十三届韩国"国手"围棋总决赛中,以 2∶1 的总比分战胜曹薰铉九段获冠军;成为第一个获韩国"国手"称号的女棋手,也是第一个获得这一冠军的外籍棋手。

她 1963 年 12 月 28 日出生于上海,师从著名教练邱百瑞。1986 至 1989 年,蝉联四届全国女子个人赛冠军;1982 年定为四段,1988 年升为九段,是世界围棋历史上第一个女子九段棋手。

1990 年,芮乃伟远赴日本寻找下棋机会,1992 年与江铸久在日本结婚,1993 年在日本拜吴清源先生为师。到 1996 年,日本棋院仍不同意接纳芮乃伟下棋,江芮夫妇移居美国。1999 年,江芮夫妇受邀赴韩国,成为韩国棋院客座棋手,后转为正式棋手。

2011 年底,芮乃伟结束在韩国的客座生涯,回到国内。

## 2000年
### 比勒菲尔德队平德甲历史十连败纪录

2000 年 2 月 21 日,比勒菲尔德队在德国足球甲级联赛第 21 轮比赛中,客场 0∶2 不敌沃尔夫斯堡队,遭遇 10 连败,追平了德甲历史上连败场次的最高纪录。

在德甲联赛的历史上,此前仅有两支球队曾遭遇十连败,一支是 1966 赛季的柏林塔斯马尼亚队,另一支是 1984—1985 赛季的纽伦堡队。1999—2000 赛季,以上赛季乙级联赛冠军身份升上德甲的比勒菲尔德队遭遇了同样的不幸。

比勒菲尔德足球俱乐部于 1905 年成立,初名"比勒费尔

德阿米尼亚足球俱乐部",到 1926 年才采用现名。它是德国著名"升降机"球队,是升级德甲次数(7 次)和降级次数(6 次)最多的球队;它在德甲最长逗留了五个赛季。在德甲 1963 年成立后,它大部分时间在德甲或之下的第二级联赛作赛;1988—1989 到 1994—1995 之间的 7 年,甚至降级到丙级联赛。

## 2002年
### 大连大河收购全兴股权,创甲 A 俱乐部转让历史最低价

2002 年 2 月 21 日,全兴集团和实德集团召开新闻发布会,宣布实德 3800 万元收购全兴足球训练基地全部资产,大连大河 400 万元收购全兴 100% 股权,重组四川大河俱乐部,创下了甲 A 俱乐部转让历史最低价。大河俱乐部主场定在四川省内。

四川足球俱乐部成立于 1993 年,曾用名:四川全兴、四川大河、四川太平洋和四川冠城。2005 年,由于四川省足协无法和当时俱乐部实际控制者大连实德足球俱乐部在中国足协规定期限前达成一致,最终导致俱乐部解散。

四川全兴队在鼎盛时期,曾在中国甲 A 联赛中掀起一股"黄色旋风",拥有多名国脚和高水平外援。1995 年的"成都保卫战",更是令无数球迷回味。最好成绩为 1999 年获甲 A 联赛第三名。2001 年 12 月,全兴集团宣布退出。

## 2004年
### 威尔士足球泰斗约翰·查尔斯去世

2004 年 2 月 21 日,威尔士足球泰斗约翰·查尔斯(William John Charles)在英格兰韦克菲尔德去世,享年 72 岁。

1931 年 12 月 24 日,查尔斯出生于威尔士斯旺西,15 岁加入利兹联队的业余球队。两年后,开始代表俱乐部上场比赛。他身材高大、球风彪悍,是 20 世纪 50—60 年代著名的球星。

1950 年 3 月,18 岁就代表威尔士队迎战北爱尔兰队。1957 年 4 月,首次担任威尔士队的队长。意大利尤文图斯队老板阿涅利到现场观战,对查尔斯的表现十分认同,决定引进。由于当时球员还不流行签约经纪人或代理人,查尔斯的转会经 4 个月的艰苦谈判才如愿以偿。1958 年,代表威尔士队参加瑞典世界杯。

查尔斯在尤文图斯队共获 3 次意甲冠军、2 次意大利杯冠军,到意大利后的第一个赛季就获得了意大利足球先生和意甲最佳射手。

## 2007年
### 孙祥成为首位参加欧洲冠军联赛的中国球员

2007年2月21日，中国球员孙祥在欧冠联赛1/8决赛首回合荷兰埃因霍温队主场迎战阿森纳队的比赛中替补出场，成为登陆这一欧洲最高级别赛事的第一位中国球员。2007年3月8日，孙祥继续创造历史，在客场迎战阿森纳的比赛中，成为首位在欧冠赛场先发的中国球员。

1995年，孙祥被徐根宝选入上海有线02队。2002年，在上海足球重组后加盟上海申花，成为主力球员。2003年，在"末代甲A"中上阵26场，攻入两球，帮助球队夺得冠军。

他在2006年到英超维甘竞技队试训，同年12月，租借到荷兰PSV埃因霍温队，身穿28号球衣，在那个赛季，共参加了4场欧冠赛事。

2007年5月，结束租借回上海申花。2008—2009赛季开始前，租借奥地利甲级联赛的维也纳青年队，成为第一个征战奥甲的中国球员。2010年，加盟广州恒大队。

## 2008年
### 新加坡获首届夏季青奥会主办权

2008年2月21日，国际奥委会主席罗格先生在瑞士洛桑揭晓2010年青奥会主办城市。新加坡以53票对44票击败莫斯科，获首届夏季青奥会主办权。

青年奥运会的参赛运动员年龄在14—18岁间，旨在激励全世界青年参与体育运动、接受并尊崇奥林匹克精神。这项专为年轻人设立的体育赛事糅合了体育、教育和文化等领域的内容，将扮演推进这些领域与奥运会共同发展的催化剂作用。

2010年2月，国际奥委会第一百二十二届全会在温哥华决定，将2014年第二届夏季青奥会的承办权授予中国南京市。

## 2008年
### 巴塞罗那队获欧冠第100场胜利

2008年2月21日，2007—2008赛季欧冠1/8淘汰赛首回合进行，西班牙巴塞罗那队在苏格兰的凯尔特公园球场，以3∶2战胜凯尔特人队，获俱乐部历史上第100场欧冠胜利。

巴塞罗那队在欧冠赛场获得第一场胜利要追溯到1959年，他们主场6∶2大胜保加利亚索非亚中央陆军队。在这100场胜利中，有64场是主场取得，33场客场获胜，3场是在中立场地取得，包括在温布利和法兰西大球场的两场欧冠决赛。

在2007—2008赛季，巴塞罗那队表现并不理想，球队在酝酿一场变革。那个赛季结束后，荷兰主教练里杰卡尔德离任，瓜迪奥拉开始担任主教练，他果断送走罗纳尔迪尼奥和德科，提拔了阿根廷小将梅西。上任第一年就获得联赛、国王杯和欧冠的"三冠王"。在他执教的4年里，巴萨共获14座冠军奖杯，被称为"宇宙队"。

## 2010年
### 温哥华冬奥会短道女子1500米周洋夺冠

2010年2月21日，2010年温哥华冬奥会短道速滑比赛继续展开争夺，在女子1500米决赛里，世界纪录保持者、中国18岁小将周洋以一敌三，突破韩国选手围剿；以2分16秒993夺得金牌，创造历史并刷新冬奥会纪录，打碎韩国该项目冬奥三连冠美梦。韩国选手李恩星和朴升智分获亚、季军。

比赛中途，周洋和凯瑟琳发生轻微身体接触，但周洋调整得很好，继续保持高速。比赛还剩三圈时，她突然提速，占据头名，最终摘得金牌。赢得中国该项目首枚冬奥会金牌，并使中国代表团本届冬奥会金牌数达到空前的三枚，超过了2002年盐湖城冬奥会和2006年都灵冬奥会的两金。

## 2012年
### 北京女篮三十一年后重登冠军领奖台

2012年21日下午，在浙江安吉进行的2011—2012赛季中国女篮甲级联赛（WCBA）总决赛第三场比赛中，北京金隅队客场89∶84战胜浙江稠州银行队，以3∶0的总比分获胜，赢得WCBA总冠军。北京女篮上一次夺得全国冠军还在1981年。北京队也成为继八一、辽宁和沈阳部队女篮后，WCBA历史上的第四支总冠军球队。

北京队是中国女子篮坛一支传统强队，历史上多次获得全运会和联赛冠军。但90年代初成绩下滑，一度降为乙级队。1995年重返甲级行列。

## 2月21日备忘录

1915年2月21日　　1936年奥运会男子田径4×400米接力金牌得主、英国的戈德弗里·布朗出生。

# 2/21

| | |
|---|---|
| 1945年2月21日 | 1924年奥运会田径金牌得主、苏格兰的埃里克·里德尔去世,享年43岁。 |
| 1963年2月21日 | 加拿大重量级拳手多诺万·拉多克(Donovan Ruddock)出生在牙买加。 |
| 1981年2月21日 | 国家体委在北京召开省、市、自治区体委主任会议。会议提出:要在调整中前进,要使体育在建设社会主义精神文明中发挥更大作用。 |
| 1983年2月21日 | 唐纳德·戴维斯(美国人1960.2.10— )在夏威夷大学以6分7秒1的成绩,背向跑完了1英里(1.6093公里)。 |
| 1987年2月21日 | 中国举重协会健美运动委员会在北京成立。 |
| 1990年2月21日 | 中共中央总书记、国家主席江泽民为体育事业题词:"发展体育运动,振兴中华。" |
| 1990年2月21日 | 国家体委公布《国家体育锻炼标准测验规则》和《国家体育锻炼标准评分表》。 |
| 1990年2月21日 | 埃玛·乔治在澳大利亚悉尼创造女子撑杆跳高4.60米的世界纪录。 |
| 1999年2月21日 | 八一火箭队参加1998—1999全国篮球联赛以来保持不败的纪录被北京奥神队打破。 |
| 1999年2月21日 | 澳大利亚人肖恩·瓦伊尼和阿龙·瓦伊尼用后轮驾车行驶110米,用时仅31.1秒,创速度最快男子后轮平衡驾驶纪录。 |
| 2000年2月21日 | 北京2008年奥运会申办委员会成立以来第一次正式新闻通气会在北京召开。 |
| 2001年2月21日 | 国家主席江泽民亲切会见由国际奥委会委员、国际自行车联合会主席海因·维尔布鲁根率领的国际奥委会评估团一行。 |
| 2002年2月21日 | 正在进行的盐湖城冬奥会发生危机。俄罗斯代表团宣布,如国际奥委会主席罗格不在24小时内对他们所遭遇的"不公正判决"作出答复,俄罗斯将退出正在举行的第十九届冬奥会,甚至有可能影响到他们参加雅典奥运会。韩国奥委会当天也在新闻中心举行新闻发布会,宣布他们将采取一切法律手段,夺回前一晚金东圣在短道速滑男子1500米决赛中被剥夺的金牌,否则,他们有可能抵制参加盐湖城冬奥会闭幕式。 |
| 2002年2月21日 | 中国围棋协会出台了一个新的举措,规定:凡获世界职业围棋锦标赛冠军(含亚洲杯),一律晋升为九段。凡获得世界职业围棋赛两次亚军(含"亚洲杯"),一律晋升为九段。凡在中韩新人王等双边对抗赛中获胜,一律晋升为七段。凡得女子世界职业赛冠军,慢棋一律升为六段,快棋一律升为五段。两次亚军可以折合成一次冠军计算。 |
| 2005年2月21日 | 北京奥运会志愿者工作协调小组正式成立,标志着北京奥运会志愿者工作新机制的正式诞生。 |
| 2005年2月21日 | 在加拿大埃德蒙顿,一场为癌症研究筹款、40人持续10天的冰球比赛终于结束。最终,红队以2254:2203战胜白队,成为这场永载史册比赛的胜者。 |
| 2005年2月21日 | 参加第八届世界冬季特奥会的中国体育代表团在北京举行了出征誓师大会。 |
| 2006年2月21日 | 日本北部城市札幌因可能带来的巨大财政负担正式宣布放弃申办2016 |

|  |  |
|---|---|
| | 年夏季奥运会。 |
| 2007年2月21日 | 波兰的奥运会游泳冠军杰德捷泽扎克出庭受审，其罪名是由于过失造成一起致人死亡的车祸，死者是她的弟弟。 |
| 2009年2月21日 | 保加利亚国际象棋选手基里尔·格奥尔基耶夫与360人同时对弈，打破了吉尼斯世界纪录。 |

## 2/22 Feb

### 1512年
**命名美洲的阿美利哥·维斯普西逝世**

命名美洲的商人、航海家、探险家和旅行家阿美利哥·韦斯普奇（Amerigo Vespucci）于1512年2月22日逝世。

经过对南美洲东海岸的考察，他提出这是一块新大陆。而当时所有的人、包括哥伦布在内，都认为这块大陆是亚洲东部。

对欧洲人而言，美洲大陆是由阿美利哥首次"发现"的理论引起过许多争议，主要针对他最重要的两封信：《新大陆》和《第四次航行》。有人认为，这两封信是他为强调自己的"发现"而伪造的；还有人认为，可能是他同时代的其他人所伪造。

正是由于他的信件被出版并广为流传，德国地理学家马丁·瓦尔德塞弥勒在1507年出版的《世界地理概论》中，将这块大陆标为"阿美利加"，这是"阿美利哥"名字拉丁文写法的阴性变格。这一名称获得了广泛认可并沿用至今。

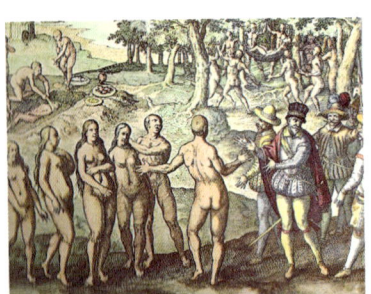

韦斯普奇1497年在洪都拉斯第一次遇到土著人德百瑞插图，C.1592

1931年2月22日下水的"阿美利哥·韦斯普奇"号帆船，是意大利海军的一艘高桅横帆船，其名字来源于探险家、航海家阿美利哥·韦斯普奇。如今停泊在意大利利伏诺港，直到2005年，仍被用作训练船。

### 1880年
**瑞典标枪大师埃里克·莱明出生**

1880年2月22日，标枪大师埃里克·莱明（Eric Lemming）出生在瑞典哥德堡市。

1899年，19岁的莱明就以49.31米打破标枪世界纪录。遗憾的是，当时标枪还没被列为1900年巴黎奥运会的正式比赛项目。但莱明还是来到了巴黎，他参加了另外六个项目的比赛：在跳高、撑杆跳高和链球比赛中取得第四，铁饼名列第八。

在1908年伦敦奥运会上，标枪被列为奥运会正式比赛项目。此时，莱明仍是该项目的世界纪录保持者。他获得自由式标枪比赛的金

牌，以 54.825 米打破常规标枪的世界纪录并获金牌。

1912 年，已经 32 岁的莱明参加在自己祖国瑞典斯德哥尔摩举行的夏季奥运会。在家乡观众的助威声中，成为第一位冲破 60 米大关的标枪运动员。在他的运动生涯中，一共 10 次打破标枪世界纪录，最好成绩达到 62.32 米。

## 1949年
### 三届 F-1 世界冠军奥地利人尼基·劳达出生

1949 年 2 月 22 日，安德里亚·尼古拉斯·"尼基"·劳达（Andreas Nikolaus "Niki" Lauda）出生于维也纳一个富裕家庭，他的家人并不赞成他参加赛车运动，但他不顾反对，毅然走上赛车之路。

他 1970 年参加三级方程式赛车赛，1971 年加盟前进—福特车队，1974 年转会法拉利车队，翌年首次荣膺世界冠军称号。1976 年，他在德国大奖赛遭遇车祸，面部被严重烧伤，但 38 天后又驱车参赛，并获当年的世界亚军。1977 年再次夺取世界冠军。

1982 年，为获得资金支持自己的生意，劳达第二次重返 F-1，加盟迈凯轮车队，和另一位车坛传奇人物普罗斯特搭档。虽然状态下降，但他凭借顽强的毅力参赛，并于 1984 年第三次成为世界冠军。

## 1950年
### NBA 传奇球星 "J 博士" 朱利叶斯·欧文出生

1950 年 2 月 22 日，外号 "J 博士" 的朱利叶斯·欧文（Julius Winfield Erving II）出生于美国纽约。"J 博士" 这外号是在他大学时代得到的，形容他在球场内外的君子风度以及单手抓球、漫天挥舞的英姿。他身高 2 米 01，是第一个 "在篮筐上面打球" 的巨星。在后来的 "飞人" 乔丹身上，就有许多当年 "J 博士" 的影子。

他于 1971 年加入美国篮球协会（ABA），在 16 年的职业球员生涯中，先后效力 NBA 和 ABA 的多支球队，直到 1987 年退役。他是 NBA 历史上第一位 "飞人"，将滞空动作带入 NBA，极大地丰富了篮球运动的表演，开创了艺术篮球的先河。

退役后，他担任 NBA 在全球推广的代言人，并常在电视台分析比赛的录像和技术。1993 年入选美国篮球名人堂。

## 1963年
### 斐济历史上最成功的运动员维杰·辛格出生

1963年2月22日,斐济高尔夫球选手维杰·辛格(Vijay Singh)出生于斐济劳托卡,在2004至2005年间,曾32周排名世界第一,是斐济这个小国历史上最成功的运动员。

他出生于一个印度移民家庭,1984年开始全力从事高尔夫球运动。1993年,他进入美巡赛,参加首个比赛中就一举夺冠,获得当年美巡赛最佳新人奖。1998年,夺得美国高尔夫球锦标赛冠军,这是他的首个大满贯赛事冠军。2004年9月6日,超越伍兹成为世界排名第一。2005年3月,他一度失去第一宝座,但不久夺回;在保持了32周后,最终被伍兹重新超越。同年4月,选入高尔夫球名人堂。

## 1964年
### 历史上最伟大的手球运动员、瑞典人维斯兰德出生

1964年2月22日,马格努斯·维斯兰德(MagnusWislander)出生于瑞典哥德堡。他技术全面,突破防守更是像水银泻地般无可阻挡,为此有"水龙头"的外号。是历史上最伟大的手球运动员之一,率队获得2枚世锦赛金牌和4枚欧锦赛金牌。

1985年1月16日,他开始代表瑞典队参加国际比赛,直到2004年退出国家队。在他19年的国家队生涯中,共参加了380多场国际比赛,场均进球3个。

维斯兰德带领瑞典国家队在1990和1999年两次获得世界锦标赛冠军。1994、1998、2000和2002年获得欧洲冠军。从1988年开始,他参加了四届奥运会,三次打入决赛,可惜三次都屈居亚军,这也是维斯兰德作为一名手球超级球星的最大遗憾。

1999年,维斯兰德被评选为"世纪最佳手球运动员"。

## 1969年
### 丹麦足球明星布赖恩·劳德鲁普出生

在丹麦,"劳德鲁普"这个姓氏代表了一个辉煌的足球时代,世纪80至90年代,劳德鲁普兄弟在世界足坛叱咤风云,名震一时。哥哥米歇尔·劳德鲁普(大劳德鲁普)是20世纪80年代丹麦足球的旗帜性人物。

1969年2月22日,布赖恩·劳德鲁普(Brian Laudrup即人们常说的"小劳德鲁普")出生于

奥地利维也纳，他有着良好的足球天赋，又受到哥哥米歇尔的指点，进步神速。1992年，丹麦国家队出战瑞典欧锦赛时，大劳德鲁普因与当时的主教练尼尔森意见不和，拒绝为国家队出战，小劳德鲁普挑起大梁，并率队夺冠，上演了一出足球场上的"丹麦童话"，开创了丹麦足球的巅峰时代。

在1998年世界杯上，劳德鲁普兄弟同心协力，率队闯进八强，创造了丹麦足球"黄金一代"最后的辉煌。

# 1971年

## 三夺奥运冠军的美国垒球投手丽莎·费尔南德斯出生

1971年2月22日，丽莎·费尔南德斯（Lisa Fernandez）出生于加利福尼亚州。她被认为是垒球运动有史以来最好的投手，也是美国女垒当之无愧的领军人物。曾率美国队连获三届奥运金牌。美国队因拥有这名投手而在国际垒球界称霸十年，创造了连胜106场的纪录。

费尔南德斯的父母是古巴人，她遗传了父亲安东尼奥的运动基因，8岁开始接受训练，并获加州大学洛杉矶分校奖学金，为学校在垒球和篮球项目上赢得大量的冠军。

2000年8月，在美国女垒备战奥运会的巡回赛中，她连续击退对手21名投手，不可思议地连续投出五个完全局，以5：0完胜对手。这是她第一次将所有投手都杀出局，在垒球史上实属罕见。在奥运历史上，以59次创下投杀纪录，比第二名的47次高出12次。

# 1972年

## 美籍华裔网球名将张德培出生

1972年2月22日，美籍华裔网球明星张德培（Michael Chang）出生于美国新泽西州霍博肯。他在1989年法国网球公开赛上获得冠军，成为34年来第一位夺得法网冠军的美国选手。在16年的职业生涯中，取得662胜312负的骄人战绩，58次闯入过各项赛事的决赛，赢得34项冠军。

张德培在身高、力量方面并不占优势，他之所以能在世界网坛获得好成绩，完全依赖于不惜体力奔跑、顽强的斗志和扎实的技术。1989年，年仅17岁的张德培以非种子选手的身份夺得法网男单冠军，这个大满贯赛男单夺冠的最小年龄纪录，一直保持到现在。

那场决赛，他在大腿抽筋的不利情况下，苦战5盘艰难战胜伦德尔；成为网球史上的经典。此外，3次在大满贯赛决赛中屈居亚军：1995年澳网决赛负于贝克尔，1995年法网决赛负于穆斯特和1996年美网决赛负于桑普拉斯。

## 1980年
### 中国国家足球队首次参加奥运预选赛

1980年2月22日，中国国家足球队参加在新加坡举行的莫斯科奥运会亚洲区第三组预选赛，这是中国足球队首次参加奥运会预选赛。第三小组有6支球队，采取单循环赛制，前两名进行附加赛，冠军直接进入奥运会。

中国队前四场比赛2胜2平，形势大好。凭借净胜球优势，只要在最后一场比赛中，战和新加坡就可获得附加赛资格。但最终却阴沟翻船，意外地以0：1负于对手。建国后中国队首度冲击奥运会宣告失败。

## 1984年
### 塞尔维亚著名足球运动员伊万诺维奇出生

塞尔维亚著名足球运动员，布拉尼斯拉夫·伊万诺维奇（Branislav Ivanovic）1984年2月22日出生于前南斯拉夫伏伊伏丁那的小镇斯雷姆斯卡米特罗维察。

2005年6月8日，前塞黑队在友谊赛中与意大利队对阵，伊万诺维奇在77分钟替换巴沙，完成国家队处子秀，双方最终战成1：1平。2007年12月12日，塞尔维亚队在欧洲杯预选赛中客场挑战葡萄牙，比赛第88分钟，他接德扬·斯坦科维奇的任意球头球扳平比分，打入自己为国效力的首个进球。

2009年10月11日，在贝尔格莱德红星体育场，他带领塞尔维亚国家足球队主场5：0大胜罗马尼亚，在预选赛中提前1轮进军南非世界杯，而伊万诺维奇也将开始自己的首次世界杯之旅。

2008年1月15日，伊万诺维奇转投切尔西。在2009—2010赛季，他共斩获1个进球和6个助攻，为切尔西夺得英超、足总杯双冠王立下了汗马功劳。在"切尔西年度最佳球员"评选中，虽然最终输给德罗巴，但凭着出色表现，使他入选"2010年PFA（英格兰职业足球运动员协会）年度最佳阵容"。

## 1986年
### NBA 著名球员拉简·朗多出生

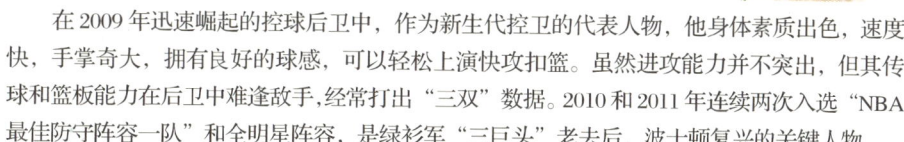

1986年2月22日，拉简·皮埃尔·朗多（Rajon Pierre Rondo）出生于美国肯塔基州路易斯维尔，美国职业篮球运动员，司职控球后卫。

在2006年NBA选秀中，第一轮第二十一顺位被菲尼克斯太阳队选中，随后被交易去了波士顿。在2007—2008年赛季，赢得第一个NBA总冠军。

在2009年迅速崛起的控球后卫中，作为新生代控卫的代表人物，他身体素质出色，速度快，手掌奇大，拥有良好的球感，可以轻松上演快攻扣篮。虽然进攻能力并不突出，但其传球和篮板能力在后卫中难逢敌手，经常打出"三双"数据。2010和2011年连续两次入选"NBA最佳防守阵容一队"和全明星阵容，是绿衫军"三巨头"老去后，波士顿复兴的关键人物。

## 1998年
### 第十八届冬季奥运会在日本长野闭幕

1998年2月22日，第十八届冬季奥林匹克运动会在日本长野闭幕。有72个国家和地区的二千三百多名运动员参加，共决出69枚金牌（1枚并列）、68枚银牌和68枚铜牌，打破7项世界纪录和20项冬奥会纪录。德国获12枚金牌、9枚银牌和8枚铜牌，居参赛各代表团之首。挪威和俄罗斯分列第二、第三名。中国获6枚银牌和2枚铜牌，奖牌总数超历届冬奥会奖牌之和。

1998年日本长野第十八届冬季奥运会，是冬季奥运会在时隔26年后再次来到日本。本届奥运会上，单板滑雪第一次成为奥运会比赛项目，冰壶也重新成为奥运会正式比赛项目。同时，冰球比赛也第一次向职业运动员开放，女子冰球成为奥运会正式比赛项目，捷克队获第一枚女子冰球金牌。

## 1999年
### 上海虹口足球场正式落成

1999年2月22日，上海虹口足球场正式落成。虹口足球场占地56000平方米，建筑面积72557平方米。1998年初动工兴建，由原虹口体育场改建而成，是我国首座专业足球场也是亚洲第一座专业足球场。

虹口足球场是在虹口体育场原址上，用一年时间改建。原有田径跑道全部拆除，观众席增加到35000个，并有47个独立包厢，还在国内首次采用从美国进口的草坪地加温及循环灌溉系统。

新建的虹口足球场具有举办高水准国际国内足球比赛的功能，首场比赛是当年3月14日的中伊足球对抗赛。对阵双方是中国国家奥林匹克足球队和伊朗国家奥林匹克足球队。2007年，因举办女足世界杯，虹口足球场进行了全面场馆改建，分别对主体场馆、配套建筑、整体环境进行全新改造，成功举办了女足世界杯赛事。

多年来，该足球场一直是上海申花足球队的主场。

## 2000年
### 聂卫平鏖战12小时1对150打破世界纪录

2000年2月22日，在四川雅安碧峰峡风景区，聂卫平九段同时过招150人并完成比赛。这场车轮大战，聂卫平胜率达92.5%，打破此前刘小光九段创下的1对139人的世界纪录。

聂卫平此次鏖战历时长达12小时，经历了严峻的体能考验。职业棋手在多面打世界纪录上的争夺由来已久，这既是对棋手棋力和智力的考验，更是对体力和毅力的考验。

1990年，日本棋手白江治彦七段首次创造了1对100的世界纪录；1991年，韩国棋手徐能旭完成1对111的壮举；1997年，中国赵余宏实现1对118；1998年，中国王海钧七段将纪录改为1对130。

## 2000年
### 中国女足获首届奥运女子体育运动大奖

2000年2月22日，国际奥委会评出首届女子体育运动杰出成就奖。中国国家女子足球队作为亚洲代表获奖。国际奥委会评价道：自1980年以来，中国女足获得了国家、地区和国际等各级比赛二十多项冠军。作为参加奥运会首次女子足球决赛的八支球队之一，中国女足1996年在亚特兰大奥运会上获得银牌。中国女足还获得了1999年在美国举行的世界杯女子足球赛亚军。通过其辉煌的成就、自信和实现远大抱负的决心，中国女足成为中国所有女子运动员的杰出榜样。

获得2000年女子体育运动杰出成就全球奖的是国际篮球联合会。五个洲级获奖者分别是中国国家女子足球队（亚洲）、莱索托女子体育运动委员会（非洲）、美国女子体育运动基金会（美洲）、意大利帆船运动员塞佩里尼夫人（欧洲）和新西兰希拉里体育、健身和休闲委员会（大洋洲）。

1991年第一届女足世界杯主力队员

1995年第二届女足世界杯主力队员

1999年第三届女足世界杯主力队员

## 2001年
### 马拉多纳1994年枪击记者案再次判决

2001年2月22日，阿根廷布宜诺斯艾利斯市一家法院对1994年阿根廷球星迭戈·马拉多纳枪击记者案作出判决，马拉多纳必须向被他用气枪枪击的摄影记者劳尔·莫里昂赔偿15000美元。

1994年2月，阿根廷《卡拉斯》杂志聘用的摄影记者莫里昂和其他4名记者采访时，被马拉多纳的气枪击中手部和肋部。

1998年6月12日，马拉多纳因此案被判处两年十个月有期徒刑，缓期执行。对这个判决，原告和被告双方均不满意，马拉多纳的律师认为法官根本没有证据证明马拉多纳袭击记者，而原告律师则表示，这一判决量刑过轻。

时隔三年，阿根廷法院再次判决，但莫里昂的律师团依然非常不满，他们要求马拉多纳赔偿5万美元。

## 2002年
### 韩国一万六千封邮件抗议取消金东圣金牌

2002年2月22日，韩国著名短道速滑男子1500米选手金东圣被取消金牌后，从21到22日，来自韩国的一万六千封抗议邮件寄到了美国和国际奥委会。美国奥委会发言人莫兰说："我以前从未看到过这种情况，我们的官方网站被这些充满攻击性和污秽的邮件堵塞了，我们不得不关闭几个小时。"

金东圣

金东圣是韩国短道速滑运动员，在1998年长野冬奥会上，获短道速滑男子1000米金牌。在盐湖城冬奥会1500米决赛中，他第一个冲过终点；但澳大利亚裁判以阻挡美国选手奥诺为由，剥夺了他的比赛成绩。

## 2005年
### 甘肃万人拔河赛钢丝绳拉断，4人受重伤

2005年2月22日，甘肃省庆阳市西峰区主办闹元宵万人拔河比赛，参赛群众将长达500米的钢丝绳拉断，导致4人重伤，10人轻伤。

来自西峰城区9个乡镇的上万名群众参加了拔河比赛。按比赛规则，每队有500名参赛者，在其中西峰区陈户乡和西峰区什车乡进行比赛时，发生了意外。比赛

所用的钢丝绳长约 550 米，直径约 3 厘米；双方千人同时用劲，产生了极大的拉扯力。正当双方用力比拼时，钢丝绳突然被拉断，拉断的钢丝绳头将分界线两旁的人打伤，另将其余人摔倒在公路上，致使多人被擦破手腿皮肤和踩伤。其中有 4 人受伤较重，10 人受轻伤。

最后，举办方将每场比赛的参赛人员减至 100 人，才将这场万人拔河比赛赛完。

## 2007 年
### 大满贯性别歧视堡垒被攻破，温网宣布男女同工同酬

2007 年 2 月 22 日，网球大满贯赛事温布尔登公开赛官方宣布：2007 年的温网大赛将实行男女球员同工同酬，女选手的奖金分配办法首次和男选手相同。

在目前的网球四大满贯赛事中，澳网、法网和美网均已实现男女同工同酬，温网成为最后一个实行男女奖金相同分配的大满贯赛事。此前，作为唯一草地大满贯赛事的温网拒绝男女同工同酬最主要的理由是：男子赛事要打 5 盘 3 胜，而女子赛事只是 3 盘 2 胜。

抨击温网性别歧视的先驱力量是网球界的女权卫士——金夫人，她质问："就是娱乐明星也不是按小时收费的啊？他们只要出场了就会收到钱的。"

在 2006 年的温网大赛中，男单冠军费德勒得到奖金 655000 英镑，女单冠军毛瑞斯莫的奖金只有 625000 英镑，比费德勒少了 3 万英镑。

## 2008 年
### 火箭队评出队史最佳阵容，姚麦未能入选

2008 年 2 月 22 日，NBA 休斯顿火箭队史上最佳阵容投票结果出炉。传奇中锋"大梦"哈基姆·奥拉朱旺以 1409 票荣膺票王，摩西·马龙得到 1236 票，列第二位。接下来，依次是埃尔文·海耶斯、卡尔文·墨菲和"滑翔机"德雷克斯勒。这 5 人组成了球迷心中的火箭史上最佳阵容。

当时火箭队的两大核心姚明和麦克格雷迪没能入选最佳五人行列。除了这五大传奇巨星外，还有一个熟悉的名字排在姚麦前，那就是前火箭功勋主帅鲁迪·汤姆贾诺维奇（球员时代是火箭前锋），他获得 752 票，列第六位。

姚明得到 578 票，名列所有提名球员第七位；麦迪获 391 票，排姚明之后；拉尔夫·桑普森和奥蒂斯·索普分列第九和第十位。

 奥拉朱旺　　 摩西·马龙　　埃尔文·海耶斯　　 墨菲　　 德雷克斯勒

# 2010年
## 中国足协对涉假俱乐部的处罚召开听证会

2010年2月22日,中国足协纪律委员会针对中超、中甲涉假足球俱乐部的处罚召开听证会,涉及广州医药、成都谢菲联和青岛海利丰三个俱乐部,但只有广州医药和青岛海利丰派代表和律师参加。

对已被公安部确认涉嫌打假球的三家俱乐部,中国足协纪律委员会开出有史以来最重罚单:广州医药和成都谢菲联直接降级到中甲联赛,青岛海利丰被取消联赛注册资格并罚款20万元。

## 2月22日备忘录

| | |
|---|---|
| 1955年2月22日 | 国家体委在《关于召开全国体育工作会议的报告》中指出:武术工作只能进行一些整理和研究,提出可以推行的项目,剔除对健康有害的、违反科学原理的、封建迷信的东西。 |
| 1964年2月22日 | 1996年奥运会女子网球双打金牌得主、美国的吉吉·费尔南德斯在波多黎各的圣胡安出生。 |
| 1985年2月22日 | 保罗·克林(英国人)和沙米尔·萨温·阿尔·艾瓦米(卡塔尔人)使用半潜式潜水设备,24小时内从卡塔尔的多哈至乌姆赛义德潜泳了一个来回,游程78.92公里。 |
| 1992年2月22日 | 中国体操运动员、北京奥运金牌得主李珊珊出生于湖北省黄石市一个普通工人家庭。 |
| 2002年2月22日 | 俄罗斯总统普京在莫斯科向此间新闻媒体发表谈话时强调,参加本届(盐湖城)冬奥会的俄罗斯运动员受到了"不客观的和有成见的裁决"。 |
| 2003年2月22日 | 曾代表澳大利亚运动员点燃2000年悉尼奥运会圣火的女子400米跑奥运冠军凯西·弗里曼宣布与丈夫亚历山大·博德克离婚。 |
| 2003年2月22日 | 在比利时康庞乌的圣约瑟夫咖啡屋,比利时人拉夫·戈森斯创下长达75小时19分17秒的最长美式台球个人马拉松赛纪录。 |
| 2006年2月22日 | 国务院总理温家宝主持召开国务院常务会议,听取北京奥运会筹办工作进展情况的汇报。 |

# 2/23 Feb

## 1874年
### 英国人温菲尔德为"sphairistike"（草地网球）注册专利

1874年2月23日，英国人沃尔特·克洛普顿·温菲尔德（Walter Clopton Wingfield）为一项名为"sphairistike"的体育运动注册专利，这项运动就是后来风靡全球的草地网球。

现代网球运动的历史，一般认为是从1873年开始的。那年，温菲尔德将早期的网球打法加以改进，使之成为夏天在草坪上进行的一种体育活动，取名"草地网球"。同年，他出版了《草地网球》进行宣传和推广，被称为"近代网球的创始人"。

温菲尔德

继1874年注册专利后，1875年建立了全英网球运动俱乐部，该俱乐部建造了世界上第一个网球场地。1877年，举办全英草地网球男子单打锦标赛，即后来闻名于世的温布尔登网球赛。1876年，一些地区的著名网球运动俱乐部派出代表，对网球运动的场地、设备、打法和比赛等方面取得了一致意见，讨论制定了全英统一的网球规则。

1887年的草地网球

## 1906年
### 伯恩斯成为"身材最矮的重量级拳击冠军"

1906年2月23日，身高仅有1米71的加拿大拳击手汤米·伯恩斯在美国洛杉矶激战25回合，点数战胜对手马文·哈特夺冠，成为世界重量级拳击史上身材最矮的拳王，也是拳击史上第一位加拿大籍重量级拳王。

这位出生于蒙特利尔的矮个子拳王，在此后两年多的时间内，连续成功卫冕11场比赛，直到1908年12月26日才败在黑人拳手杰克·约翰逊的拳下。1908年12月26日，伯恩斯在澳大利亚悉尼接受杰克·约翰逊的挑战，在对手强劲有力的进攻面前，伯恩斯的双眼、鼻子、嘴唇

多处流血，警察不得不出面干涉，中止了比赛。于是，杰克·约翰逊成为拳击史上首位黑人拳王。

伯恩斯虽然身材不高，但动作极快，反应敏捷。自 19 岁步入职业拳坛后，击倒了一个又一个拳坛巨人。他职业生涯总成绩是 46 胜 14 负，其中 37 次击倒对手。1909 年获得英联邦冠军后，他隐退当了一名律师。

## 1919年
### 爱尔兰著名球星约翰尼·凯利出生

1919 年 2 月 23 日，爱尔兰国脚约翰尼·凯利（Johnny Carey）出生。

凯利球员的黄金时期效力于英格兰曼彻斯特联队。1937 年，他以 250 英镑的身价转会曼联，第二次世界大战爆发后，英格兰联赛终止。战争期间，他踢了很多地区性比赛。战争后期参军，到意大利和中东作战；驻守意大利期间，还在当地踢球。

"二战"结束后，英格兰联赛恢复，凯利回到曼联，被新上任的主帅马特·巴斯比任命为队长。此后几年，他以出色的球技赢得赞誉，继斯坦利·马修斯后获得第二届英格兰足球先生。1949 年，他成为英格兰足总杯历史上第一个捧杯的外籍队长。1952 年，他率曼联时隔 16 年重夺联赛冠军。在 17 年职业生涯中，他踢过曼联队场上几乎所有的位置，共参赛 344 场，进球 18 个。曾代表爱尔兰队参赛 27 场，代表北爱尔兰队参赛 9 场。

1995 年 8 月 23 日去世，享年 76 岁。

## 1933年
### 首位蝉联奥运会 110 米栏金牌的卡尔霍恩出生

1933 年 2 月 23 日，1956、1960 年奥运会田径男子 110 米栏金牌得主，美国的李·卡尔霍恩（Lee Calhoun）出生。

在 1956 年墨尔本奥运会 110 米栏比赛中，卡尔霍恩和另一名美国选手杰克·戴维斯展开激烈争夺。卡尔霍恩的起跑稍快，最终肩部撞线时，也只领先戴维斯几英寸。虽比赛时是逆风，两人还是同时创造了 13 秒 50 的奥运会纪录。还未正式投入使用的自动计时器显示，卡尔霍恩比戴维斯快 0.03 秒，他幸运地获得金牌。有意思的是，卡尔霍恩的冲刺技术还是戴维斯传授的。

1960年罗马奥运会上，他再获110米栏金牌。在一场更加接近的比赛中，他和美国选手威利·梅的正式时间同为13秒80，自动计时器显示：卡霍恩仅领先0.01秒获胜。

## 1991年
### 北卡大学篮球队成为NCAA首支取得1500胜的球队

1991年2月23日，北卡罗莱纳大学教堂山分校篮球队成为NCAA第一支获得1500场胜利的球队。

教堂山分校是北卡罗莱纳大学第一个校区，篮球队被称为北卡罗莱纳大学"柏油脚跟"（Tar heel）队，是NCAA史上最成功的球队之一。除了战绩出色，还因培养了迈克尔·乔丹、拉里·布朗、文斯·卡特、杰里·斯塔克豪斯和拉希德·华莱士等多位NBA超级球星而著称于世。

北卡大学队建队一百多年来，9次杀入NCAA决赛，5次夺得NCAA全国锦标赛冠军。2010年3月2日，北卡大学队成为继肯塔基大学野猫后，第二支突破2000胜的大学球队。然而，却是第一支在100年内达到这一伟大里程碑的球队。

## 1992年
### 第十六届冬季奥会在法国阿尔贝维尔闭幕

1992年2月23日，第十六届冬季奥林匹克运动会在法国阿尔贝维尔闭幕。64个国家和地区的1804名运动员参加了比赛，其中女运动员492名。从这届比赛起，短道速滑成为正式比赛项目，并增设了冰壶、速度滑雪和自由式滑雪3个表演项目。结果，统一后的德国打破了苏联多年来在冬奥会的垄断地位，获得十金十银六铜，列金牌和奖牌数第一。独联体（苏联）获九金六银八铜，列奖牌榜第二。前冰雪强国挪威队在这届比赛中一鸣惊人，以获九金六银五铜列奖牌榜第三。这届冬奥会所发的330枚奖牌全部用水晶制成，这在冬奥史上是第一次。中国、韩国、新西兰和西班牙等国运动员首次在冬奥会上获得奖牌。韩国获2枚金牌，日本获1枚金牌，中国获3枚银牌。

中国23名运动员参加了6个大项的比赛。中国女子速滑运动员叶乔波在500米和1000米的比赛中，均以极微弱差距负于美国名将邦尼·布莱尔，得两枚银牌，实现了中国在冬奥会上奖牌零的突破。此外，李琰获女子500米短道速滑银牌。年仅15岁的陈露，在花样滑冰女子单人滑比赛中获第六名，成为冬奥会上第一个跻身花滑前6名的中国运动员。

## 2000年
### 英格兰足坛泰斗斯坦利·马修斯去世

2000年2月23日，英格兰足坛泰斗斯坦利·马修斯（Stanley Matthews）爵士因病去世，享年85岁。马修斯是英格兰足球史上最杰出的球星，一位空前绝后的神奇边锋，在英格兰赛

场上驰骋三十三年之久，直到 50 岁时才勉强决定退役。

伊丽莎白二世女王当天给他家人发去唁电，表示哀悼。当时的英国首相布莱尔说："斯坦利爵士过去是，而且永远是有史以来最伟大的体育人物之一。"

马修斯 1915 年 2 月 1 日生于斯托克城，从斯托克城出道，后转会到布莱克浦队踢了 14 年，最后 3 年回到斯托克城，1965 年 4 月 28 日宣布退役。在职业生涯中，共出场 698 次，为英格兰代表队出战 54 次，射入 11 球。

由于对英格兰足球事业做出杰出贡献，他得到了英国王室的册封，成为第一位获得爵士爵位的足球运动员，并以 41 岁高龄成为首位欧洲足球先生。在其职业生涯中，从没吃过红、黄牌，足以体现其绅士球风。

## 2000年
### 马特乌斯第 144 次代表德国队参赛

2000 年 2 月 23 日，在德国足球队 1∶2 负于荷兰队的比赛中，39 岁的德国老将洛塔尔·马特乌斯（Lothar Matthäus）踢满全场，这是他第 144 次代表德国队出场，从而超越瑞典门将拉维利创造的 143 场的世界纪录。

有意思的是，20 年前他首次代表德国队出场参赛时，对手也是荷兰队。马特乌斯效力过门兴格拉德巴赫、拜仁慕尼黑和意大利国际米兰等多支球队，参加了 5 届世界杯、4 届欧锦赛。1990 年意大利世界杯赛上，率领联邦德国队在决赛中，以 1∶0 战胜阿根廷队夺冠，马特乌斯是那支球队的队长。同年，他无可争议地当选为欧洲足球先生。他在世界杯决赛圈出场 25 场，是世界杯出场次数最多的球员。

马特乌斯在意大利国际米兰队效力期间，和队友克林斯曼、布雷默组成"三驾马车"，获得过意大利甲级联赛和欧洲联盟杯的冠军。

到退役时，他为德国队出场的记录，最终为 150 场。

## 2002年
### 林海峰成为首位加盟中国围甲联赛的日本棋手

2002 年 2 月 23 日，日本棋院正式通知中国棋院，日本棋院已同意林海峰九段加盟贵州卫视队，参加 2002 年中国围棋甲级队联赛。林海峰九段成为加盟中国围甲联赛的首位日本棋院棋手。

曾获世界冠军的林海峰九段，以"海外特邀棋手"的身份加盟聂卫平九段领衔的贵州卫视队。他代表贵州卫视队参加了当年的4场围甲比赛，获得2胜2负的战绩。

林海峰10岁赴日学棋，1955年入段，1967年升为九段。他是围棋大师吴清源的弟子。外号"二枚腰"，日语就是"有两个腰"的意思，以形容其棋风坚韧。在日本棋界乃至世界围棋界都备受尊崇。1965年，年方23岁的林海峰从坂田荣男手中夺下名人头衔，此后连续12年，总共8次获名人头衔。

# 2006年
## 韩晓鹏获中国男运动员在冬奥会上的首枚金牌

2006年2月23日，都灵冬奥会自由式滑雪男子空中技巧决赛在意大利都灵萨奥兹·杜尔克斯滑雪场举行。中国选手韩晓鹏在自由式滑雪男子空中技巧决赛中，一鸣惊人，以完美的两跳夺得该项目金牌。这是中国的首枚冬奥会雪上项目金牌，也是中国男运动员在冬奥会上取得的第一枚金牌，同时还是中国首枚冬奥自由式滑雪金牌。

韩晓鹏1982年12月13日出生于江苏徐州。2000年全国锦标赛个人冠军、2005年澳大利亚世界杯银牌、2005年捷克世界杯银牌、2005年意大利世界杯总决赛排名第三名。他在都灵冬奥会夺金，应该说是水到渠成、实力使然。

2010年的温哥华冬奥会，饱受伤病困扰的韩晓鹏发挥失常，未能进入决赛，之后，宣布退役，到北京体育大学攻读硕士学位。

# 2006年
## 曾获世乒赛6连冠的昔日"乒坛皇后"罗齐亚努病逝

2006年2月23日，原籍罗马尼亚、入选国际乒联名人堂的昔日"乒坛皇后"安吉丽卡·罗齐亚努（Angelica Rozeanu）在以色列病逝，享年84岁。

她15岁就获得罗马尼亚全国锦标赛女单冠军。1950年，在匈牙利布达佩斯举行的第十七届世乒赛上，首次登顶女单冠军宝座。此后，直到1955年第二十二届世乒赛，连续6次夺得女单冠军，打破了匈牙利选手梅德扬斯基"五连冠"的纪录，这一纪录至今无人能破。

罗齐亚努也是罗马尼亚体坛第一个赢得世界冠军称号的女运动员，在该国是家喻户晓。共获得17次世界冠军，包括多项女双以及混双项目的金牌。

1957年退役后，在罗马尼亚中央军队之家俱乐部做教练。1960年，举家迁至以色列。

## 2008年
### 第四十九届世界乒乓球锦标赛团体赛在广州开幕

2008年2月23日，第四十九届世界乒乓球锦标赛广州天河体育馆开幕。第四十九届世界乒乓球锦标赛是北京奥运会前国内举行的最重要的单项国际体育赛事，也是2010年亚运会前广州举办的最重大的国际赛事。

中国在男子团体方面派出了王皓、马琳、王励勤、马龙、陈玘，在女子团体方面派出了张怡宁、郭跃、王楠、李晓霞、郭焱参赛，中国男女队在本届世乒赛上双双卫冕。

本届世乒赛最大的新闻是国际乒联通过"海外兵团"限制令，规定：21周岁以上更改国籍的运动员，将不能参加世乒赛和世界杯赛。

## 2012年
### 伊辛巴耶娃以5米01再次打破撑杆跳世界纪录

2012年2月23日，俄罗斯撑杆跳"女皇"伊辛巴耶娃在斯德哥尔摩室内田径赛上，以5米01夺冠，并将她自己保持的世界纪录又提高了1厘米。

在当天的比赛中，她接连跳过4.82米和4.92米，然后向5.01米的高度发起挑战。在第二跳时，她成功越过横杆；英国选手布里斯戴尔以4米72获第二名。

伊辛巴耶娃1982年6月3日出生于俄罗斯伏尔加格勒，自2003年首次打破世界纪录以来，一直保持着对女子撑杆跳的绝对垄断性统治，被称为"穿裙子的布勃卡"。2005年7月22日，成为第一个撑杆跳打破5米纪录的女性运动员。

## 2月23日备忘录

| | |
|---|---|
| 1930年2月23日 | 1976年奥运会马术盛装舞步金牌得主、联邦德国的哈里·波尔特出生。 |
| 1939年2月23日 | 1964年冬季奥运会无舵雪橇男子双人赛金牌得主、奥地利的约瑟夫·菲斯特曼特尔出生。 |
| 1949年2月23日 | 1972年冬季奥运会无舵雪橇女子单人赛金牌得主、民主德国的安-玛 |

## 2/23

丽娅·米勒出生。

**1949年2月23日** 亚洲国家体育组织代表在印度首都新德里召开会议，正式成立"亚洲业余体育联合会"。1981年，改为"亚洲奥林匹克理事会"。

**1961年2月23日** 英国的比尔·萨瑟雷赢得苏格兰业余拳击协会重量级冠军称号，时年仅18岁零11天。

**1980年2月23日** 中国台湾围棋高手周俊勋出生。他是中国台湾自1979年成立职业围棋赛制度来，第一位职业九段。

**1980年2月23日** 中华全国体育总会、中国乒乓球协会公布1980年我国乒乓球男女各16名优秀选手名单。

**1983年2月23日** 全国体育工作会议在北京召开。会议布置了"六五计划"后三年的体育工作，提出了体育改革的若干建议。"

**1986年2月23日** 中国气功科学研究会在北京成立，标志着我国开始对气功进行多学科的研究工作。

**1987年2月23日** 国家体委颁发《国家体委关于社会各行业与体委系统合办体育竞赛的管理办法》。

**1988年2月23日** 中华人民共和国国家统计局《关于1987年国民经济和社会发展的统计公报》指出："体育事业取得显著成就。

**1989年2月23日** 总工会、国家体委、铁道部联合授予中国火车头体育协会"全国五一劳动奖状"。

**1990年2月23日** 1分钟跳绳的圈数纪录为425圈，由罗伯特·康默斯（美国人，出生于1950.5.15— ）在美国纽约州詹姆斯敦的度假村创造。

**2000年2月23日** 国际乒联特别大会和代表大会在吉隆坡通过40毫米大球改革方案。

**2000年2月23日** 中国科健股份有限公司出资赞助深圳平安足球队，球队更名为深圳平安科健足球队。

**2000年2月23日** 在美国纽约举办的第二十二届一年一度攀登帝国大厦楼梯比赛中，澳大利亚人保罗·克拉克最先登完1576级台阶，时间是9分53秒。创最快登上帝国大厦纪录。

**2001年2月23日** 重庆建设摩托男子围棋队与韩国棋手睦镇硕六段签约，参加2001年全国围棋甲级联赛，成为参加我国围棋联赛第一位外籍棋手。

**2002年2月23日** 中国足协在联赛工作会议最后一天宣布全面取消升降级，足管中心主任阎世铎提出"健康联赛，快乐足球"的说法。为确保国家队备战世界杯，在2001—2002年和2004—2005年，中国足球顶级联赛两次取消升降级，导致中国职业联赛出现只升不降或只降不升的特殊局面。事实上，对联赛基础造成巨大打击。

**2002年2月23日** 在美国明尼苏达州的圣保罗，美国人埃米·希尔兹创下骑独轮车1分钟、跳绳209圈的纪录。

**2003年2月23日** 意大利都灵队球迷在一场意甲比赛中，冲入赛场，导致比赛被迫中止。当时进行的是2002—2003赛季意甲联赛第二十二轮比赛，都灵队主场

| | |
|---|---|
| | 迎战AC米兰队。当时，AC米兰已经以3∶0领先。 |
| 2004年2月23日 | NBA2003年的状元秀勒布朗·詹姆斯和游泳名将菲尔普斯等5名运动员入选美国体育"奥斯卡"——沙利文奖的最终提名名单。 |
| 2005年2月23日 | 墨西哥众议院全票通过一项议案，该国所有在奥运会和残奥会上获奖牌的运动员，将享受政府提供的终身养老金。 |
| 2011年2月23日 | 国际体育仲裁法庭在日内瓦宣布，撤销国际柔道联合会对北京奥运会女子柔道冠军佟文两年的禁赛处罚，保住了她在2009年柔道世锦赛上得到的金牌。 |
| 2011年2月23日 | 首届"全国足球教练员大会"在香河国家足球训练基地开幕，这是中国足协首次举行全国性的足球教练员业务研讨会。 |
| 2012年2月23日 | 美国前篮球巨星、"飞人"乔丹向中国一家法院提起诉讼，指控中国运动服饰生产商乔丹体育股份有限公司未经许可"蓄意且毫无顾忌"使用其姓名，并且误导中国消费者。 |
| 2012年2月23日 | 在国际田联斯德哥尔摩室内田径赛上，中国"飞人"刘翔因抢跑被取消比赛资格。 |

# 2/24 Feb

## 1304年
### 阿拉伯大旅行家伊本·白图泰出生

1304年2月24日，伊本·白图泰（ibn Battuta）出生于摩洛哥丹吉尔。20岁左右，他出发去麦加朝圣，踏上长达75000英里的旅途，经过了现在44个国家的国土。

他沿着北非海岸旅行，穿过今摩洛哥、阿尔及利亚、突尼斯、利比亚和埃及，到达开罗。然后，沿尼罗河从苏丹港过红海，在大马士革度过斋月后，顺利抵达麦地那和麦加，完成朝圣。此时，他已迷上旅行，决定前往下一个目的地巴格达。

白图泰穿过阿拉伯沙漠，抵达巴士拉和圣地伊斯法罕；再折回西南，经过设拉子、纳杰夫，抵达巴格达。又随同伊儿汗国的大汗不赛因一同去大不里士。后又回到麦加，做第二次朝圣。

摩洛哥苏丹派学者记下白图泰的叙述，写成《伊本·白图泰游记》，留下了珍贵史料。在阿拉伯世界，白图泰声誉极高。近代天文学家以其名字，命名月球上一座环形山。

## 1866年
### 史上最著名的射箭运动员赫伯特·范·伊尼斯出生

1866年2月24日，赫伯特·范·伊尼斯（Hubert van Innis）出生，他是比利时历史上成绩最佳的奥运选手，也是射箭历史上早期最著名的运动员。

在1900年巴黎奥运会上，他获两枚金牌。在20年后的比利时安特卫普奥运会上，主场作战，勇夺四金；那时，他已54岁高龄。不仅如此，他在巴黎和安特卫普两届奥运会上，还分获一枚和两枚银牌。1933年，又随比利时队夺得射箭世锦赛冠军，那时他已67岁。

1961年11月25日，伊尼斯去世，享年95岁。

## 1872年
### 英国游泳名将约翰·贾维斯出生

1872年2月24日,英国著名游泳选手约翰·贾维斯(John Arthur Jarvis)出生在英国莱斯特,由于经常进行游泳比赛,他身材修长、肌肉发达。在比赛中,他与队友乔依·努尔塔首创了一种特殊的打水方法,该方法后被称作"贾维斯—努尔塔打水法"。

1900年8月,第二届奥运会游泳比赛在巴黎塞纳河举行。贾维斯从众多参赛者中脱颖而出,勇夺男子1000米自由泳和男子4000米自由泳冠军。他总共获得108次国际比赛冠军,1968年被进入游泳名人堂。

他一生为人谦和、生活严谨。晚年成为一名教授,专门从事救生事业的促进工作。为了普及救生技术,足迹遍布全球。贾维斯一家可算是游泳世家,三个女儿都是游泳教练。

贾维斯1933年5月9日逝世于伦敦,享年61岁。

## 1940年
### 欧洲历史上最出色的内前锋丹尼斯·劳出生

1940年2月24日,英格兰曼联队历史上的传奇球星丹尼斯·劳(Dennis Law)出生于苏格兰阿伯丁一个贫穷的渔民家庭,是7名孩子中的小弟弟,有斜视的毛病。

他1960年加盟曼城队,次年转会意大利都灵队。1962年8月,以创当时英伦三岛转会纪录的11.5万千英镑加盟曼联。在曼联队主教练马特·巴斯比的调教下,他如鱼得水,1964年荣膺欧洲足球先生。

劳是在曼联遭遇慕尼黑空难、球队处于危机时加盟的,为曼联的中兴立下汗马功劳。加盟曼联第一个赛季,他就攻入23球,帮助球队保级并夺得足总杯。他和博比·查尔顿配合默契,再加上后起之秀乔治·贝斯特,曼联队夺得1966—1967赛季英甲冠军,并于次年夺得欧洲冠军杯。只可惜因为受伤,他未能在半决赛及决赛出场。

老特拉福德的三位英雄:丹尼斯·劳(左),亚历克斯·弗格森(中),博比·查尔顿(右)

## 1940年
### 有"阿里第二"之称的拳击手吉米·埃利斯出生

1940年2月24日，吉米·埃利斯（JIMMY ELLIS）出生在美国肯塔基州。他不仅与阿里来自同一个城市，也同在一个体育馆学习拳击；即使转为职业拳手后，他们也经常在一起活动。作为一名陪练手，他的拳击技术没有阿里那样优雅漂亮，却充满坚实的技巧，有"阿里第二"之称。他在获得世界中量级冠军后，跨入重量级行列。

1967年，埃利斯在先后淘汰莱奥蒂斯·马丁、奥斯卡·博纳维纳和杰里·夸里后，获得世界拳击协会重量级冠军。可他卫冕一次成功后，就输给了乔·弗雷泽。从那以后，他再没引起公众的注意。1971年同阿里的一次交锋也以失败告终。

## 1955年
### F-1传奇车手、"教授"阿兰·普罗斯特出生

1955年2月24日，阿兰·普罗斯特（Alain Prost）出生。他是法国著名的一级方程式赛车手，素有"教授"美誉。他四获世界冠军（1985、1986、1989、1993年）。

他14岁开始职业车手生涯。1980年，25岁时加入迈凯轮车队，初次亮相就拿到了职业生涯的第一次积分。一年后，加盟雷诺车队，赢得第一个F1分站冠军。

在20世纪80年代晚期和90年代初，普罗斯特与塞纳的竞争是F1车坛最大的看点，至今仍被车迷津津乐道。可能是这两人间有一系列具有争议的比赛，尤其是1989和1990年在日本大奖赛上那两次激烈碰撞。

退役后，他于1997年组建自己的私人车队普罗斯特车队（ProstGrandPrix），参加F1比赛，但该车队在2001年宣布破产。

## 1963年
### 罗致焕成为获得第一个冬季项目世界冠军的中国选手

中国短道速滑队第一个世界冠军罗致焕于1941年出生，朝鲜族，黑龙江铁力市人。

罗致焕（中）

1963年2月24日，21岁的他在日本长野轻井泽举行的世界速度滑冰锦标赛上，以2分9秒2勇夺男子1500米冠军，打破男子全能世界纪录，成为获得第一个冬季项目世界冠军的中国选手。

罗致焕1960年入黑龙江队，同年选入国家队。在获得世界冠军前，1961年2月他在挪威奥斯陆参加纪念挪威体育协会成立一百周年的国际男子速滑赛中，获得500米第二名、3000米第二名和全能第三名。1962年，在莫斯科的世界锦标赛上，获全能第六和500米第五名、1500米第四名。

1970年，出任黑龙江省一队教练，。1980年被选为中国滑冰协会副主席，1985年被任命为国家女队教练。

## 1980年
### 第十三届冬奥会在美国纽约州普莱西德湖闭幕

1980年2月24日，第十三届冬季奥林匹克运动会在美国普莱西德湖闭幕。

本届冬奥会头号新闻人物是美国男子速滑运动员海登，囊括了500米、1000米、1500米、5000米、10000米，全部5个速滑项目的金牌，这在奥运会史上独一无二，他也因此被授予第十三届冬季奥运会杰出运动员的称号。

本届冬奥会，苏联成绩仍继续领先，获金牌10枚，银、铜牌各6枚。居第二位的民主德国队金牌比苏联少1枚，而银、铜牌却比前者各多1枚。东道主美国列第三，金、银、铜牌分别为6枚、4枚、2枚。首次参赛的我国男女选手，与世界先进水平有较大差距，无一人进入前六名。

## 1982年
### 格雷茨基打破NHL单季进球纪录

1982年2月24日，埃德蒙顿炼油者队的韦恩·格雷茨基（Wayne Douglas Gretzky）射入当赛季个人第七十七个进球，打破此前由菲尔·埃斯波西托保持的单季进球76个的NHL纪录。最终，他在那个赛季共射入92个球，得分达到212分，成为NHL历史上第一位单赛季得分超过200分的球员。

他被许多人认为是冰球史上最伟大的运动员，曾率埃德蒙顿炼油者队4次夺得斯坦利杯，9次当选MVP，10次获得得分王，保持着40项常规赛纪录、15项季后赛纪录和6项全明星赛纪录。是唯一在一个赛季常规赛中，得分超过200的运动员（他曾4次达到这一成绩）。得分100以上的赛季有15个，其中有13个赛季连续得分超过100。他的号码99号，已被NHL正式宣布从联盟中退休。

## 1988年
### 尼凯宁独得冬奥会三枚跳台滑雪金牌

芬兰选手马蒂·尼凯宁（Matti Nykanen）在1988年加拿大卡尔加里冬奥会上，同时获得大坡度跳台和小坡度跳台个人项目的金牌，又和队友合作为芬兰队夺得大坡度跳台团体金牌，他在一届奥运会上包揽了全部三枚跳台滑雪金牌。他在1984年萨拉热窝冬奥会上，还获大坡度跳台滑雪的金牌。

退役后的尼凯宁却陷入了人生的低谷。他酗酒并多次向妻子实施家庭暴力，并多次遭到起诉。

## 1993年
### 英格兰队"最伟大的队长"博比·摩尔去世

1993年2月24日，英格兰足球历史上最有名的队长博比·摩尔（Robert Frederick Chelsea "Bobby" Moore）因患癌症告别人世，享年51岁。在1966年世界杯上，他带领全队力克群雄，为英格兰队夺得第一次，也是唯一一次大力神杯。这是英格兰足球历史上最辉煌的时刻，也是博比·摩尔一生中最幸福的时刻。

他22岁就担任英格兰队队长，是英格兰历史上最年轻的队长。他之所以受到尊崇，不仅是因为他以队长身份赢得世界杯，更因为他在比赛场上良好的球风和卓越的球技。在摩尔踢球的年代，英格兰常规的后卫都是高大凶悍型，任务就是大脚解围。他作为一名后卫，具备了出色的脚下功夫和控球能力，显得卓尔不凡。

2003年，他长期效力的西汉姆俱乐部为摩尔和他的队友在主场设立铜像，以纪念这位传奇球星。

## 1993年
### 国际救生联合会成立

1993年2月24日,国际救生联合会与世界救生组织正式合并,组成现在的国际救生联合会。

原来的国际救生联合会（ILS）于1910年由比利时、丹麦、法国、英国、卢森堡、瑞士和突尼斯等国发起,在巴黎成立。此后,分别在法国和比利时两国举行代表大会和锦标赛。而"世界救生组织"（WLS）的国际救生组织则是1971年3月,经澳大利亚、英国和新西兰等国倡议,在澳大利亚成立。

据统计，世界上每两分钟就有一人溺水而死，每年约有25万人被水夺去生命。国际救生联合会，将其任务确定为改善水上救生的技术，开展救生教育，交流救生经验，医学技术和科研成果，在全世界普及水上救生技能；防止水的污染，促进救生器材、标志、符号和法律的发展。

## 2002年
### 第十九届冬奥会在美国盐湖城闭幕

2002年2月24日，新世纪第一次奥林匹克全球盛会、第十九届冬奥会在美国犹他州盐湖城落下帷幕。

这届奥运会共设78项比赛，比上一届长野冬季奥运会多出10项，获得金牌运动员国家和地区达到创纪录的18个。

盐湖城冬奥会涌现一批冰雪项目的超级明星。挪威滑雪运动员比约恩达伦在冬季两项全部四个项目的比赛中均获得金牌，芬兰滑雪运动员拉尤宁在北欧两项的全部三个项目中夺魁。

中国此次共派出72名运动员参赛。在短道速滑女子500米决赛中，杨扬夺冠，为中国获得第一枚冬奥会金牌，并在女子1000米比赛中再夺金牌。申雪、赵宏博也在欧美选手传统垄断的领域花样滑冰双人滑项目中，奋力拼下一枚铜牌。

## 2006年
### 农心杯三国围棋擂台赛，日本终结韩国六连霸

2006年2月24日，第七届农心辛拉面杯三国围棋擂台赛在上海落幕。在当天进行的第十四局也就是最终局中，日本队主将依田纪基九段执黑173手，中盘击败韩国队主将李昌镐九段，以三连胜的优异成绩为日本队夺取农心杯冠军。依田纪基的胜利，同时也结束了韩国围棋在农心杯赛创造六连霸伟业后，终告一段落。

第三阶段比赛开始时，日本队仅剩下依田纪基一人，但他在最后阶段如有神助般地拿下三连胜，结束了韩国围棋在农心杯赛中的不败神话。

## 2006年
### 亚足联执委会通过相关决议

2006年2月24日，亚足联执委会委员在亚足联总部召开会议。会议由亚足联主席哈曼主持，执委会议作出五项相关决议：一、就球员改变国籍代表新国家、地区或者俱乐部参赛，该国家足协和相关俱乐部必须出具关于本球员已在代表国家居住24个月以

上的证明；二、关于改变2007年亚洲杯预选赛几支球队主场的问题；三、亚足联提名中国、澳大利亚、日本、泰国和卡塔尔代表亚洲参加2006年由国际足联主办的沙滩足球锦标赛；四、亚冠联赛和亚足联杯赛中部分球队，因没在规定期限内完成球员注册，被剥夺参赛资格；五、通过亚足联青少年竞赛委员会关于对涉嫌超龄球员进行磁共振检测的提议。

亚足联执委会提议2005年的亚足联亚洲之钻得主、日本足协主席川渊三郎获国际足联颁发的成就奖。

## 2006年
### 高丽君获中国首个亚洲职业女拳王称号

2006年2月24日，中国上海体育学院武术系学生高丽君以压倒性优势战胜菲律宾选手约娜，获57公斤级亚洲职业女拳王金腰带。这也是中国运动员首次获得亚洲职业女拳王称号。此次亚洲女子十回合拳王争霸赛，她优势明显，战罢五个回合就迫使对手弃权退赛，轻松荣获冠军。同年3月25日，她在韩国全州举行的世界拳王挑战赛上，战胜韩国女拳手金哈娜，赢得WBA女子拳击的57.15公斤级金腰带，成为中国首位世界女拳王。

高丽君1983年11月25日出生于辽宁丹东，自小喜爱观看《霸王花》系列电影，曾经的梦想是当一名特警。她原是散打运动员，改练拳击才5个月。

## 2008年
### "台北棋王"吴贵临刷新中国象棋车轮战世界纪录

2008年2月24日，"台北棋王"吴贵临展现过人体力与智慧，成功挑战以1对150位棋手的中国象棋车轮战世界纪录。

比赛在高雄文化中心举行，吴贵临与150位象棋选手对弈达九个多小时，直到晚上八点多才结束。150盘棋中，仅输3盘，另有16盘和棋，其余全部获胜。

2004年前，吴贵临在四川成都创下以1对110人的世界纪录，当年他花了12小时。但这一纪录不久被刷新，柳大华在2007年创下1对139人的新纪录。

吴贵临这次有备而来，特别研究动线布署，减少体力与时间的浪费，将以往的"口"字形改为"王"字形。果然，时间与体力的耗费大为减少。

他被称为"台北棋王"，在二十多年棋坛生涯中，练就了稳健细腻、防守严密的棋风，战绩显赫。著有《吴贵临象棋兵法》等中国象棋专著。

## 2月24日备忘录

| | |
|---|---|
| 1928年2月24日 | 1948至1960年，奥运会帆船金牌得主、丹麦的保罗·埃尔弗斯特罗姆出生。 |
| 1941年2月24日 | 美国无腿残疾人查尔斯·齐伯尔曼（别名齐米，生于1894年）在夏威夷檀香山的一个游泳池里连续游泳长达168小时，创下了时间最长的耐力纪录。 |
| 1952年2月24日 | 1972年奥运会男篮银牌得主、美国的汤姆·布尔勒森出生。 |
| 1968年2月24日 | 1996年奥运会自由式摔跤52公斤级金牌得主、美国的肯达尔·克罗斯出生。 |
| 1973年2月24日 | 新西兰队在决赛中2∶1战胜塔希提队后，夺取了首届大洋洲杯的冠军。 |
| 1971年2月24日 | 西班牙一级方程式车手佩德罗·德·拉·罗萨（Pedro de la Rosa）出生于西班牙巴塞罗那。 |
| 1981年2月24日 | 中国大学生体育代表团（滑冰、滑雪队）首次参加在西班牙哈卡举行的第十届世界大学生冬季运动会。 |
| 1988年2月24日 | 罗德里格·布博瓦（Rodrigue Beaubois，别名小黑）出生于法国瓜德罗普岛皮特尔角。2011年6月，跟随达拉斯小牛队获得2010—2011赛季NBA总冠军。 |
| 2001年2月24日 | 国际奥委会评估团在京结束四天的考察并举行新闻发布会，他们认为，北京提出了非常好的比赛规划以及场馆建设方案，将给奥林匹克运动的发展和北京人民的生活留下一笔宝贵的财富。 |
| 2001年2月24日 | 85岁澳大利亚人兰·梅彻在澳大利亚西部地区轻型飞机锦标赛上，获特技飞行表演的冠军；是年龄最大的特级飞行员。 |
| 2001年2月24日 | 加拿大艾伯塔省34名运动员日前再破由北美全明星队去年创下的最长冰球赛吉尼斯世界纪录。 |
| 2001年2月24日 | 中国第一个欧文斯奖获得者、曾经在斯图加特世界田径锦标赛、第七届全运会和第二十六届奥运会上威震世界体坛的王军霞，当日在沈阳与相爱多年的男友战宇踏上结婚的红地毯。 |
| 2002年2月24日 | 首届围棋超霸赛落下帷幕，俞斌九段在决赛中执白以一又四分之一子战胜聂卫平九段，成为该项赛事的首位冠军。 |
| 2002年2月24日 | 香港马拉松赛吸引13574名中外体育健儿参赛，打破历年纪录。赛事由九龙尖沙咀起跑经西区海底隧道等主要道路，最后在香港会展中心金紫荆广场冲线。 |
| 2002年2月24日 | 国际奥委员药检委员会成员约迪·塞古拉表示，他们在对盐湖城冬季奥运三枚金牌得主西班牙滑雪选手约翰·米勒格的药检中，发现了一种类似于EPO的新型兴奋剂。 |
| 2005年2月24日 | 由中共北京市委、北京市人民政府、首都文明委、北京奥组委研究制定的《人文奥运行动计划实施意见》正式发布。 |
| 2007年2月24日 | 第十九届昭和新山国际打雪仗大赛在这项运动的发祥地——北海道有珠郡壮瞥町举行。 |

## 2/25 Feb

### 1928年
**帆船奥运金牌四连冠选手埃尔夫斯特罗姆出生**

1928年2月25日，保罗·埃尔夫斯特罗姆（Paul Elvstrom）出生于丹麦哥本哈根。他是奥运会历史上三位实现金牌四连冠的运动员之一，也是四位参加八届奥运会的运动员之一。

1948年，他赢得伦敦奥运会萤火虫级帆船比赛金牌。1952年奥运会后，萤火虫级开始并入芬兰人级，又实现了奥运会三连冠。1984和1988年奥运会上，埃尔夫斯特罗姆复出赛场，和女儿配对参加赛艇比赛，成为唯一一队父女搭档参加奥运会的运动员。当时，他早已年过半百了。在洛杉矶奥运会上，这对父女搭档最终名列第四。

埃尔夫斯特罗姆共赢得15个世界冠军，19枚奖牌，涉及各个级别：索林级、星级、芬兰人级等。1996年，被评为丹麦世纪最佳运动员。

### 1947年
**第一位在400米比赛中跑进44秒大关的埃文斯出生**

1947年2月25日，李·埃文斯（Lee Edward Evans）出生在美国加利福尼亚马德拉。

1968年墨西哥城奥运会上，他成为第一位在400米比赛中跑进44秒大关的选手，以43秒86创造新的世界纪录。作为美国队的一员，在4×400米接力中，也以打破世界纪录的成绩夺冠。

埃文斯创造的43秒86的世界纪录，直到将近二十年后才由雷诺兹打破。而他所在的美国男队创造的2分56秒16的4×400米世界纪录，直到1992年巴塞罗那奥运会上，才被打破。

在赛场外，他还是一位人权斗争的先驱者。在1968年奥运会前，包括埃文斯在内的美国非洲裔运动员代表们，成立了"奥运人权计划"组织，让更多的人了解正在进行的反种族主义斗争。

李·埃文斯（中）

## 1951年
### 第一届泛美运动会在阿根廷布宜诺斯艾利斯举行

1951年2月25日，来自美洲21个国家的2513名运动员相聚在阿根廷布宜诺斯艾利斯，参加首届泛美运动会。经过14天的比赛，奖牌榜上列前四名的国家是：阿根廷、美国、智利、古巴。

泛美运动会的诞生，经历许多年的艰难曲折。早在1932年洛杉矶奥运会期间，国际奥委会中的南美代表就萌发成立一个体育组织，以促进美洲业余体育运动发展的构想。在1936年柏林奥运会期间，美洲国家代表聚会并通过了定期举办泛美运动会的决议。原定于1942年在布宜诺斯艾利斯举行第一届泛美运动会，但因"二战"爆发而推迟到1951年举行。

## 1952年
### 第六届冬奥会在挪威首都奥斯陆闭幕

1952年2月25日，第六届冬季奥林匹克运动会在有"滑雪运动之都"之称的挪威首都奥斯陆闭幕。本届冬奥会共设22枚金牌，比上届增加了男女大回转滑雪和女子10公里越野滑雪等比赛项目。结果，挪威获七金三银六铜，列奖牌榜第一。美国获四金六银一铜，列奖牌榜第二。芬兰获三金五银二铜，列奖牌榜第三。

在这届冬奥会上，德国、日本在"二战"后首次参加冬奥会。德国队获得男子双人和四人雪橇的冠军。挪威男子速滑选手雅·安德森获1500米、5000米、10000米速滑三项冠军。挪威男子跳台滑雪名将布鲁德继第三、第四届冬奥会获跳台滑雪二连冠后，又在本届获亚军。

## 1962年
### "最伟大的划艇冠军"比尔吉特·费舍尔出生

1962年2月25日，比尔吉特·费舍尔（Birgit Fischer）出生于当时东德的勃兰登堡，是奥运历史上唯一有20年参赛经历的运动员，也是唯一夺取过12枚奥运会奖牌的划艇运动员，被称为"最伟大的划艇冠军"。

1980年，费舍尔首次参加奥运会便获得女子单人皮划艇的金牌。年仅18岁的她，也成为奥运史上夺取皮划艇金牌最年轻的运动员。2000年悉尼奥运会上夺得两金后，她宣布退役，但她在雅典奥运会前夕高调复出，以42岁的高龄来到雅典。

## 1964年
### 穆罕默德·阿里成为新一代拳王

1964年2月25日，在美国迈阿密所举行的一场重量级拳王争霸赛中，22岁的美国选手穆罕默德·阿里（Muhammad Ali）第一次夺得重量级世界拳王头衔。在这场拳王赛的第七回合中，他把查尔斯·索尼·里斯顿击倒在地，成为新的世界重量级冠军，开启了"阿里时代"。

阿里是20世纪拳坛诞生的最伟大的英雄之一。他的出现，超越了拳击、体育，成为一个时代的偶像。阿里的拳击天赋勿庸置疑，他诙谐幽默，喜欢用语言和诗歌来嘲弄对手，而他精湛的技术和著名的"蝴蝶舞步"，更为人所津津乐道。

## 1971年
### 丹麦著名足球运动员维格霍斯特出生

1971年2月25日，莫尔滕·维格霍斯特（Morten Wieghorst）出生于丹麦。他曾是一名中场球员，效力过4支球队，特别是在苏格兰凯尔特人，帮助球队夺得1998年苏超联赛冠军。同时在1994至2004年这10年间，代表丹麦国家队打了30场比赛，贡献3粒进球，参加了1998年法国世界杯。

2004年3月，在与哥本哈根队比赛时，他膝部严重受伤。直到2005年4月，才回到球队的主力阵容，此后，帮助布隆德比夺得联赛和杯赛双料冠军。2005年5月，他膝伤康复还不到一个月即宣布：将在2005年6月26日赛季结束时退役。

在球员生涯结束后，于2005—2006赛季成为洛斯查兰特的助理教练。当前在主教练约翰尼·彼得森（Johnny Petersen）离任后，他从助理晋升为主教练。

## 1973年
### 中国女子体操第二位世界冠军樊迪出生

樊迪，1973年生于上海，中国女子体操第二位世界冠军，也是80年代晚期中国女子体操最优秀的队员之一。

1984年，她进入国家队，1987年，作为替补队员参加了第二十四届世界体操锦标赛，在团体赛的高低杠比赛中，她以"反握向前大回环"和"分腿前空翻抓杠"获得满分，为中国队取得团体第四名立下汗马功劳。

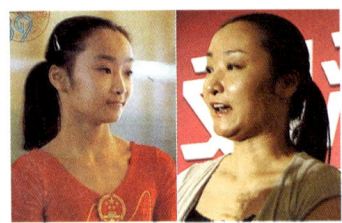

1989年斯图加特体操世锦赛，16岁的樊迪以满分10分与罗马尼亚的希利瓦斯并列世界冠军，成为继马艳红后中国第二个女子体操世界冠军。1990年第十一届亚运会上，获团体冠军、高低杠冠军。

## 1977年
**马拉维奇独得68分，创造后卫单场得分NBA新纪录**

1977年2月25日，外号"手枪"的NBA球星皮特·马拉维奇（Pete Maravich）在与尼克斯的比赛中，单场得到68分，创造当时后卫单场得分新纪录，至今仍在NBA单场得分榜上排名第11。

马拉维奇1947年6月22出生在宾夕法尼亚州，身高1米96，1970年获全美大学最佳球员称号。职业生涯中，两次入选NBA最佳阵容，四次当选NBA全明星队员。1986年，入选美国篮球名人堂。

退役后，他皈依基督教，戒掉了酗酒恶习，并制作篮球录像教材，从事篮球基础教育。1988年1月5日，在加利福尼亚一体育馆进行三对三比赛时，他突然心脏病发作身亡，终年40岁。

1996年，马拉维奇入选NBA50大巨星，是唯一一位在入选时已离世的球星。

## 1981年

**韩国足球名将朴智星出生**

1981年2月25日，韩国球星朴智星（Park Ji-Sung）出生于水原市。凭借代表荷兰埃因霍温队、英格兰曼联队时的出色表现，被认为是当今亚洲头号球星。

他作为韩国球员，却没在本国联赛开始职业生涯。2000年与日本J联赛的京都不死鸟队签约，开始了自己的职业生涯。同年随韩国国奥队参加悉尼奥运会。2000年参加在本土进行的世界杯，跟随韩国队杀入世界杯四强；在对葡萄牙队时，射入致胜一球。后随恩师希丁克来到荷兰埃因霍温，凭借不惜力的跑动，逐渐担任队中主力右前卫，并成为曼联历史上第一位韩国球员。

朴智星技术全面，尤其是奔跑能力极强。在曼联效力的7个赛季，他始终是曼

联队不可或缺的一员,经常作为超级替补出场。2012年7月,离开曼联加盟女王公园巡游者队。

## 1982年
### 意大利著名网球运动员佩内塔出生

1982年2月25日,弗拉维娅·佩内塔(Flavia Pennetta)出生于意大利布林迪西。她是意大利职业女子网球运动员,曾获9次WTA赛事女子单打冠军,并率意大利队在2006年联合会杯决赛中3∶2击败比利时队夺得冠军。

2009年,佩内塔第二次排名进入前20位;获得了第七个和第八个WTA冠军,在2009年8月17日排名首次进入前10位(成为排名进入前10的首个意大利人)。2010年排名接近前20位(最终排名第24位)。在马贝拉获第九个WTA冠军(决赛中击败纳瓦罗);两次获亚军。2011年澳大利亚网球公开赛,头号种子杜尔科、佩内塔获职业生涯首个大满贯冠军。

## 1982年
### 中国职业台球花式九球运动员潘晓婷出生

1982年2月25日,被誉为中国"九球天后"的中国职业台球花式九球打法女选手潘晓婷出生在山东济宁。

1997年底,潘晓婷开始跟父亲练习斯诺克。半年后,一次偶尔机会,父亲给她报名参加1998年5月举行的全国女子九球公开赛。从未练过九球的潘晓婷却获得冠军,此后便成了一位九球打法的职业选手。

潘晓婷2002年,球王杯男女混合赛亚洲区冠军;2003年,印尼雅加达女子第十二届亚洲杯冠军;2005年,第三十八届日本世界女子9号球公开赛冠军;2007年,世界女子花式台球锦标赛冠军;2008年,第四十一届全日本台球锦标赛冠军;2011年,CBSA鄂尔多斯国际公开赛女子组冠军;2012年,CBSA美式9球美途国旅杯房山国际公开赛冠军。

## 1983年
### 克罗地亚著名球星爱德华多·达·席尔瓦出生

1983年2月25日,爱德华多·阿尔维斯·达·席尔瓦(Eduardo Alves Da Silva)生于巴西里约热内卢,1998年在巴西开始足球生涯。

2002年，爱德华多取得克罗地亚国籍并开始为克罗地亚队效力。2006年10月，在2008年欧洲杯预选赛上，为克队打进一球，帮助球队2∶0战胜英格兰。2006及2007年克罗地亚联赛最佳射手，代表克罗地亚21岁以下国家队上场12次，打进8球。

代表萨格勒布迪纳摩上场104次，打进73粒进球。随萨格勒布迪纳摩赢得克罗地亚联赛冠军两次（2006，2007年），克罗地亚杯两次（2004，2007年），当选为2004及2006年克罗地亚年度最佳球员。之后爱德华多曾效力于英格兰阿森纳队和乌克兰涅茨克矿工队。

## 1984年
### 中国奥运冠军田径运动员邢慧娜出生

1984年2月25日，2004年雅典奥运会女子10000米金牌获得者邢慧娜出生在山东省潍坊市。

1996年，邢慧娜进入潍坊市体校，教练是迟玉斋。1999年，进入山东体育运动技术学院，教练是尹延勤；2003年1月入国家集训队，教练是王德显。在2003年巴黎世界田径锦标赛上，打破世界青年纪录，后在多个世界大赛中摘取桂冠。

2005年开始，因伤病困扰加上教练危机，始终不能恢复状态。2008年北京奥运会前，她曾想复出，终未成功。

## 1988年
### 中国奥运"多金王"体操运动员邹凯出生

邹凯1988年2月25日出生在四川泸州，是中国奥运史上夺得金牌最多的运动员，他在北京奥运会和伦敦奥运会上独揽五金。

2008年北京奥运会上，邹凯继获得男子体操团体和自由体操比赛金牌后，又在单杠比赛中夺魁。邹凯一届奥运会收获三金的佳绩比肩1984年的"体操王子"李宁，同时也是中国体操队历史上第一次在单杠项目上夺金。成就了中国体操队的"全满贯"。2012年伦敦奥运会，他再夺团体和自由体操金牌，成为中国奥运"多金王"。

## 1995年
### 柳大华创1对19"蒙目棋赛"新纪录

1995年2月25日，中国象棋特级大师柳大华1对19"蒙目棋赛"在中国棋院揭开战幕。

19名参赛棋手都经中国棋院挑选,有北京市个人赛中12名到24名,再加上历届老冠军和少年冠军,均是北京市三级以上棋士。他们中年龄最大的芦荷生是北京海军总医院的主任医师,最小的只有12岁。经过7小时20分的激战,柳大华以9胜8和2负的成绩刷新了他自己保持的1对18蒙目棋赛的纪录,也作为"中国之最"载入史册。

2006年8月4日,柳大华在成都和108人同时对弈,历时7时30分,获得69胜30和9负的佳绩,成功打破1对101盘的原世界纪录。

## 2001年
### 澳大利亚板球传奇人物布拉德曼爵士去世

2001年2月25日,澳大利亚历史上最伟大的板球运动员、板球界的传奇式人物唐纳德·布拉德曼爵士(Sir Donald George Bradman)去世,享年92岁。

布莱德曼爵士通常被称为"唐"(The Don),是一位被世界公认的历史上最伟大的板球手。他年少成名,22岁就打破了很多板球的纪录,前澳大利亚板球队队长伍德福尔如此评价:"他一个人可以顶三个人用。"

其职业生涯击球场均99.94(平均数值为30—40),这一数据不可思议;是在各大体育赛事

中,都不太可能实现的伟大成就。2001年,澳大利亚发行了一枚面值20澳分的纪念币,图案就是布莱德曼打球的英姿。2005年,为纪念布莱德曼百年诞辰,澳大利亚发行了一枚5澳元的纪念金币。

## 2004年
### 小罗伊·琼斯放弃重量级拳王头衔

2004年2月25日,在小罗伊·琼斯宣布放弃重量级拳王头衔而专注于轻重量级比赛后,世界拳击理事会将重量级拳王称号授予了32岁的波多黎各拳手约翰·鲁伊兹。

鲁伊兹在2001年以点数击败霍利菲尔德,首获重量级拳王称号;但在2003年3月,输给了小罗伊·琼斯,后者成为有史以来第二位赢得重量级拳王称号的中量级拳手。意外获得拳王头衔后,他两次卫冕成功,但2005年点数负于"东方巨兽"瓦鲁耶夫。

## 2006年
### 广州医药足球俱乐部有限公司成立

广州医药足球俱乐部正式成立于2006年2月25日，是中国一支地市级专业足球队。1993年1月，广州足球队通过和太阳神集团合作，成为中国第一家政府与企业合股的职业足球俱乐部。

广州足球俱乐部曾是中国足坛中的一支强队，球队涌现出容志行、古广明、赵达裕、麦超、彭伟国和胡志军等一批优秀球员。2010年1月1日，原广州医药俱乐部的三大股东一起退出，球队由广州市体育局托管。2010年2月，广州队在中国足坛反赌风暴中被揭发曾在2006赛季参与打假球，遭到降级处分。

## 2012年
### 广州恒大队夺得超级杯

2012年2月25日，中超联赛冠军广州恒大2：1击败足协杯冠军天津泰达队，夺得超级杯。这是广州足球史上首次捧起超级杯，是广州足球的又一里程碑。

2010年3月1日，恒大集团以一亿元买断中甲球队广州足球俱乐部全部股权。恒大入主后，动作不断，先是引入国家队锋线杀手郜林，后又聘韩国教练李章洙，接着，又先后引进国脚郑智和孙祥。外援方面，引进巴西前锋穆里奇。同年，广州恒大便以中甲冠军的身份重返中超。

2011赛季，张琳芃、冯潇霆、杨君、姜宁和杨昊等五名国脚级内援先后加盟球队，外援引进了巴西前锋克莱奥、前韩国国脚赵源熙、巴西后卫保隆及巴西中场雷纳托；至7月，广州恒大更是以1000万美元引进巴西甲级联赛MVP孔卡，再次刷新了转会费纪录。巨大投入带来丰厚回报，在2011赛季的中超联赛，广州恒大队提前四轮夺得中超冠军。2012年广州恒大蝉联中超联赛冠军。

## 2012年
### 卢比奥打破吉尼斯另类投篮纪录

各种世界纪录是五花八门、无奇不有，其中一项是"1分钟内从篮板后投篮"的纪录。

2012年2月25日，在NBA全明星周末活动中，费城76人队后卫特纳在1分钟内从篮板后投进14球。没想到，森林狼队的西班牙球员里基·卢比奥马上又以18球刷新了这刚创造了的世界纪录。

也许"1分钟内从篮板后投篮"是一项微不足道的纪录，但

卢比奥（右）

确实属于官方登记在册的纪录。在当天的全明星新秀赛训练中，卢比奥的投篮如有神助，他投进的18球中，有16球是连续命中，在场观众看得目瞪口呆，连他本人都对这个纪录感到难以置信。

卢比奥1990年出生，被称为国际篮坛的"金童"。2009年，被NBA明尼苏达森林狼队选中，但由于与母队巴塞罗那的合同问题，直到2011—2012赛季才正式加盟。

# 2012年
## 第一届世界立式单桨冲浪赛在秘鲁落幕

2012年2月25日，由国际冲浪协会主办的第一届世界立式单桨冲浪赛在秘鲁首都利马的绿色海岸海滩落幕，法国选手德尔佩罗和美国选手梅丽尔分获男、女个人赛冠军。

来自美国、澳大利亚、巴西、意大利、墨西哥和秘鲁等17个国家和地区的180名冲浪选手齐聚太平洋沿岸，

经过激烈角逐，澳大利亚的格兰特和加利亚分别获得4.5公里短程冲浪技术赛和5.75公里单臂冲浪赛冠军。在接力赛中，澳大利亚4名冲浪高手以18分27秒勇夺冠军，美国队和俄罗斯队分获亚军和第三名。

## 2月25日备忘录

| | |
|---|---|
| 1924年2月25日 | 马里兰州洛纳孔尼中心高中队以163∶3战胜厄休莱茵中学队。玛丽·博伊德（后姓艾克勒）在这场高中女子篮球比赛中，一人独得156分。 |
| 1958年2月25日 | 1958年全国体育工作会议在北京举行。会议研究讨论了《体育运动十年发展纲要》（30条）。 |
| 1961年2月25日 | 美国的SG-1-23E单座滑翔机创造了滑翔机类当时飞行高度的世界纪录，其飞行高度为14608米。 |
| 1979年2月25日 | 荷兰建筑学家杨·克鲁特霍夫创造了200公里滑冰马拉松比赛6小时5分12秒的世界纪录，他曾8次夺得该项冠军。 |
| 1985年2月25日 | NBA芝加哥公牛队球星乔金·诺阿出生。 |
| 1991年2月25日 | 21岁的中国姑娘谢军以总成绩3胜3和1负，积分4.5分，击败对手南 |

|  |  |
|---|---|
| | 斯拉夫名将艾丽萨·马里奇，打破了40年来女子国际象棋冠军和挑战者一直为前苏联选手所垄断的局面。 |
| 1992年2月25日 | "路在何方"中国足球研讨会在北京举行，来自全国21家新闻单位的32位体育记者与会。 |
| 1998年2月25日 | 经中国证监会批准，国家体育总局直属的第一家、也是唯一一家上市公司，中体产业股份有限公司发行社会公众股4500万股。 |
| 2000年2月25日 | 中国女子乒乓球队在吉隆坡举行的第四十五届世界乒乓球团体锦标赛决赛上，以3∶1战胜中华台北队，以全胜战绩第十三次捧得"考比伦杯"。 |
| 2001年2月25日 | 中国唯一一份乒乓球杂志——《乒乓世界》创刊20周年暨出版100期。 |
| 2006年2月25日 | 球王马拉多纳再次宣布，巴塞罗那的小将梅西将会是自己的继承人。 |
| 2008年2月25日 | 王楠、王励勤在第四十九届世乒赛中双双落败。这一结果几乎让所有在场观众和记者大跌眼镜 |
| 2012年2月25日 | 西安市4086名市民齐聚大明宫国家遗址公园，成功刷新了世界集体跳绳的新纪录。 |

# 2/26 Feb

## 1839年
### 世界上难度最大的越野障碍赛马诞生

1839年2月26日，世界上难度最大的越野障碍赛马——英国国家障碍赛马大赛正式诞生。这一赛事也是英国国家障碍赛马大赛的前身。

该大赛是世界上著名的赛马比赛。其特点是既考验马的耐力，也考验马的跳越障碍能力，比赛在英国利物浦的安特里赛马场举行。

安特里赛马场的圈道3600米，国家大赛共跑两圈合计7200米，设有三十多处障碍，其中最高难度的障碍包括第六道障碍——著名的"毕氏溪流"。跨越障碍的难度在于：马在从另一侧起跳时，并不知道障碍这一侧的落差高达2.07米。如跨越时，平稳性掌握得不好，就会翻倒。

## 1919年
### 荷兰著名游泳运动员马斯滕布洛克出生

1919年2月26日，亨德利卡·马斯滕布洛克（Hendrika "Rie" Wilhelmina Mastenbroek）出生于荷兰鹿特丹。

1936年柏林奥运会女子游泳比赛，年仅17岁的马斯滕布洛克先在100米自由泳比赛中，打破世界纪录并夺得金牌；三天后，在100米仰泳比赛中获一枚银牌；第五天，她在4×100米自由泳接力比赛中最后一棒出场，为荷兰夺得一枚团体金牌，并在个人项目400米自由泳比赛中再夺一金，成为第一位在一届奥运会上夺得四枚奖牌的女子运动员。

奥运会后，她捐赠自己的一枚金牌，为残疾人体育村募捐。

## 1942年
### 中国首位职业探险家刘雨田出生

1942年2月26日，中国首位职业探险家刘雨田出生于河南省长葛县。

1984年5月，刘玉田开始徒步万里长城。经过一年多的艰苦跋涉完成壮举，成为世界上第

一位徒步万里长城的人。之后，他又徒步走完丝绸之路、黄土高原、新疆罗布泊，攀登格拉丹冬和昆仑雪山，考察神农架野人、喜马拉雅雪人，沿喜马拉雅和雅鲁藏布江旅行，试登珠穆朗玛，三次穿越塔克拉玛干、古尔班通古特等中国五大沙漠，足迹遍及祖国的山山水水，世界数百家报纸、杂志、电视都报道了他的探险，称他为"二十世纪世界罕见的旅行家、探险家"。

## 1973年
### 首位获得12枚游泳奥运奖牌的珍妮·汤普森出生

美国运动员珍妮·汤普森（Jennifer Beth Thompson）是奥运史上最出色的游泳运动员之一。自1992年的巴塞罗那奥运会到2004年雅典奥运会，连续四届代表美国队出征奥运会，共赢得12枚奖牌，其中包括8枚金牌。

汤普森出生于美国马萨诸塞州。1987年，14岁就参加泛美运动会，获50米自由泳金牌。1992年巴塞罗那奥运会，获得4×100米自由泳接力和4×100米混合泳接力的2枚金牌。1996年亚特兰大奥运会和2000年悉尼奥运会上，又获6枚接力金牌。在2000年悉尼奥运会上，获得100米自由泳银牌。

2004年雅典奥运会，复出的汤普森获4×100米自由泳接力和4×100米混合泳接力两枚银牌。

游最后一棒的
珍妮·汤普森（下）

## 1973年
### 挪威著名足球运动员索尔斯克亚出生

1973年2月26日，奥莱·索尔斯克亚（Ole Gunnar Solskjaer）出生于挪威克里斯蒂安松。前足球运动员，退役后任教练。

索尔斯克亚司职前锋，曾长期效力曼联队，穿20号球衣。主要奖项：英超联赛冠军6次、足总杯冠军3次、欧冠冠军1次、洲际杯冠军1次和社区盾杯冠军2次。

2007年8月28日晚，在曼联俱乐部特别举行的新闻发布会上，34岁的索尔斯克亚正式宣布退役。随即，他加入曼联教练组成为预备队教练。2011年起，离开曼联回到挪威，开始担任莫尔德队主教练。

赛场上的奥莱·索尔斯克亚（红衣）

## 1976年
### 雅典奥运会东道主首金得主希拉尼蒂斯出生

希拉尼蒂斯（左）
毕米斯·托马斯（右）

1976年2月26日，尼科拉奥斯·希拉尼蒂斯（Nikolaos Siranidis）出生于希腊雅典，他是雅典奥运会东道主的第一枚金牌获得者。

2004年希腊雅典奥运会的男子双人三米板决赛，希拉尼蒂斯和另一位希腊运动员毕米斯合作，获得金牌。希拉尼蒂斯和毕米斯赛前可说是名不见经传，但是他们抓住了中国组合出现失误的机遇，以一个完美的向内翻腾3周半抱膝，获得最后的冠军，为东道主希腊代表团夺得本土奥运会的第一枚金牌。

## 1982年
### 亚洲首位网球大满贯赛事单打冠军李娜出生

李娜，1982年2月26日生于湖北武汉。1999年转为职业选手，从网球低级别赛事一路打到四大满贯，是第一个获得WTA巡回赛单打冠军的中国人。

2011年6月4日，李娜获法网女单冠军，夺得苏珊·朗格朗杯。这是中国乃至亚洲历史上第一个网球大满贯赛事的冠军。决赛中，李娜在拿下首盘后，又在第二盘末段成功顶住卫冕冠军、意大利名将斯齐亚沃尼的顽强反击，最终以6：4、7：6胜出，书写了中国网球灿烂的辉煌时刻。

## 1984年
### 多哥著名足球运动员阿德巴约出生

埃曼纽尔·阿德巴约（Emmanuel Adebayor）是尼日利亚人，1984年2月26日在多哥出生，因此代表多哥作赛。他球风硬朗敏捷，善于与队友配合。

阿德巴约是2006—2007赛季阿森纳队的重要一员。由于亨利受伤，他肩负起阿森纳前锋的重任。在2006年9月17日，为阿森纳在曼联老特拉福德球场射入奠定胜局的一球，以1：0轻取曼联。在2006年11月8日联赛杯，为阿森纳队射入一球轻取埃弗顿晋级。

在2006年世界杯外围赛上，他为多哥队射入11球，是非洲各队在外围赛进球最多的球员。2006FIFA世界杯，他为多哥队披挂上阵，曾被提名非洲足球先生两次。

2006世界杯后，由于阿德巴约向多哥足总申领额外奖金，于2007年被逐出国家队。

## 1989年
### 世界桥牌联合会授予邓小平最高荣誉金奖

1988年2月26日，世界桥联在意大利召开的执委会上，决定设立一个特别奖——荣誉金奖，以表彰对世界桥牌运动作出卓越贡献的人士，并一致同意把第一枚荣誉金奖授予邓小平。

世界桥联主席丹尼斯·霍华德先生在颁奖仪式上说："对世界桥联来说，今天是一个不平凡的日子，因为我们为一位伟大的人物颁奖。"

1978年10月，正是由于邓小平在群众联名要求开展桥牌活动的来信上批示，才使桥牌——这项在"十年浩劫"中被诬蔑为"资产阶级洋玩艺儿"的高雅智力游戏，在中国获得新生。1979年，国家体委将桥牌列入正式比赛项目。1980年，中国桥牌协会成立，邓小平欣然出任荣誉主席。

## 2002年
### 孙继海转会曼城创中国球员转会费纪录

2002年2月26日，大连实德俱乐部在北京召开新闻发布会宣布：原效力于该队的国脚孙继海已成功转会英格兰甲级俱乐部曼彻斯特城队，转会费为200万英镑，创造了当时中国球员转会费的新纪录。

根据合同，取得劳工证的孙继海在曼城的工资为一年65万英镑。他在曼城队身穿17号球衣，共效力了7个赛季，跟随球队从英甲踢到英超。在当时的那批队友中，他几乎是最后离开曼城的人。

孙继海1977年出生，1995年在大连万达队出道，开始参加甲A联赛。多次入选国家队，是当时国家队绝对的主力。司职右后卫，但具有极强的进攻能力，攻守俱佳。

## 2003年
### 艾斯开尔在40米高空独自生存26天创纪录

2003年2月26日下午4时4分，在40米高空独自生存26天的"高空钢丝超人"艾斯开尔，从钢架上一步步回到久违的地平面，至此，他挑战高空生存世界纪录已累计624小时，打破了中国"空中王子"阿迪力高空生存25天的世界吉尼斯纪录。

在空中的26天里，艾斯开尔在架设于郑州森林公园的钢索上，经历了大风、大雪、浓雾、下雨

等恶劣天气,吃住在 40 米高空。在没有任何保护措施的情况下,每天在钢索上表演将近 5 小时。

1972 年,艾斯开尔出生于新疆喀什,是新疆维吾尔族"达瓦孜"艺术第六代传人。2009 年 10 月 6 日,他在福建太姥山景区离地高度 75 米的钢缆上,将自己保持的高空生存纪录提高到 49 天。

## 2004 年

### 泰森为免牢狱之灾承认有罪,被罚做 100 小时义工

2004 年 2 月 26 日,前重量级拳王泰森陷入一场诉讼,为免受牢狱之灾,他决定向原告低头,承认自己有罪。

泰森这次的罪名是 2003 年在纽约布鲁克林一家宾馆与人打架,由此面临三项指控。如他不承认有罪,一旦原告诉讼成功,他将面临最多一年的监禁。权衡之下,决定接受自己律师的建议,承认有罪,这样就可确保免受牢狱之灾,只需要在社区内做 100 个小时的义工。

法院最终决定:让泰森在社区内教孩子们练拳击 100 小时作为惩罚。泰森的律师说,这个决定是"非常公平和合理的解决办法"。

泰森多次因醉驾、暴力、藏毒和强奸等罪名面临诉讼,1992、1999 和 2007 年三次入狱。

## 2005 年

### 第八届冬季特奥会在日本长野开幕

2005 年 2 月 26 日,来自 86 个国家和地区的 2700 多名运动员、教练员和近 20000 名观众齐聚日本长野县长野市浪波综合竞技场,共庆第八届世界冬季特殊奥林匹克运动会开幕。

由 68 名选手组成的中国队将参加越野滑雪、速度滑冰、花样滑冰、雪鞋走和地板曲棍球 5 个项目的角逐。此次中国参赛选手平均年龄 20 岁,最大的 34 岁、最小的只有 13 岁。

特奥会由国际特殊奥林匹克委员会主办。国际特奥委的创始人是美国前总统肯尼迪的妹妹尤尼斯·肯尼迪。特奥会每两年举办一次,夏季和冬季交替进行。中国特奥会成立于 1985 年 6 月 17 日,同年 7 月 6 日加入国际特奥会。

## 2006 年

### 第二十届冬奥会在意大利都灵闭幕

2006 年 2 月 26 日,第二十届冬奥会在都灵奥林匹克体育场落下帷幕,下届冬奥会举办地温哥华市市长从罗格手中接过五环旗。

来自 80 个国家和地区的 2633 名运动员参加了这次盛会,创造了参赛代表团数和运动员人数的冬奥会纪录。传统强队德国、美国和奥地利位列

金牌榜三强。中国选手王濛和韩晓鹏夺得两枚金牌，中国代表团以二金、四银、五铜名列第十四；名次虽比上届冬奥会落后一位，但奖牌总数 11 枚已经超过了上届的 8 枚。

## 2007年
### 德国自行车名将乌尔里希宣布退役

2007 年 2 月 26 日，前环法自行车赛个人总冠军、德国名将扬·乌尔里希（Jan Ullrich）在汉堡举行的新闻发布会上宣布退役，并否认服用过兴奋剂："我从此将结束职业车手的生涯。在做自行车手期间，我从来没有欺骗过任何人。"

时年 33 岁的乌尔里希曾 8 次参加环法自行车赛，夺一次冠军、五次亚军、一次第三和一次第四。1997 年达到职业生涯最高峰——环法大赛的个人赛总冠军。

自 2006 年起，乌尔里希身陷兴奋剂丑闻，最终被迫退出环法大赛。尽管他一直坚称自己没有服用禁药，但仍被所效力的德国电信车队开除。退役后，任奥地利沃斯班克车队顾问。他说："我的生活离不开自行车，它是我的激情和生命所在，我会继续倾注自己的精力在自行车上。"

## 2007年
### 石川佳纯 14 岁参加世乒赛，打破福原爱创造的纪录

2007 年 2 月 26 日，日本乒乓球协会宣布：年仅 14 岁的女选手石川佳纯将作为主力选手，代表日本队出战在克罗地亚首都萨格勒布进行的 2007 年乒乓球世锦赛，成为日本队历史上参加世乒赛最年轻的运动员。

在日本乒乓球全国锦标赛上，石川佳纯战胜了多名排名高于自己的选手，进入半决赛。这一战绩成为她进入国家队的重要砝码。到当年 5 月参加世乒赛时，她只有 14 岁零 2 个月。四年前，"瓷娃娃"福原爱参加巴黎世乒赛时是 14 岁零 6 个月。

石川佳纯出生于 1993 年 2 月 23 日，是继福原爱后，日本涌现的又一名优秀女子乒乓球运动员。她出生乒乓球世家，父母和妹妹都从事乒乓球运动。2012 年伦敦奥运会，获女单第四名、代表日本队获女子团体亚军。

## 2009年
### 美国前 NBA 著名球员、教练约翰尼·科尔去世

职业篮球运动员、职业篮球教练，电视广播解说员约翰尼·科尔（Johnny Kerr），1932 年 7 月 17 日出生，卒于 2009 年 2 月 26 日。

1954 至 1966 年，科尔是锡拉丘兹民族队球员，并获得 1955 年 NBA 总冠军。随后，担任过芝加哥公牛队和菲尼克斯太阳队的主教练。此后，在芝加哥公牛队的解说岗位上工作了 37 年。

科尔是 1953—1954 赛季 NCAA 全美第三阵容、1955 年 NBA 总冠军、三次入选 NBA 全明星（1956、1959、1963 年）、1967 年获 NBA 最佳教练、2009 年获约翰·布恩终身成就奖。2009 年 2 月 13 日，科尔与其他 15 位被提名者共同入选奈史密斯篮球名人堂。

乔丹（左）科尔（右）

## 2011年
### 阿根廷联赛单场 36 张红牌，两队全罚下

2011 年 2 月 26 日，在阿根廷的第四级足球联赛中，当值主裁判在一场比赛中出示了 36 张红牌，将双方的所有球员都罚下了场。

阿根廷足协确认了这一事件。在阿根廷第四级联赛维多利亚队与克雷普尔队的比赛中，主裁判达米安·卢比诺终止了比赛，原因是双方队员完全失控，在场上打斗成一片。对此，卢比诺向双方所有场上球员、替补球员及部分教练出示了红牌。

根据比赛规则，一队在一场比赛中少于 7 人后，比赛就将自动终止。但由于本场比赛实在特殊，双方所有球员都在打架，裁判认为他们都必须接受红牌处罚及随后的禁赛，因此决定给所有人亮红牌。这样，两队所有球员将在下一轮全部停赛，他们将不得不召青年队选手来临时补缺。

## 2012年
### 科比超越乔丹成全明星赛史上新得分王

在 2012 年 2 月 26 日举行的第六十一届 NBA 全明星赛上，洛杉矶湖人队头号球星科比·布莱恩特超越乔丹，成为全明星赛史上新的得分王。

14 次入选全明星赛的科比只要命中 19 分，便可打破自己偶像乔丹在 13 届全明星赛中累积的 262 分的最高纪录。结果，科比在第三节还有 4 分 57 秒时，以一记扣篮完成历史性的跨越。最终，他全场收获 27 分，以 271 分成为全明星赛史上累积得分最多的球员。

科比与 20 世纪五六十年代球星鲍勃·佩蒂特共同保持 4 次当选全明星赛 MVP 的最高纪录。

## 2月26日备忘录

| | |
|---|---|
| 1957年2月26日 | 1984年奥运会女子自行车公路赛金牌得主、美国的康妮·卡彭特·芬尼出生。 |
| 1962年2月26日 | 1996年奥运会女垒金牌得主、美国的谢拉·科内尔出生。 |
| 1979年2月26日 | 邓小平在会见日本共同通讯社社长杜边孟次时,阐述中国在十年内举办奥运会的设想。 |
| 1991年2月26日 | 在当日召开的中国奥委会全体会议上,一致通过了北京市政府提交的《主办2000年第二十七届奥林匹克运动会申请书》。 |
| 2001年2月26日 | "中国体育展"在北京中华世纪坛开幕。展览由"中国古代体育"、"奥林匹克运动在中国"和"中国人民的不懈追求"三部分组成。 |
| 2004年2月26日 | 中国足协及联赛各俱乐部老总峰会在上海拉开序幕,此为中国足球2004年的第一次大会,也被认为是中超联赛宣告正式诞生的标志性会议。 |
| 2005年2月26日 | 国际田联出版了2004年的世界排名年鉴,记载了当今田坛顶尖巨星们的辉煌成就。 |
| 2006年2月26日 | 都灵冬奥会组委会向新闻界公布,本届冬奥会纯利润为2.68亿欧元。 |
| 2010年2月26日 | 2010年温哥华冬奥会短道速滑比赛落幕,中国运动员王濛发挥出色,独揽三冠,帮助中国女队包揽4块金牌。 |
| 2011年2月26日 | 2011年福州12小时超级马拉松赛在福州金山文体中心田径场开赛,200名马拉松爱好者参赛,其中16名为女子选手。 |
| 2011年2月26日 | 德国足球甲级联赛多特蒙德队以3:1击败上赛季德甲冠军拜仁慕尼黑队,近二十年来首次在客场击败这个德甲巨人。 |

# Feb 2/27

## 1900年
### 拜仁慕尼黑足球俱乐部成立

拜仁慕尼黑（德语：FuBball Club Bayern München），通常也被称作"拜仁"，是一家位于德国南部巴伐利亚州首府慕尼黑市的足球俱乐部，是德国乃至欧洲最为成功和最受欢迎的足球俱乐部之一。一共夺得22次德国顶级足球联赛冠军（21届德甲冠军及1届战前德国联赛冠军）、15次德国杯冠军、4次欧冠冠军及欧洲优胜者杯、欧洲联盟杯冠军各1次。1976和2001年两次获得洲际杯/丰田杯。

1900年2月27日，以弗朗茨·约翰（Franz John）为首的11名足球运动员成立拜仁慕尼黑俱乐部。1932年，获德国联赛冠军，但在德国国内影响不大。20世纪70年代中期，拜仁取得辉煌成就，连续三次获得欧洲冠军杯冠军。近年来，成为德国联赛的霸主；在10个赛季里获7届联赛冠军。

## 1961年
### NBA球星"大赛詹姆斯"詹姆斯·沃西出生

1961年2月27日，詹姆斯·艾基·沃西（James Ager Worthy）出生北卡罗莱纳州加斯通里亚。因为总是在关键比赛中发挥出色，赢得了"大赛詹姆斯"（Big game James）的雅号。由于在场上总戴着护目镜，又被称为"眼镜蛇"。

他是1988年NBA总决赛最有价值球员，洛杉矶湖人80年代（1985，1987，1988年）三次总冠军成员。在职业生涯中，季后赛场均21.1分，5.2个篮板，比他的常规赛场均17.6分，5.1个篮板的成绩还要突出。他的第一个大号"三双"，在1988年对底特律活塞队的第七场总决赛中取得；他在那场比赛中取得36分、16个篮板和11个助攻；那场比赛，也许是他职业生涯中最重要的一场。他同时保持NBA季后赛历史上五场系列赛的最高命中率——在1985年西部决赛对阵丹佛掘金队，取得72.1%的命中率。

# 1972年
## 世界乒乓史上首位实现世锦赛金满冠的巴纳去世

1972年2月27日，世界乒乓史上第一位实现世锦赛金满冠的维克托·巴纳（Victor Barna）逝世。

巴纳1911年8月24日出生于布达佩斯。在世界乒乓球史上，他可以称得上是最伟大的传奇。在世乒赛上，一共赢得41枚奖牌，其中包括23枚金牌、8枚银牌和10枚铜牌。此外，他是乒坛第一位实现世锦赛金满冠的选手——5个单打冠军，8个男双冠军，2个混双桂冠及8枚团体赛的金牌。这样的骄人纪录让后人无法企及。

匈牙利队在1926到1936年期间统治了世界乒坛，巴纳则在1929到1935年的七年间，用他完美的球技征服整个乒坛。直至今日，依然无人能超越他的成就。

# 1977年
## 马拉多纳创阿根廷最年轻国脚纪录

1977年2月27日，16岁零4个月的马拉多纳首次代表国家队出战，创造了阿根廷最年轻国脚的纪录。迭戈·阿曼多·马拉多纳（Diego Armando Maradona）是足球史上最优秀也是最具争议的球员。代表阿根廷国家队参加过4届世界杯，夺得1986年墨西哥世界杯冠军和1990年意大利世界杯亚军。

他出生于布宜诺斯艾利斯，11岁就因为球技出色而被媒体追捧，14岁入青年人队，1975年8月14日，代表青年人队出场亮相，成为阿根廷联赛最年轻出场纪录，这个纪录直到2003年才由他的女婿阿圭罗打破。1978年，马拉多纳以26个进球夺得阿根廷甲级联赛最佳射手，年仅17周岁。这个阿根廷联赛最年轻最佳射手纪录保持至今。

2010年，作为主教练率阿根廷队参加南非世界杯，获第五名。

# 1978年
## 格鲁吉亚足球名将卡拉泽出生

1978年2月27日，格鲁吉亚著名足球明星卡哈·卡拉泽（Kakha Kaladze）出生于格鲁吉亚萨姆特雷迪亚。他能胜任中后卫、左边后卫和左边前卫等多个位置，助攻能力强，传中质量高。

他在第比利斯迪纳摩开始职业生涯，后到基辅迪纳摩队效力。在"乌克兰"核弹头舍甫琴科加盟AC米兰两个赛季后，他也以1600万欧元的身价来到圣西罗，并立刻成为球队后防线的主力，为米兰夺得2002—2003赛季的冠军杯作出重要贡献。为纪念这一成就，格鲁吉亚特意以卡拉泽的头像为主题发行了一款邮票。

## 1979年
### 中国著名女子举重运动员丁美媛出生

1979年2月27日，2000年奥运会女子举重75公斤以上级金牌得主、中国的丁美媛出生于大连金州区杏树屯镇丁旺屯。

1994年，年仅15岁就参加了大连市运动会举重比赛，夺得有生以来的第一金。2000年悉尼奥运会上，她以300公斤的总成绩获女子举重75公斤以上级金牌，并打破该项目抓举（135公斤）、挺举（165公斤）和总成绩三项世界纪录。

2003年世界举重锦标赛，获女子75公斤以上级抓举、挺举、总成绩三项冠军，两次刷新75公斤以上级世界纪录，平一项世界纪录。2005年，在国际举联百年庆典仪式上，当选为"世界举重百年最佳运动员"。

## 1994年
### 历史上最年轻的世界棋后侯逸凡出生

历史上最年轻的世界棋后侯逸凡1994年2月27日出生于江苏省兴化市。

她在国际象棋界创造了一系列纪录：2003年入中国国际象棋队；2008年晋升男子国际特级大师，是历史上晋升男子特级大师最年轻的女棋手；2010年在土耳其安塔基亚获世界女子国际象棋锦标赛冠军，成为第十三位世界棋后，也是历史上最年轻的世界棋后，当时年仅16岁。2011年成功卫冕，成为历史上两夺世界冠军的最年轻棋手；2012年在第十届直布罗陀国际象棋公开赛中，战胜尤迪特·波尔加，打破后者20年来在慢棋赛中对女棋手不败的神话，并获该赛事亚军。

侯逸凡本人对"天才"这两字却不认同，她认为自己之所以成功：一方面源于一路走来非常幸运，另一方面是付出了常人难以想象的努力。

## 1994年
### 第十七届冬奥会在挪威利勒哈默尔闭幕

1994年2月27日，第十七届冬奥会在挪威的利勒哈默尔闭幕。

俄罗斯北欧两项滑雪运动员利乌波夫·耶各娜娃技惊四座，共获得四枚奖牌，其中包括3枚金牌。挪威速滑运动员约翰·奥拉夫·柯斯，他不仅获得3枚金牌，还成功代表挪威奥委会向奥运援助组织捐赠225000克朗，并鼓励观看比赛的挪威同胞为挪威的每一次胜利捐献10克朗。由于挪威在本届冬奥会上表现出色，共夺得10枚金牌，在金牌榜上紧跟俄罗斯后排名第二，成功募集了大量资金。

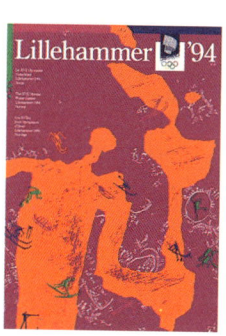

中国这次选派27名运动员（女选手19名）参赛，共参加了速滑、短道速滑、花样滑冰、冬季两项和自由滑雪等竞赛。3名女选手获奖牌：张艳梅获500米短道速滑银牌，叶乔波获1000米速滑铜牌，陈露获花样滑冰女子单人铜牌。

## 2006年
### 与鳄鱼搏斗救人的62岁登山者获澳最高奖章

2006年2月27日，澳大利亚政府宣布：62岁的阿莉西亚·索罗汉因在朋友遭到咸水鳄攻击时，挺身而出与鳄鱼搏斗，保护了朋友；获得了澳大利亚公民的最高荣誉——勇敢者奖章。

2004年10月11日清晨，还在登山帐篷中熟睡的索罗汉，听到另外一个登山帐篷中朋友安德鲁·科尔的尖叫声。当她走出帐篷时，看到一条长4.2米、重300公斤的咸水鳄咬住了科尔。索罗汉毫不犹豫跳上鳄鱼的脊背，这条食人鳄鱼转过头来攻击索罗汉，她的鼻骨断了，胳臂也被鳄鱼咬住。这时，索罗汉的儿子闻声赶来，击毙了鳄鱼。

一年后，勇敢的索罗汉一家再次前往出事地点进行登山活动。

## 2007年
### 芬兰名将坎库宁321公里时速打破冰上驾驶纪录

2007年2月27日，前芬兰著名拉力赛车手尤哈·坎库宁（Juha Kankkunen）以321公里的时速，创造了新的冰上驾驶世界纪录。

坎库宁在位于赫尔辛基西北600公里的波的尼亚湾冰冻海面上，跑出了321公里的时速，打破了摩纳哥车手吉尔多·帕兰卡—帕斯托尔于1995年创造的296.34公里的冰上驾驶时速纪录。

2011年2月，坎库宁在波罗的海冰冻的海面上，驾驶一辆宾利欧陆跑车跑出了330.695公里每小时的速度，打破了自己保持的原纪录。尤为难能可贵的是，他驾驶的运动款跑车并未在性能上做任何改动，只是为了保证在冰面上的安全，加装了全焊接防滚架，换装了新的前后扰流板，并加装了一个减速伞，同时换装了特定的冬季轮胎。

## 2008年
### 玛利亚出任北京奥运会圣火采集仪式最高祭司

2008年2月27日，希腊奥委会举行会议，一致通过决定：由演员玛利亚·纳夫普利奥都（Maria Nafpliotou）担任第二十九届北京奥运会圣火采集仪式最高祭司，并出任北京奥运会圣火采集仪式的编导。自1936年开始圣火采集仪式以来，她是第十位最高女祭司，是第九位夏季奥运会圣火采集仪式最高女祭司。

玛利亚出生于雅典，自幼喜爱舞蹈，很小的时候就表现出舞蹈天分。她在希腊专业舞蹈学校学习舞蹈，曾获奖学金前往原苏联列宁格勒国家舞蹈学院进修。

## 2009年
### 世界大学生冬运会，中国女子冰壶队首获金牌

2009年2月27日，中国女子冰壶队在哈尔滨大冬会女子冰壶决赛中经10局苦战，以6:5击败劲敌加拿大队，实现中国冰壶项目在世界大赛上金牌零的突破。

比赛异常激烈，放手一搏的加拿大队强势出击。在第六局末段，中国队队长王冰玉在最后一投进入"大本营"就可得到两分的情况下，出现失误；由于力量过大，冰壶滑出"营地"，最终在该局只收获一分。加拿大队看到扳平比分的机会。不过，王冰玉此时顶住了压力，凭借她漂亮的最后一投，加拿大队在本局最终只得到两分，没有实现逆转。

## 2010年
### 美国人62年奥运雪车"金牌荒"结束

2010年2月27日，在温哥华冬奥会男子四人座有舵雪车金牌赛中，美国一队以3分24秒46获冠军，打破62年未能夺冠的金牌荒。

美国一队的四名成员分别是：霍科姆、奥尔森、梅斯勒和托马塞维奇。

在第一届冬季奥运会中，有舵雪车即被列为正式比赛项

目。雪车用金属制成，形如小舟，车首覆有流线型罩，因此也得名"雪地之舟"。车底前部是一对舵板，上与方向盘相接，车底后部为一对固定平行滑板；车尾装有制动器。

美国人赢得令人信服，也令对手无奈。在比赛最困难的第十三处弯道，所有的雪车都出现过刮蹭，只有美国一队四次均顺利通过。

# 2011年
## 德约科维奇获职业生涯第二十个ATP赛事单打冠军

2011年2月27日，总奖金高达161万美元的ATP世界巡回赛500赛迪拜冠军赛，结束男单决赛的争夺，赛会头号种子、瑞士"天王"费德勒发挥不佳，最终连丢两盘，以3：6和3：6不敌卫冕冠军德约科维奇，遭遇这老对手的两连败，无缘冠军。而德约科维奇则借此获得自己本赛季第二个暨职业生涯第二十个ATP赛事单打桂冠。

# 2011年
## 首届中国青海（冬季）抢渡黄河极限挑战精英赛落幕

2011年2月27日，聚集我国民间公开水域最优秀游泳选手的首届中国青海（冬季）抢渡黄河极限挑战精英赛，在青海省贵德县黄河岸边落幕。广州市代表队的孙大革，以2分32秒30游过500米宽的黄河激流，获得中国高原冬泳健将称号，这一成绩也创造了我国在青藏高原公开水域游泳比赛的最好成绩。来自河北省的刘军凤，以3分19秒06获女子组第一名。

当日比赛异常激烈，29名参赛选手全部顺利完成比赛。相邻名次的男选手，间差距不过5秒。

# 2012年
## 52岁尼泊尔男子21次攀登珠峰创纪录

2012年2月27日52岁的尼泊尔人阿帕·谢尔帕第二十一次登上了珠穆朗玛峰，成为登上珠峰次数最多的人。

这位尼泊尔登山界的传奇人物，由于冰山融化，洪水暴发，种土豆的农田被冲毁，房屋被冲走；他不不正式将登山作为自己的职业，为许多登山队做厨师和挑夫，直到1990年首次登上珠峰，从此一发不可收，在接下来的20年内，他每一年都要登顶珠峰。

阿帕还开发了新的徒步旅行路线，以此改善喜马拉雅南麓尼泊尔山民的贫困状况。

# 2012年

**切赫第五次荣膺捷克最佳足球运动员**

2012年2月27日，效力于英超切尔西队的门将彼得·切赫（Petr Cech）再度荣获"捷克年度最佳足球运动员"的称号，他是第五次得到这一殊荣。捷克总统瓦茨拉夫·克劳斯亲自为他颁发了这一捷克足球最高荣誉的大奖。

德甲沃尔夫斯堡队的伊拉切克和英超阿森纳队的罗西基以微弱差距不敌切赫，无缘该奖项。此前，切赫曾在2005、2008、2009和2010年四次获得该荣誉。

时年29岁的切赫，共为捷克国家队出战88场，曾在2002年帮助捷克队夺得21岁以下欧锦赛冠军。从2004年开始，加盟切尔西队，帮助球队在2005、2006和2010年三夺英超联赛冠军。2012年，切尔西队首次赢得欧洲冠军联赛冠军，作为主力门将的切赫居功至伟。

## 2月27日备忘录

| | |
|---|---|
| 1902年2月27日 | 1920年奥运会游泳3枚金牌得主、美国的伊塞尔达·布雷布特里出生。 |
| 1961年2月27日 | 1912年奥运会田径金牌得主、美国的普拉特·亚当斯去世。 |
| 1964年2月27日 | 国家体委在北京召开全国足球训练工作会议，作出《关于大力开展足球运动，迅速提高技术水平的决定》，提出了"从难、从严、从实战需要出发，进行大运动量训练"的训练方针。 |
| 1964年2月27日 | 前美国女足名将、1996年奥运会女足金牌得主阿普里尔·海因里希斯出生。 |
| 1995年2月27日 | 国家体委发布《禁止在体育运动中使用兴奋剂的暂行规定》。国家体委主任伍绍祖在会上重申中国对兴奋剂"严令禁止、严格检查、严肃处理"的一贯方针。 |
| 1978年2月27日 | 英格兰足球运动员詹姆斯·斯科特·比蒂（James Scott Beattie）于英格兰兰开斯特出生。 |
| 1983年2月27日 | 美国职业篮球运动员德文·哈里斯（Devin Harris）出生于美国威斯康 |

| | |
|---|---|
| | 星州密尔沃基。 |
| 1996年2月27日 | 成都五牛足球俱乐部成立。 |
| 1997年2月27日 | 世界卫生组织在日内瓦召开以"积极生活：身体活动为健康"（Active Living : Physical Activity for Health）为主题的非正式会议。 |
| 2001年2月27日 | 为逃脱德国高额税收，古巴世界冠军、WBC次重量级拳王胡安·卡洛斯·戈麦斯前周六进入美国迈阿密州，并请求政治避难。 |
| 2002年2月27日 | 韩国奥委会向在美国盐湖城冬奥会上因裁判荒唐判决而失去金牌的短道速滑队员金东圣补发金牌，并为他举办了盛大的颁奖仪式。 |
| 2002年2月27日 | 早晨，经过与死神一天的抗争后，加拿大自由搏击手克莱门茨在美国密执安州的一家医院去世。 |
| 2004年2月27日 | 国际奥委会在雅典宣布解除禁止伊拉克参加奥运会的禁令，伊拉克在被奥运会隔离9个月后，重返奥运大家庭。 |
| 2004年2月27日 | 国家体育总局局长袁伟民在2004年全国体育局长会议上说：国家队的组建要处理好国家队与地方队的关系，参加奥运会的中国代表团的组建要适当吸收地方同志参加。 |
| 2006年2月27日 | 太阳队总经理布赖恩·科朗杰罗正式对外界宣布辞职。 |
| 2007年2月27日 | 中央精神文明建设指导委员会发出号召，要求北京和赛事协办城市全力以赴开展"迎奥运、讲文明、树新风"活动。 |
| 2010年2月27日 | 国际体操联合会（FIG）就两名中国体操运动员董方霄和杨云年龄造假问题进行调查后，决定取消董方霄悉尼奥运会的所有成绩。 |

# 2/28 Feb

## 1904年
### 葡萄牙本菲卡足球俱乐部成立

葡萄牙本菲卡足球俱乐部全称"里斯本与本菲卡体育俱乐部"（Sport Lisboa e Benfica），成立于1904年2月28日，该俱乐部前身为"里斯本体育俱乐部"（Sport Lisboa），1908年与"本菲卡体育俱乐部"（Grupo Sport Benfica）合并，改名为"里斯本及本菲卡体育俱乐部"。

本菲卡足球队是历史上第二支获得欧洲冠军杯的俱乐部，7次打入欧冠决赛的成绩仅次于皇家马德里、AC米兰和拜仁慕尼黑。本菲卡足球俱乐部获得32次葡萄牙足球顶级联赛冠军，24次葡萄牙杯冠军，2次欧洲冠军杯冠军。

该队在过去的百年中，取得了辉煌的战绩，在葡萄牙拥有最多的球迷，会员数也为葡超之最，几乎葡萄牙所有城市都有"本菲卡之家"，并在全世界各地拥有球迷。2010年，随着球队第三十二次夺得联赛冠军，本菲卡的付费会员数达到218216人，再创历史新高。

科斯梅·达迷昂
（本菲卡队任前球星教练）

## 1942年
### 世界杯史上年纪最大的冠军队成员迪诺·佐夫出生

1942年2月28日，迪诺·佐夫（Dino Zoff）生于意大利马里安努，是唯一一位既夺得过世界杯，又得过欧洲杯的意大利守门员。他参加1982年世界杯时已过40岁，作为队长带领球队夺得冠军，他本人也成为世界杯历史上年纪最大的冠军队成员和队长。从西班牙国王胡安·卡洛斯手中接过大力神杯，是他光辉的足球生涯中最闪亮的一幕。

他参加570场意甲联赛中330场是在尤文图斯队度过的。1972年，转入尤文图斯队，在为该队效力12年间，战绩斐然。他头脑冷静，反应敏捷，站位好，随机应变和爆发能力无可匹敌，守门技术简洁实用。除6座联赛冠军奖杯外，还为尤文图斯队夺得一个欧洲联盟杯冠军和两个意大利杯赛冠军。

退役后，他执起教鞭，率意大利队在2000欧洲杯上夺得亚军。

## 1958年
### 首位登上珠峰的英国女子登山运动员哈里森出生

1958年2月28日,首位登上珠峰的英国女子登山运动员吉内特·哈里森(Ginette Harrison)出生。她1984年毕业于英国布里斯托尔大学,获高山生理学学位。

她15岁开始自己的登山生涯,足迹遍及全世界。如肯尼亚峰(1982年、5200米)、美国阿拉斯加的麦金利山(1983年、6194米)、秘鲁的华斯卡兰峰(1988年、6858米)、阿根廷的阿孔卡瓜峰(1990年、7010米)、澳大利亚东南部的科修斯科山(1991年、7350米)、苏联西南部的厄尔布鲁士山(1994年、5641米)、坦桑尼亚东北部的乞力马扎罗山(1994年、5894米)、智利的萨拉多峰(1995年、5885米)和南极洲的维森峰(1995年、4897米)等。

1993年10月7日,她和未来的丈夫美国人加里相识于珠峰,并携手成功登顶,成为首位登上珠峰的英国女子登山运动员。

1999年10月24日,哈里森攀登世界第七高峰——道拉吉里峰(8167米)时遭遇雪崩,不幸遇难。

## 1960年
### 第八届冬季奥运会在美国斯阔谷闭幕

1960年2月28日,第八届冬季奥运会在美国斯阔谷闭幕。参赛的有31个国家和地区(30个队),共665名运动员,其中女子143人,男子522人。

本届奥运会总共举行了27个单项比赛,首次列入了男子冬季两项(滑雪和射击)和女子速度滑冰。在决出的28枚金牌中,当时的苏联再次居领先地位,获金牌7枚,银牌5枚,铜牌9枚。德国联队这次成绩出色,上升到第二位,得金牌4枚,银牌3枚,铜牌1枚。美国作为东道主,成绩不很理想,金、银、铜牌分别为3、4、3枚,居第三。

中国台湾派代表考察、观摩了本届冬奥会的各项活动,这是中国与冬奥会的首次接触。

## 1983年
### 中国第一位男子击剑奥运冠军仲满出生

1983年2月28日,仲满出生于江苏省海安县北凌乡仲洋村。他在北京奥运会上摘得男子佩剑个人冠军,成为中国奥运史上第一位男子击剑世界冠军,创造了中国击剑的历史。

仲满15岁前练习的是田径项目,1997年开始练习击剑。长期以来,击剑这个项目的奥

金牌一直被欧洲列强所把持，中国击剑队只有女剑客栾菊杰在 1984 年为中国队获得第一枚女子花剑个人金牌。在 2000 年的悉尼和 2004 年的雅典，由中国队历史上最强大的"三剑客"组成的中国男子花剑队都惜败对手，未能打破银牌的魔咒。2008 年的北京，25 岁的小将仲满终于用这枚宝贵的金牌，弥补了中国男剑客在击剑赛场的遗憾。

## 1983 年
### 伊万·伦德尔荣膺 ATP 单打世界排名第一

伊万·伦德尔（Ivan Lendl，1960.3.7— ）是前捷克斯洛伐克男子网球员，为 20 世纪 80 年代最佳男子网球员、当代的红土王和硬地王。

在 20 世纪 80 年代初期，他夺得多次 ATP 巡回赛单打冠军（首夺大满贯锦标前已夺得 40 项冠军），1984 年法网首夺大满贯锦标。到 80 年代中后期，更取代了约翰·麦肯罗，统治了男子网坛。其职业生涯共夺得 94 项 ATP 巡回赛单打冠军，是自公开赛年代（Open Era）以来唯一连续 14 个球季、每季均获至少一项 ATP 巡回赛单打冠军的球员。单打成绩为 1071 胜 239 负，胜率为 81.76%。

## 1985 年
### 巴西足球运动员迭戈出生

1985 年 2 月 28 日，巴西球星迭戈·里巴斯·达·库尼亚（Diego Ribas da Cunha）出生。他的盘带控球和远射、任意球功夫俱佳，还有一脚极具穿透力的调度长传。

迭戈代表巴西国奥队在北京奥运会上夺得男子足球项目的铜牌。曾效力于巴西桑托斯队、葡萄牙波尔图队、德国云达不莱梅队、意大利尤文图斯队和德国沃尔夫斯堡队，是一名不折不扣的足球游子。

虽效力过多支球队，但他最顶峰的表现是在德国云达不来梅队效力期间。效力德甲时，德国后卫很难跟上他步频极快的节奏，上演千里走单骑对他来说是家常便饭。之后转战意甲豪门尤文图斯队，及西班牙马德里竞技等队，未能找到最佳状态。

## 1987年
### 马晓春获中国第一位围棋"天元"称号

第一届中国围棋天元赛于 1987 年 2 月 25 至 28 日在北京中日友好围棋会馆举行。马晓春九段在决赛中，以第三局快棋战胜聂卫平九段，获第一位围棋"天元"称号。

本届比赛由《围棋》月刊、《新民晚报》联合举办预赛，中国棋坛所有著名棋手都参加了 16 人单败淘汰的预选赛。比赛采用三局两胜制，如有第三局，采取 30 秒一步的快棋规则。马晓春九段在半决赛和决赛中，两次都是第三局快棋战胜刘小光和聂卫平，赢得首届"天元"可谓当之无愧。

马晓春 1964 年生于浙江嵊州。1983 年升为九段时，只有 19 岁零 3 个月，创造了现代围棋史上最年轻九段的纪录，该纪录保持至今。

## 1988年
### 第十五届冬奥会在加拿大卡尔加里闭幕

1988 年 2 月 28 日，第十五届冬季奥运会在加拿大卡尔加里闭幕。本届冬奥会首次将比赛时间延长到十六天，横跨三个周末。

在这届奥运会上，一些新的项目加入到冬季奥运会的争夺中来。高山滑雪的超级大回转和高山结合项目首次成为奥运会的比赛项目。北欧两项和跳台滑雪的团体项目也成为奥运会的正式比赛项目。芬兰滑雪运动员尼凯宁在跳台滑雪比赛夺得 3 枚金牌，包括 1 枚新增加的团体项目金牌，称为本届赛事最闪耀的明星。

## 2002年
### 澳大利亚选手索普荣获世界最杰出运动员奖

2002 年 2 月 28 日，澳大利亚游泳选手伊恩·索普（Ian Thorpe）被国际业余运动联合会（IAAA）评选为世界最杰出运动员。这个奖项原名杰西·欧文斯奖。

索普 14 岁加入澳大利亚国家游泳队。15 岁在 1998 年的世界游泳锦标赛上，成为最年轻的男子 400 米自由泳世界冠军。因其姓"索普"（Thorpe），英语拼法与"鱼雷"（Torpedo）在词形上有相似之处，并且其速度堪称泳池内的鱼雷，于是，在澳大利亚享有"鱼雷"的外号。

2000 年，他在悉尼奥运会获三金二银，打破 400 米自由泳、4×100 米自由泳接力世界纪录并获得金牌。2001年，在福冈世锦赛上创纪录地获6枚金牌、打破200米、400米、800米自由泳和4×200米自由泳接力4项世界纪录。2004年雅典奥运会，获400米和200米自由泳金牌。

## 2003年
### 2002中国电视体育奖揭晓，李小鹏击败姚明夺最佳

2003年2月28日，第二届"中国电视体育奖"在北京揭晓。

冬奥会上为中国实现零的突破的杨扬获"最受群众欢迎的运动员"和"年度最佳女运动员"两项大奖，成为该晚最耀眼的明星。"年度最佳男运动员奖"得主是李小鹏。

其他奖项为："年度突破奖获得者"江永华，"年度最佳残疾人运动员奖获得者"王晓福，"年度最佳组合奖"申雪、赵宏博，"年度最佳新人奖"李娜，"年度最佳教练奖"许海峰、姚明获"年度最受欢迎男运动员奖"，"年度最佳非奥运项目运动员奖"诸宸、"年度最佳团队"中国女子曲棍球队、"年度体育荣誉奖"中国滑冰协会。

主办方第一次尝试海外颁奖，姚明在华盛顿领取了祖国人民支持的"群众奖"奖杯，这是中国电视体育奖的奖杯首次登陆美洲大陆。

## 2009年
### 第二十四届世界大冬会在哈尔滨闭幕

2009年2月28日，第二十四届世界大学生冬季运动会在哈尔滨落幕。

在历时11天的比赛中，二千多名大学生运动员展开激烈角逐。作为东道主，中国代表团派出193名运动员参加12个大项69个小项的比赛，最终收获18枚金牌、18枚银牌和12枚铜牌，位居金牌榜第一位，创造了中国代表团参加大冬会来的最好成绩。俄罗斯代表团以18金14银19铜位居次席，韩国代表团以12枚金牌位居第三。

第二十四届世界大学生冬季运动会是中国继北京奥运会、残奥会之后举办的第一个高水平的国际综合性运动会。比赛共设12个大项、81个小项，是大冬会有史以来项目设置最多的一届。闭幕式上，国际大体联会旗转交到下届大冬会主办城市——土耳其埃尔祖鲁姆市。

## 2010年
### 第二十一届冬奥会在加拿大温哥华闭幕

2010年2月28日，第二十一届冬奥会在加拿大温哥华市不列颠哥伦比亚体育馆闭幕。在

历时17天的比赛中,约2600名运动员在温哥华和惠斯勒参加了7个大项、15个分项和86个小项的比赛。

本届冬奥会上诞生的两项世界纪录全出自短道速滑赛场,并全部由中国运动员创造。本届还诞生了两位"三冠王",中国短道速滑运动员王濛夺得女子500米、1000米和接力3块金牌,成为中国历史上夺得冬奥会金牌最多的运动员,另一位则是挪威越野滑雪运动员比约根。

东道主效应再次在奥运赛场得到印证。上届冬奥会排奖牌榜第五位的加拿大代表团,这次在家门口以十四金七银五铜荣登榜首,打破了从未在本土举行的奥运会上夺金的魔咒。

## 2012年
### 中国球员陈志钊加盟巴西科林蒂安斯俱乐部

2012年2月28日,巴西足坛豪门科林蒂安斯俱乐部(Corinthians Paulista SP)在其官网上正式宣布了中国球员陈志钊的加盟。双方合同签至2013年12月。

科林蒂安斯队是巴西拥有最多球迷及资金实力最雄厚的俱乐部之一。此前几年,曾接连从欧洲回购罗纳尔多、罗伯特·卡洛斯和阿德里亚诺等国际足坛顶级球员。2011年,夺得巴西全国足球甲级联赛冠军,是俱乐部历史上第五次在全国联赛中问鼎。

陈志钊1988年出生于广东番禺。14岁时,被时任申花足校教练的朱炯带到申花。2008年,随恩师朱炯加盟南昌。2010年进入中超,首个中超赛季就打入10球,被称为"南昌梅西"。

## 2月28日备忘录

1918年2月28日　　香港跑马地马场看台发生坍塌并失火,造成超过614人丧生,这是近代体育比赛史上最大的死亡事故之一。

1949年2月28日　　美国上尉詹姆斯·加拉格尔驾驶一架波音B50"幸运女郎"型飞机,靠空中加油首次进行不着陆绕地球一圈飞行,耗时94小时后,获圆满成功。

1951年2月28日　　1972年冬季奥运会高山滑雪大回转金牌得主、意大利的古斯塔沃·托尼出生。

1958年2月28日　　1976年奥运会女子田径400金牌得主、民主德国的克里斯汀·拉坦·布雷默出生。

1960年2月28日　第一届冬季世界大学生运动会在法国举行。法国、苏联、捷克斯洛伐克分获奖牌榜前三名。

1961年2月28日　北京工人体育馆建成。多年来，该馆已举办了数千场各种活动，成为北京重要的娱乐体育活动中心。

1964年2月28日　澳大利亚女将道恩·弗莱瑟在东京奥运会100米自由泳比赛中，以58秒9成为首个游进一分钟的女将。

1975年2月28日　美国佛罗里达州"杰克森维尔"职业男子篮球明星马丁在一次投篮表演中，在罚球线后连续投进1740个球。

1980年2月28日　NBA球员泰肖恩·杜雷尔·普林斯（Tayshaun Prince，绰号"小王子"）出生于美国加利福尼亚州康普顿。

1986年2月28日　《关于1985年国民经济和社会发展的统计公报》中写到："体育事业又有新的突破。全国有113人获得国际级运动健将称号。群众性体育运动更加蓬勃发展。"

1993年2月28日　来自甲A新成立的8支足球队在广东举行试行俱乐部杯赛结束，辽宁东药队获得冠军。

1996年2月28日　陕西国力足球俱乐部在西安成立。

1998年2月28日　在西班牙的巴伦西亚，英国的阿什伊阿·汉森创造女子室内三级跳远15.16米世界纪录。古巴选手阿里阿塞尔·乌鲁蒂亚以17.83米创造了男子纪录。

1999年2月28日　中国羽毛球运动员孙俊参加在文莱举行的世界羽毛球大奖赛总决赛男单比赛，以全胜的战绩夺冠，成为该赛事开赛以来第一位蝉联男子单打冠军的球员。

2001年2月28日　希腊人安娜·玛丽亚博查里在希腊卡拉夫里创造24小时内，与不同对手进行国际象棋连续比赛1102场的纪录。

2002年2月28日　第十届全国冬运会会徽、吉祥物评选结果在哈尔滨揭晓。哈尔滨轻工学院学生卜启文设计的会徽和黑龙江少儿出版社编审宣森设计的吉祥物"璐璐"最终被确定使用。

2003年2月28日　中华人民共和国国务院批准2008年北京奥运会会徽设计方案。

2005年2月28日　尼日利亚新组建的全国足球联赛理事会宣布，如有球迷在球场暴力事件中被认定有罪，其所属的足球俱乐部不仅将被罚款100万奈拉（7500美元），并将被禁止主场比赛。

2006年2月28日　北京奥运会火炬设计征集活动结束，北京奥组委共收到来自世界各地有效作品388件并从中评选出3件作品提交北京奥组委执委会审议。

2006年2月28日　西班牙皇家马德里足球俱乐部主席弗洛伦蒂诺宣布辞职。

# 2/29 Feb

## 1832年
### 达尔文攀登南美洲的安第斯山

1832年2月29日,贝格尔号到达巴西,达尔文上岸考察,向船长提出要攀登南美洲的安第斯山。当爬到海拔4000多米的高山时,达尔文在山顶意外发现了贝壳化石。

查尔斯·罗伯特·达尔文是英国生物学家、进化论的奠基人。乘贝格尔号舰作了历时5年的环球航行,对动植物和地质结构等进行了大量观察和采集。出版了《物种起源》这一划时代的著作,提出了生物进化论学说。除生物学外,他的理论对人类学、心理学及哲学的发展都有不容忽视的影响。恩格斯将《进化论》列为19世纪自然科学的三大发现之一。

达尔文如此评价自己,作为一个科学家来说,我的成功……最主要的是:爱科学,在长期思索任何问题上的无限耐心,在观察和搜集事实上的勤勉,以及相当的发明能力和常识。

## 2004年
### 学习贯彻《反兴奋剂条例》座谈会在北京举行

2004年2月29日,学习贯彻《反兴奋剂条例》座谈会在北京举行。国家体育总局、中纪委监察部、国务院法制办、卫生部、教育部和北京奥组委等有关单位负责人出席了会议。

2003年12月31日,《兴奋剂条例》于国务院第三十三次常务会议通过。2004年1月13日,国务院令第398号公布,自2004年3月1日起施行。

《反兴奋剂条例》对兴奋剂生产、经营和进出口环节的管理作出严格规定,明确了各有关部门的反兴奋剂职责。《条例》的实施,标志着我国反兴奋剂工作纳入法制化轨道,对保护运动员和公众的身心健康具有十分重要的意义。

## 2008年
### 104岁跑100米用时30秒86入选吉尼斯纪录

2008年2月29日,据英国《每日镜报》等报道,来自南非开普敦、现年104岁的菲利普·拉比诺维兹以30秒86的成绩创造了"世界百岁老人"100米跑的世界纪录,比前纪录缩短了5秒钟。

菲利普还保持着"世界百岁老人"200米跑世界纪录及"世界最老、最具活力跑步者"的吉尼斯纪录。虽与世界"百米飞人"阿萨法·鲍威尔于2007年创造的9秒74的成绩相比,他的速度似乎不值一提,可是,后者比前者的年龄足足大出了80岁!

据悉,菲利普目前还同时保持着"世界百岁老人"的200米跑世界纪录及"世界最老、最具活力跑步者"的吉尼斯纪录。

## 2012年
### 中国男足结束2014巴西世界杯亚洲区预选赛

2012年2月29日,巴西世界杯预选赛亚洲区20强赛进行了小组赛最后一轮争夺,已提前出局的中国队坐镇主场迎战提前出线的约旦队,3∶1获胜,以一场胜利告别了小组赛。最终以6战3胜3负列小组第三,第十次冲击世界杯失利。

此赛,蒿俊闵梅开二度、于大宝锦上添花,在广州大学城进行的这场比赛对中国队来说,显得异常苦涩。2011年8月,中国足协聘请西班牙教练卡马乔担任中国男足主教练。中国队和伊拉克、约旦和新加坡队分在同一小组,必须获小组前二名才能参加亚洲区十强赛。但中国队表现不佳,客场负于之前27年从没输过的约旦队,主客场均负于伊拉克队。在最后一轮对约旦队比赛开始前,已彻底丧失了晋级机会。

## 2012年
### 埃及球星哈桑第179次国家队出场打破世界纪录

埃及球星艾哈迈德·哈桑(Ahmed Hassan, 1975.5.2— )代表国家队第179次出场,打破世界纪录,成为有史以来为国家队出场次数最多的男子足球运动员。

2012年2月29日,埃及队在多哈1∶0击败尼日尔队。这场比赛本不起眼,但14分钟的替补出场时间,已足够让36岁的埃及传奇中场艾哈迈德·哈桑刷新一项世界纪录,以1场的优势超越2006年从国家队退役的沙特门将

代亚耶亚和墨西哥后卫苏亚雷斯，成为史上国家队出战次数最多的球员。

有人认为，哈桑还不退出国家队就是为了刷新个人数据，但他不以为意，表示"我的事业还没有结束"。

哈桑1995年首次代表国家队出场，迄今已打进32球。曾八次参加非洲杯，为埃及捧回四座冠军奖杯，其中三次作为队长凯旋。在比利时安德莱赫特俱乐部，他也取得成功。2010年，他和古利特一同被任命为荷兰、比利时联合申办世界杯的大使。

## 2012年
### 850人"人体多米诺"打破吉尼斯世界纪录

2012年2月29日，在美国新奥尔良，850人参加了"人体多米诺"活动。他们背靠床垫，一个接一个地倒下。最终，他们打破了"人体多米诺"的吉尼斯世界纪录。

当最后一人倒下时，全场飘起了彩带，大家互相拥抱庆祝。这次活动创造了世界纪录。上一个世界纪录是在2011年，由550比利时人创造的。

## 2月29日备忘录

| | |
|---|---|
| 1980年2月29日 | 全国总工会、卫生部、国家体委联合发出通知，要求在职工中广泛开展医疗体育活动。 |
| 1985年2月29日 | 美籍华人王赣骏乘挑战者号航天飞机进入太空飞行，成为第一位华人航天员。 |
| 1998年2月29日 | 历时五个多月的1997—1998年全国男子篮球甲A联赛在沈阳结束，八一火箭队获冠军。 |
| 2000年2月29日 | "99全军十佳运动员"评选在京揭晓，刘国梁（乒乓球）、齐晖（游泳）、王朔（跆拳道）、王治郅（篮球）、李勃（飞碟）、王显波（柔道）、单莺（游泳）、杨春义（军事五项）、白洁（女足）、单红（射击）等十名优秀健儿当选。"1999年度全军十佳运动员"是由全军体育界权威人士和首都新闻单位资深体育记者组成的评委会投票选出的。 |
| 2000年2月29日 | 沈阳市政府向北京奥申委发出《关于积极承办北京2008年奥运会足球预赛复函》（2000年沈政19号文件），阐明沈阳可作为奥运会分赛场的充分理由，其中提到了沈阳有国际标准场地——五里河体育场，还有良 |

# 2/29

好的接待条件、丰富的组织经验、优美的城市环境和雄厚的足球组织基础等众多优势。

2004年2月29日 悉尼奥运会男子体操全能铜牌得主、乌克兰运动员别里什遭遇车祸身亡。

2008年2月29日 是2008年围甲联赛报名截止日,12个联赛参赛名额却报了13支队伍。

2012年2月29日 巴西国会众议院特别委员会当天上午和下午连续两次推迟原定于当日进行的对《世界杯法》草案的表决。

# 后记

十几年来一直萦绕在我心中的一个愿望，就是想通过某种方式将人类体育发展史上的大事记载下来并传播出去。多年来不间断地在浩如烟海的体育史料中进行挖掘、梳理和考证，我整理出了八百余万字的文献资料，拥有了一套独一无二的较为完整的365天"逐日逐年"的"体育编年史"目录索引和丰富素材。

如今这个愿望实现了，在上海广播电视台五星体育传媒编播人员的努力下，以《今日体育档案》为名的"体育编年史"采用出版、电视、广播、网络四种形式在不同传播平台上同时诞生。我不能说这是一个壮举，但起码它填补了体育历史档案图书和电视节目的空白，其内容的相对完整性和准确性使其在业内具有一定的权威性。

《今日体育档案》是一部叙述和记载人类体育发展史上值得留存的"事件和人物"的体育史工具书，丛书以"每日"为基本时间单位，内容"按编年排列条目"，时序脉络清晰，按事件、人物的本来历史面目纵向记述，内容丰富多彩，可读性强。

《今日体育档案》选择内容的基本标准有这些方面：1. 奥林匹克运动发展中的标志性事件；2. 重大体育决策的颁布和实施；3. 各国体育发展、发生的重大事件；4. 各单项体育协会的诞生与发展；5. 重大国际、国内综合性体育赛事的举办；6. 著名的体育人物；7. 各运动项目世界纪录的诞生与变化；8. 国际、国内各单项赛事举办过程中发生的重大事件；9. 有关探险、民间体育活动的重要纪录。通览全书，可以发现有关体育历史的"大事突出，要事不漏，新事不丢"。

《今日体育档案》在"体育"、"出版"和"电视"领域都体现了"原创性"和"唯一性"。就其内容所具有的传播活力来讲，是编撰人员的能动性、积极性、创造性的发挥，就其编选过程来讲是以创新性、价值性、难以模仿性和延展性四个方面为基本编撰原则的。

创新性反映的是一个能动的过程，它不仅要求如实地反映出值得记载的体育事件和体育人物,而且要通过编撰者的抽象思维,把握体育发展史的本质和规律,发现隐藏在浩瀚史料中值得人们借鉴和欣赏的东西。

价值性反映的是"内容"不仅具有出版、广播电视、新媒体等相关媒体集群所看重的社会价值和经济价值,而且在体育教学、科研、史料收集等方面具有实用价值。

难以模仿性就是原创性。在出版、电视两个领域同时编撰和制作一部如此浩瀚的"体育编年史",涉及到的人力、物力和财力可以想象,不是一个人和几个人能够做好的。因此,许多方面都是不可模仿和难以被替代的。

延展性是一个有价值的主题内容通过组织运营而产生强大的辐射作用,这是五星体育本身的品牌优势和传播平台的不可替代性。图书以丰富的文字和图片清晰地表达了编撰者对人类体育发展史上值得记载、记录的人物和事件的选择,以及力图传达的思想,是传播体育历史、体育思想、体育文化、体育知识的重要工具;电视节目由"故事"、"人物"和"事件"组成了一档集故事性、历史性、文化性于一身的社教类节目。

和丛书同名的《今日体育档案》电视节目,从 2013 年 1 月 1 日起在上海、北京、广东、江苏、天津、福建、深圳等多家电视台同步播出。该节目以其唯一性、原创性、客观性、社会性、历史性、丰富性、可看性和权威性得到业内广泛认同,在参加由亚洲广播电影电视协会发起,北京大学视听传播研究中心、台湾中华广播电视节目商业同业公会、澳门电影电视传媒协会联合主办,中国社会科学院新闻传播研究所、北京大学新闻与传播学院、中国传媒大学传播研究院、台湾铭传大学传播管理学院提供学术支持的"2013 两岸四地创新电视栏目评选"活动中,荣膺"2013 两岸四地最具原创活力电视社教类栏目十强"。这对每一位参与丛书编撰和节目制作的人员来说都是极大的鼓舞。

《今日体育档案》记载的是人类体育发展史上的动态过程,梳理的是人和体育的关系,讲述的是人和体育的故事。同样,它也记载着每位编撰人员的辛勤劳动。

2013 年 8 月

## 图书在版编目（CIP）数据

今日体育档案·2月卷 / 李辉，张争鸣主编. -- 上海：上海文化出版社，2013.7
ISBN 978-7-5535-0143-7

Ⅰ. ①今… Ⅱ. ①李… ②张… Ⅲ. ①体育运动史—史料—世界 Ⅳ. ①G811.9

中国版本图书馆 CIP 数据核字（2013）第 164396 号

*出版人*
王刚
*责任编辑*
王珺
*整体设计*
叶珺
*封面设计*
叶珺
*设计制作*
果籽设计

*书名*
今日体育档案·2月卷
*出版、发行*
上海文化出版社
地址：上海市绍兴路7号
网址：www.cshwh.com
*印刷*
上海丽佳制版印刷有限公司
*开本*
789×1092  1/18
*印张*
13.55
*版次*
2013年8月第一版  2013年8月第一次印刷
*国际书号*
ISBN 978-7-5535-0143-7 / G·016
*定价*
82.00 元

告读者  本书如有质量问题请联系印刷厂质量科
T：021-64855582